U0129109

清史論集

（二十）

莊吉發著

文史哲學集成
文史哲出版社印行

國家圖書館出版品預行編目資料

清史論集 / 莊吉發著. -- 初版. -- 臺北市：文史哲，
民 86 -
　　冊；　公分. -- (文史哲學集成；388-)
　　含參考書目
　　ISBN 957-549-110-6(第一冊：平裝) .--ISBN957-549-
111-4(第二冊) .--ISBN957-549-166-1 (第三冊) .—ISBN 957-
549-271-4 (第四冊) .-- ISBN957-549-272-2(第五冊) .--ISBN
957-549-325-7 (第六冊).--ISBN957-549-326-5 (第七冊) --
ISBN 957-549-331-1(第八冊).--ISBN957-549-421-0(第九冊)
.--ISBN957-549-422-9(第十冊) .--ISBN957-549-512-8(第十一
冊).-- ISBN 957-549-513-6(第十二冊) .--ISBN957-549-551-9
(第十三冊).--ISBN957-549-576-4(第十四冊) -- ISBN957-549-
605-1(第十五冊) .-- ISBN957-549- 671-x (第十六冊) ISBN 978-
957-549-725-5(第十七冊) .--ISBN978-957-549-785-9(第十八
冊) ISBN978-957-549-786-6 (第十九冊：平裝) ISBN978-957-
549-912-9 (第二十冊：平裝)

1.中國 - 歷史 – 清(1644-1912) – 論文，講詞等

627.007　　　　　　　　　　　　　　　86015915

文 史 哲 學 集 成　　586

清 史 論 集（二十）

著　　　者：莊　　　　吉　　　　發
出 版 者：文　史　哲　出　版　社
http://www.lapen.com.tw
登記證字號：行政院新聞局版臺業字五三三七號
發 行 人：彭　　　　正　　　　雄
發 行 所：文　史　哲　出　版　社
印 刷 者：文　史　哲　出　版　社
臺北市羅斯福路一段七十二巷四號
郵政劃撥帳號：一六一八○一七五
電話886-2-23511028・傳真886-2-23965656

實價新臺幣 四五○元

中華民國九十九年（2010）七月初版

著財權所有・侵權者必究

ISBN 978-957-549-912-9　　　　00586

清史論集
㈣

目　次

清史論集
出版説明

　　我國歷代以來，就是一個多民族的國家，各民族的社會、經濟及文化方面，雖然存在著多樣性及差異性的特徵，但各兄弟民族對我國歷史文化的締造，都有直接或間接的貢獻。滿族以非漢部族入主中原，建立清朝，參漢酌金，一方面接受儒家傳統的政治理念，一方面又具有滿族特有的統治方式，在多民族統一國家發展過程中有其重要的地位。在清朝長期的統治下，邊疆與內地逐漸打成一片，文治武功之盛，不僅堪與漢唐相比，同時在我國傳統社會、政治、經濟、文化的發展過程中亦處於承先啓後的發展階段。蕭一山先生著《清代通史》敍例中已指出原書所述，爲清代社會的變遷，而非愛新一朝的興亡。換言之，所述爲清國史，亦即清代的中國史，而非清室史。同書導言分析清朝享國長久的原因時，歸納爲二方面：一方面是君主多賢明；一方面是政策獲成功。《清史稿》十二朝本紀論贊，尤多溢美之辭。清朝政權被推翻以後，政治上的禁忌，雖然已經解除，但是反滿的清緒，仍然十分高昂，應否爲清人修史，成爲爭論的焦點。清朝政府的功過及是非論斷，人言嘖嘖。然而一朝掌故，文獻足徵，可爲後世殷鑒，筆則筆，削則削，不可從闕，亦即孔子作《春秋》之意。孟森先生著《清代史》指出，「近日淺學之士，承革命時期之態度，對清或作仇敵之詞，既認爲仇敵，即無代爲修史之任務。若已認爲應代修史，即認爲現代所繼承之前代。尊重現代，

必不厭薄於所繼承之前代，而後覺承統之有自。清一代武功文治，幅員人材，皆有可觀。明初代元，以胡俗為厭，天下既定，即表章元世祖之治，惜其子孫不能遵守。後代於前代，評量政治之得失以為法戒，乃所以為史學。革命時之鼓煽種族以作敵愾之氣，乃軍旅之事，非學問之事也。故史學上之清史，自當占中國累朝史中較盛之一朝，不應故為貶抑，自失學者態度。」錢穆先生著《國史大綱》亦稱，我國為世界上歷史體裁最完備的國家，悠久、無間斷、詳密，就是我國歷史的三大特點。我國歷史所包地域最廣大，所含民族份子最複雜。因此，益形成其繁富。有清一代，能統一國土，能治理人民，能行使政權，能綿歷年歲，其文治武功，幅員人材，既有可觀，清代歷史確實有其地位，貶抑清代史，無異自形縮短中國歷史。《清史稿》的既修而復禁，反映清代史是非論定的紛歧。

　　歷史學並非單純史料的堆砌，也不僅是史事的整理。史學研究者和檔案工作者，都應當儘可能重視理論研究，但不能以論代史，無視原始檔案資料的存在，不尊重客觀的歷史事實。治古史之難，難於在會通，主要原因就是由於文獻不足；治清史之難，難在審辨，主要原因就是由於史料氾濫。有清一代，史料浩如煙海，私家收藏，固不待論，即官方歷史檔案，可謂汗牛充棟。近人討論纂修清代史，曾鑒於清史範圍既廣，其材料尤夥，若用紀、志、表、傳舊體裁，則卷帙必多，重見牴牾之病，勢必難免，而事蹟反不能備載，於是主張採用通史體裁，以期達到文省事增之目的。但是一方面由於海峽兩岸現藏清代滿漢文檔案資料，數量龐大，整理公佈，尚需時日；一方面由於清史專題研究，在質量上仍不夠深入。因此，纂修大型清代通史的條件，還不十分具備。近年以來因出席國際學術研討會，所發表的論文，

多涉及清代的歷史人物、文獻檔案、滿洲語文、宗教信仰、族群
關係、人口流動、地方吏治等範圍，俱屬專題研究，題爲《清史
論集》。雖然只是清史的片羽鱗爪，缺乏系統，不能成一家之
言。然而每篇都充分利用原始資料，尊重客觀的歷史事實，認眞
撰寫，不作空論。所愧的是學養不足，研究仍不夠深入，錯謬疏
漏，在所難免，尚祈讀者不吝教正。

二〇一〇年三月　莊吉發

宗教與巫術──
以北亞薩滿信仰的文化特質爲中心

一、前　言

　　北亞文化圈的文化特點主要爲多民族的屬性，草原文化的屬性，巫術意識的屬性。北亞民族衆多，各民族的文化，都存在著多樣性及差異性的特徵。文化是學得的，多民族反映的是文化的多元性，各民族在歷史上曾經不斷地吸收、學習、融合了其他族群的文化。文化也是一系列的規範，草原文化有其普遍性，也有它自己的內部規範，而有其民族性、局限性。薩滿信仰就是北亞草原文化的一個重要組成部分，它蘊藏了北亞各民族的精神、思想和力量。薩滿在北亞草原社會扮演了重要的角色，人們的吉凶禍福，生老病死，修譜祭祖，狩獵作戰，薩滿信仰都起過重要的作用，影響著人們生活的各個方面，探討北亞各民族的薩滿信仰，具有重大的意義。

　　薩滿，滿文作 " ᠊ᠠ "，讀如 " saman "，是阿爾遊語系通古斯語族稱呼跳神巫人的漢字音譯。薩滿信仰是以貝加爾湖及阿爾泰山一帶，表現最爲典型。活躍於東北亞、北亞及西北亞的各民族，譬如歷史上的匈奴、靺鞨、突厥、契丹、女眞、蒙古、滿洲、赫哲、達呼爾、錫伯、索倫、鄂倫春、朝鮮、維吾爾等民族，都曾經崇奉過薩滿信仰。薩滿信仰的盛行，就是北亞文化圈的共同文化特色。

　　薩滿信仰有它形成、發展的過程，本文撰寫的旨趣，主要是

利用現存滿、漢文史料，參考社會調查文獻，以歷史文化觀點分析薩滿信仰的文化特質。宗教創造一套價值，直接的達到目的；巫術則是一套法術，是達到目的之工具。薩滿信仰是屬於多神的泛靈崇拜，以自然崇拜、圖騰崇拜、祖先崇拜及聖者崇拜爲主要內容。薩滿相信萬物有靈，他和神靈之間具有圖騰關係，薩滿使用神秘的語言，跳神作法，就能產生巫術的作用，出現一種超自然的神秘力量。薩滿信仰的觀念及其活動，是以巫術爲主體和主流，從古代巫覡信仰脫胎而來的複雜文化現象。它是一種特殊形式的巫術文化，可以稱爲薩滿文化，將鬼魂神靈概念與巫術意識交織在一起，有其普遍性，也有它的地域性、局限性，不能以北亞文化圈的薩滿信仰一名去統稱世界各地的巫覡文化。薩滿穿神衣，戴神帽跳神耍鼓，充滿了巫術氣氛。薩滿驅祟治病等社會功能，只能稱爲「社會文化治療」，或稱「民俗精神醫療」。薩滿信仰沒有成文的經典教義，沒有統一的宗教儀式，沒有縱的師徒關係的神職人員組織，沒有教派名稱，也沒有教主，並未具備構成宗教本質的基本要素。長期以來，一般學者稱之爲「薩滿教」，並不妥當。使用「薩滿信仰」一詞，可以充分反映北亞文化圈的文化特色。

二、從巫術意識分析薩滿信仰的性質

原始宗教意識與巫術意識是兩種相近的社會意識。這兩種意識是伴隨著吉與凶，善與惡，福與禍等不同概念，以及人們對這些概念所採取的不同態度所構成的意識場的出現而誕生①。瞿兌之撰〈釋巫〉云：

> 巫之興也，其在草昧之初乎？人之於神祇靈異，始而疑，繼而畏，繼而思所以容悦之，思所以和協之，思以人之道

通於神明而求其安然無事。巫也者，處乎人神之間，而求
以人之道通於神明者也②。

　　巫覡是處於人神之間的靈媒。大自然是人類生存的環境，在
草昧之初，人類便把生存的環境分為兩類：一類是吉、善、福；
一類是凶、惡、禍。由這兩類互相對立的抽象概念，又產生了兩
種不同的態度：一種態度是消極安慰自己，以求得心理的平衡，
於是思所以容悅之，而求其安然無事；一種態度是力圖積極控制
它，於是思所以祓除之，而所以消災除禍。這兩種態便形成了彼
此交叉重疊的原始宗教意識與巫術意識的兩種不同意識場。徐昌
翰撰〈論薩滿文化現象——「薩滿教」非教芻議〉一文已指出，
原始宗教意識和巫術意識這兩種不同意識場的存在，是產生原始
宗教與巫術的不同性格和特徵的根源。吉、善、福以及人們對它
的態度是原始宗教觀念的核心。原始社會的自然崇拜觀念、圖騰
崇拜觀念及祖先崇拜觀念，都是以吉、善、福的概念，以及對待
這些概念的態度所構成的意識場為核心而發展起來的宗教觀念範
疇。巫術的情況不同，巫術產生的基礎，乃是以凶、惡、禍各種
觀念為核心的意識場。巫術產生於人們嘗試以自己的力量直接祓
凶驅惡，逃避凶惡或達成凶惡贖買的願望。由此而衍生出巫術祓
除災禍、驅邪祛病、預言占卜等一系列的社會功能③。

　　巫術與宗教不同，宗教創造一套價值，直接地達到目的。神
明是吉、善、福的象徵，人們祭祀神明，以容悅之，態度虔誠，
而祈禱安然無事，於是產生了宗教信仰。巫術是一套法術，是達
到目的之工具，人們借助於超自然的神秘力量，企圖消災除病，
逐鬼驅祟，充分發揮巫術的功能。在初民社會裡的巫術活動，主
要是起源於人們對自己能夠控制和掌握自然的信心。他們相信只
要知道方法，能夠以人之道通於神明，具有超自然的神秘力量，

便能控制自然，迫使自然界的風雨雷電及飛禽走獸都遵從自己的旨意，以達到呼風喚雨的目的。在初民社會裡，人們多將武巫覡視爲通於神明或自然現象的代言人。

在古籍中關於巫覡的記載，屢見不鮮。《周禮・春官》中的男巫「旁招以茅」，就是招神儀式；「冬堂贈」，就是逐疫儀式。男巫招來四方所望祭者。冬歲以禮送走不祥及惡夢，其行必由堂爲始。至於女巫則「掌歲時祓除釁浴」，以香薰草藥沐浴，祓除不祥。「邦之大災，歌哭而請。」④則爲禳災的活動。巫覡與神靈相通，道理無數。

《史記・封禪書》所記載巫覡的活動，包捂梁巫、晉巫、秦巫、荆巫、河巫、南山巫、九天巫等。其中九天巫，「祠九天，皆以歲時祠宮中。」⑤司馬貞《索引》引《三輔故事》云：「胡巫事九天於神明臺。」⑥胡巫，即指匈奴巫，因匈奴巫奉祀九層的天上界，所以匈奴巫，就稱爲九天巫。漢朝蘇武曾出使匈奴，匈奴單于欲殺漢朝使者，蘇武自殺。《漢書・匈奴傳》有一段記載云：

> 單于使衛律召武受辭，武謂惠等，「屈節辱命，雖生，何面目以歸漢？」引佩刀自刺。衛律驚，自抱持武，馳召醫。鑿地爲坎，置熅火，覆武其上，蹈其背以出血。武氣絕，半日復息⑦。

引文中的「醫」，就是匈奴巫醫，他能治病，也能急救。蘇武自殺後，匈奴巫醫鑿了地穴，下置熅火，將蘇武放在上面，用腳踹他的後背，使他出血，半日後蘇武就醒過來了。由此可知匈奴巫確實懂得急救和醫治外傷⑧。

魏晉時期，匈奴內部分裂成許多部，各有名號，芮芮就是其中一部。《梁書・西北諸戎傳》記載芮芮國的巫覡信仰云：「其

國能以術祭天，而致風雪。前對皎日，後則泥潦橫流，故其戰敗莫能追及。」⑨高車也是匈奴別種，在高車社會裡，遇到地震災變或疫厲盛行時，即由女巫進行祓除、祈福活動。突厥與匈奴同俗，都崇奉巫覡。《隋書‧突厥傳》記載：「敬鬼神，信巫覡，重兵死，而恥病終。」⑩突厥相信巫術有致風雪的法術，叫做札答（Jada），巫師用禱雨石製造風雪。《舊唐書‧迴紇傳》記載，「迴紇使巫師便致風雪，以遲明戰，吐蕃寒陳，弓矢皆廢，披氈徐進，元光與迴紇隨而殺之蔽野。」⑪唐永泰元年（765）秋，唐軍與迴紇聯合攻打吐蕃，在涇州靈縣西五十里赤山嶺激烈戰鬥。據史書記載，是役，唐軍與迴紇共破吐蕃十餘萬衆，斬首五萬餘級，生擒一萬餘人。迴紇人相信此役所以大捷，主要是由於巫師能致風雪。突厥、迴紇用兵時，遂多以巫師之言爲進止。《舊唐書‧迴紇傳》記載唐朝郭子儀與迴紇盟誓經過甚詳。原書有一段記載云：

> 初發本部來日，將巫師兩人來云：此行大安穩，然不與唐家兵馬鬥，見一大人即歸。今日領兵見令公，令公不爲疑，脫去衣甲，單騎相見，誰有此心膽，是不戰鬥見一大人，巫師有徵矣⑫。

因巫師預言有徵，所以迴紇將領多篤信巫師。契丹社會的巫覡有巫、大巫、太巫的分別。一般的叫做巫，主持贊助大神，祈禱避災等儀式的叫做大巫。爲皇帝祭神主司儀式的叫做太巫，地位最高。契丹社會每逢正旦，都有巫師的驚鬼跳神活動。舉行喪葬儀式時，也是由巫師作法祓除不祥，驅祟去穢。從史書的記載，可以說明北亞巫師的活躍及巫覡文化的性質。

占童與薩滿都是靈媒，人們相信他們可以溝通人與靈異世界的關係。占童與薩滿作法時的精神現象，都是一種習慣性的人格

解離，乩童文化與薩滿文化有許多雷同之處。福建、廣東及東南亞的華人社會裡，多有乩童或童乩這個詞彙，臺灣乩童可以說是屬於嶺南巫覡文化圈的系統。連橫著《臺灣通史》一書已指出，「乩童，裸體散髮，距躍曲踴，狀若中風，割舌刺背，鮮血淋漓，神所憑依，創而不痛。」⑬《淡水廳志》也記載，「乩童，扶輦跳躍，妄示方藥，手執刀劍，披髮剖額，以示神靈。」⑭臺灣早期移墾社會的人文背景較爲複雜，其宗教信仰的基礎，亦極複雜。學者已指出，「童乩雖爲巫術之一，但亦非僅由上古時代所傳之巫術而已，其受道教及密教思想之影響者大。」⑮臺灣、澎湖地區的乩童，源遠流長，一方面起源於我國古代的巫術傳統，一方面吸收了佛教、道教的成分，隨著先民的移殖拓墾由福建、廣東內地而傳入澎湖、臺灣等地，其間又受到地方特殊情形而形成澎湖、臺灣地區既特殊且普遍的民間信仰。

乩童法力的高低，決定於守護神的強弱，常見的守護神如玄天上帝、哪吒太子、神農大帝、白衣觀者、王爺等。臺南東石地方，常登場的守護神較多，包括城隍爺、五府千歲、保生大帝、太子爺、觀音佛祖、媽祖、五穀王、上帝爺、刑府千歲、關帝爺等等，頗具地方特殊性。乩童展示神通或超能力的方式，可以分爲文、武兩方面，文的方面，主要是透過靈鬼先將當事者的個人資料報知乩童，以展示乩童是眞神附身；武的方面，多在公衆廟宇或神壇進行各種表演，其中流血性質的表演，主要是使用七星劍、沙魚劍、狼牙棒、月眉斧及刺球等巫器進行流血表演。乩童割舌刺骨，砍背劈額，鮮血淋漓。乩童流血性質的表演，其代表意義是因爲流血象徵一種見誠與避邪行爲，以鮮血作爲接香時的禮數⑯。

乩童的巫術活動，對於一般民衆的精神生活方面，產生重要

的影響。乩童表演操劍破頭，以七星劍比劃及鎭符，善男信女相信神轎繞境，從門前經過，可以驅逐邪魔，保佑全家平安。乩童進行民俗醫療，被稱爲巫術醫療法。乩童在病患家起童，祈禱神明附身，傳達神諭，指示病源，桌頭依照乩童的指示，寫出藥方，與符籙或爐丹混合煎煮，病患服食後，便能痊癒。捉妖驅邪也是乩童治病的一種法術，病人的靈魂若被惡鬼捕捉，或病人被鬼魂糾纏時，乩童則取病人的衣服穿在小稻草人身上，放在距離病患家不遠的十字路口，以代替病人，作爲替身，任由惡鬼捕捉，乩童這種治病法術，被稱爲脫身。乩童的民俗醫療法對於一部分病患或病患家屬，往往產生正面的醫療效果。

　　乩童信仰與薩滿信仰都是以巫術爲主體和主流而發展起來的複雜文化現象，乩童與薩滿的民俗醫療性質，也頗相雷同。但是，薩滿信仰是北亞各民族的共同文化特質，女眞、赫哲、滿族等族所崇奉的薩滿信仰，是屬於東北亞文化圈的系統，而臺灣等地區的乩童巫術活動，並非屬於東北亞薩滿信仰系統。乩童信仰與薩滿信仰因其分佈地域不同，生態環境有差異，文化背景不盡相同，而形成不同系統的民間信仰，不可混爲一談。典型的薩滿信仰，盛行於北亞草原社會，相信萬物有靈，包括自然崇拜、圖騰崇拜、祖先崇拜等內容。薩滿對於各種動植物神靈及已故祖先英雄魂靈之所以具有特異的神秘力量，是因爲薩滿和那些神靈具有圖騰或同宗的血緣親密關係。乩童信仰也屬於泛靈崇拜，乩童的守護神，多屬於英雄或偉人崇拜，但是自然崇拜、圖騰崇拜中的動植物或飛禽走獸等神靈，則較爲罕見，缺乏草原社會的原始性。

　　原始薩滿信仰一方面保留了古代天穹觀念中天地相通的思想痕跡，一方面也反映北亞草原文化的特色。原始薩滿信仰認爲在

地下土界有惡魔,也有善神,人們在下界生活,並非酆都地獄,而是越深越溫暖的地穴,深處也有陽光,亡魂所到的地下土界,是和人間相像的另一個世界,可以騎馬馳騁。乩童信仰的靈魂概念及其對地獄的思維,主要是以民間信仰為基礎,並雜揉佛、道思想而形成的三界觀念,亡魂所到的陰間冥府,是酆都城、十殿閻羅等陰森恐怖的景象,所看到的是牛頭馬面、黑白無常惡鬼等角色,並非近似原始薩滿信仰的天穹觀念。乩童與薩滿既有許多差異,倘若將臺灣的乩童歸屬於東北亞薩滿信仰系統,確實無從凸顯臺灣乩童文化的地域特徵。

雲貴地區的儺文化與北亞薩滿文化有其共同性,可以進行比較。由於雲貴苗傜等少數民族多篤信鬼神,尙鬼習俗,極為普遍。例如貴州省貴筑、龍里等處東苗,每年中秋日,有延請巫師循序呼叫鬼名的儀式。廣順、大定等處龍家苗,每逢春日有跳鬼竿的活動。儺文化的明顯標誌,是巫師的戎服面具,面具不僅是法器、神器,而且也是儺戲的道具⑰。巫師戴上面具,其本人的個性隨之消失,所表現的是神,而不是人。因面具是儺文化的顯著特徵,所以儺文化又被稱為面具文化。由於雲貴苗傜等少數民族尙鬼,因此,儺文化的發展,與當地歲首迎鬼的習俗,關係密切。《職貢圖》畫卷〈廣順貴筑等處土人〉圖說記載,「歲首迎山魈,以一人戎服假面,衆吹笙擊鼓以導之,蓋亦古大儺之意。」⑱句中「山魈」,滿文讀如 "alin i hutu",意即山鬼。「儺」,滿文讀如 "fudešembi",意即跳老虎神送祟。儺文化與薩滿文化,都是屬於巫覡文化的範疇。惟因其分佈地域不同,生態環境有差異,終於形成不同系統的民間信仰。

典型的薩滿信仰,出現於北亞草原社會,由於大草原的流動性較大,祖靈在氏族社會中扮演了保護神的重要的角色,而使薩

滿信仰強調氏族保護神的重要性。儺文化主要分佈於我國南方的
農業民族，由於農業社會的相對穩定性，而決定了儺文化並不強
調氏族保護神的角色。雲貴等苗疆偏遠地區，因其巫術色彩較爲
濃厚，所以在儺文化中的儺儀、儺舞，在它的初期，純屬巫術的
迎山魈，跳老虎神送祟的驅鬼逐疫活動，在這些活動中，巫師都
扮演了重要角色。內地漢族農業社會的儺文化，受到佛、道等宗
教信仰及崇儒重道文化政策的影響，使內地農業社會的儺文化在
發展過程中逐漸向娛神、娛人的方向變遷，其巫術意識或巫術色
彩，已經逐漸淡化，儺戲的娛樂性，就是一個典型的例證。儺文
化的傳承方式與薩滿信仰的領神儀式，不盡相同。薩滿的產生是
憑藉薩滿神的附身來選擇的，他們成爲薩滿須經過領神的儀式。
儺文化的傳承，主要是口耳相傳，對學習者，並無特殊條件的限
制。薩滿信仰與儺文化的差異，主要是在社會功能的轉變與傳承
方式，儺文化不能與薩滿信仰混爲一談。

　　古代康藏等地區，在佛教傳入以前，當地盛行的原始信仰，
稱爲本教。原始本教也是以巫術爲主體及主流發展而來的一種多
神崇拜。本教的「本」字，最初也不是一種宗教的教派名稱，而
是一種遠古時代流行於康藏等地區的原始宗教巫師的稱謂⑲。本
教的「本」（Bon），表示「反復念誦，喃喃而語」，意即使用
咒語，以交通神靈。早期本教在形成初期，其巫術活動，主要也
是占卜吉凶，祈福禳災，驅鬼逐祟，原始本教的早期階段，與薩
滿信仰確實有許多近似之處。早期本教巫師的主要職能是爲人們
祭祀鬼神，請求神靈降福免禍。但兩者在發展過程中的生態環
境，不盡相同。爲了適應環境，藏區原始本教吸收藏傳佛教的大
量成分，注入了佛教的血液，而發展成濃厚藏傳佛教色彩的後期
本教。清代川康邊境各土司所信奉的奔布爾教就是藏傳佛教寧瑪

派色彩極為濃厚的教派，各地寺廟都稱為喇嘛寺，便是例證之一。北亞薩滿信仰接觸佛教、道教等外來宗教後，吸收了許多外來的成分。但北亞薩滿信仰並未發展成為系統化的人為宗教，而仍舊是一種複雜的巫術文化現象。薩滿信仰雖然分佈甚廣，有其普遍性，但也有它局限的地域性。所謂乩童、董薩、必磨、毛拉等等，雖與薩滿信仰有相似之處，但也各有其自身的生態特點及習慣稱謂，都不能歸入薩滿信仰系統內，以東北亞或北亞文化圈的薩滿信仰一名去統稱各地的原始信仰，確實有待商榷。

三、從薩滿稱謂分析北亞的巫術活動

薩滿信仰是屬於歷史文化的籌疇，有其形成發展的過程，以歷史文化的觀點分析薩滿信仰的文化特質，是有意義的。薩滿信仰的盛行，就是北亞文化圈的文化共同現象。探討薩滿信仰不能忽視古代北亞巫術文化的背景，薩滿信仰就是屬於北亞巫術文化的範疇。

古代薩滿信仰的社會功能，主要是為人逐疫治病、禳災驅祟、求神祈福等活動，與《周禮‧春官》男巫招神趨疫，女巫祓除不祥的活動相近 [20]。《史記》、《漢書》等文獻所載「九天巫」、「胡巫」，都是北方民族崇信巫覡的較早記載。樊圃撰〈六到八世紀突厥人的宗教信仰〉一文已指出，「胡巫或九天巫奉祀的九天，完全是薩滿信仰的宗教觀，薩滿就是中國古代史書中的巫。」[21]

高國藩著《中國巫術史》一書列表說明中國各民族巫師的名稱、分布省分、民族及其性別。表中所列巫師名稱，包括：雲南怒族尼瑪、傈傈族尼扒、彝族畢摩、德宏景頗族董薩、納西族東巴、海南黎族娘母、貴州苗族鬼師、廣西傜族師公、黑龍江赫哲

族薩滿等共計一二六種。其中北亞薩滿又分為內蒙古達呼爾族雅達干、新疆哈薩克族喀木、內蒙古顎溫克族薩滿、東北鄂倫春族莫昆薩滿等等。原書指出，中國各少數民族中的各種各樣的巫師施行的巫術，幾乎全部是神仙鬼怪巫術，包括交感巫術、模仿巫術、反抗巫術等法術，其形式雖然有差異，但其基本巫術性質卻是相同的，他們都相信能夠倚靠超自然神力，對客體加以影響和控制㉒。

　　對照歷代傳統文獻的記載，把巫術文化放在歷史脈絡裡考察，有助於了解古代北亞巫覡活動。《新唐書》記載點戛斯人祠神惟主水草，祭無時，呼巫為「甘」㉓。突厥語中的「巫」，讀如“kam”，有「急動」、「舞踊」的意思㉔。「甘」就是“kam”的漢字音譯，十一世紀的突厥語學者馬合木德・喀什噶里編著《突厥語詞典》，將“kam”注釋為「占卜者、薩滿」㉕。在裕固語中，稱呼會跳神、品級較高的祀公子為「喀木」，就是天神的使者，意即能以巫術占卜治病的薩滿㉖。

　　契丹社會的巫師，就是薩滿。朱子方撰〈遼代的薩滿教〉一文指出，遼代中京即赤峰市大明城附近出土的一件鐵器，全長七七・五公分，有柄，柄端有平面呈腰形的環，上附八個小鐵環，手持舞動，叮噹作響。考古工作者認為這件鐵器，形制特殊，可能是遼代薩滿所使用的法器㉗。徐夢莘著《三朝北盟會編》一書記載，「粘罕善用兵好殺，骨捨剛毅而強忍，兀室奸猾而有才，自製女真法律文字，成其一國，國人號為珊蠻。珊蠻，女真語巫嫗也，以其變通如神，粘罕之下，皆莫能及，大抵數人皆點虜也。」㉘巫嫗即女巫，女真語讀如“saman”，漢字音譯作「珊蠻」。清朝乾隆年間纂修《欽定四庫全書》收錄《三朝北盟會編》，惟原文多經改動。如引文中「珊蠻」，改作「薩滿」。其

實，珊蠻、薩滿，都是女眞語"saman"的漢字同音異譯。可將
諸書記載列表如下：

薩滿漢字與滿文譯音對照表

漢字	滿文	羅馬拼音	資料來源
女巫		saman	《遼史》，卷六，穆宗本紀上；《滿文大遼國史》，頁85。
撒抹		saman	《遼史》，卷二十，興宗本紀三；《欽定遼史語解》，卷八，頁17。
撒卯		saman	《金史》，卷四；《欽定金史語解》，卷九，頁9。
撒车		saman	《金史》，卷十二；《欽定金史語解》，卷三，頁15。
散卯		saman	《金史》，卷六十三，后妃上；《欽定金史語解》，卷一，頁4。
珊蠻		caman	《多桑蒙古史》，第一卷，第一章。
巫者		saman	《清世祖章皇帝實錄》，漢文本，卷二十三，頁3，滿文本，頁4。
薩滿		saman	《欽定遼史語解》；《欽定金史語解》。
薩滿		same	《松花江下游的赫哲族》，下册，頁694。

由前列簡表可知漢字中的「女巫」，即「女薩滿」，「巫
者」，滿洲語讀如"saman"，即「巫」。《遼史》中的「撒
抹」，《金史》中的「撒卯」、「撒车」、「散卯」，《多桑蒙
古史》中的「珊蠻」，都是「薩滿」（saman）的漢字同音異
譯，說明《遼史》、《金史》已使用同音漢字拚讀「薩滿」
（saman），《欽定遼史語解》、《欽定金史語解》對"sam-
an"的漢字譯音進一步作了整齊的規範，統一作「薩滿」，滿洲
語讀如"saman"。由此可以說明歷史上北亞各民族的「薩

滿」，文獻中多以漢字書作「巫」。據《遼史》記載，遼穆宗應曆七年（957）夏四月，射殺女薩滿的內容云：

> 初，女巫肖古上延年藥方，當用男子膽和之。不數年，殺人甚多。至是，覺其妄。辛巳，射殺之㉙。

爲了便於比較，可將《滿文大遼國史》所載遼穆宗射殺女巫一段內容羅馬拼音照錄於下：

> Siyoo gu gebungge hehe saman, jalgan golimin banjire okto seme mudzung han de benjifi, tere okto de haha niyalma i silhi be acabume ofi, udu aniya i siden de niyalma ambula waha. tere fonde, mudzung han teni holtoro be ulhifi, hehe saman be jafafi, geren gabtame waha㉚。

滿文本《大遼國史》未繫干支「辛巳」字樣，但云，「執女薩滿，衆射殺之」。句中「女巫」，滿文譯本俱作「hehe saman」，「女巫」即「女薩滿」。宋仁宗皇祐元年，遼興宗十九年（1049）三月，《遼史》記載，「命林牙蕭撒抹等帥師伐夏。」㉛句中「薩抹」，《欽定遼史語解》讀如"saman"，漢字音譯作「薩滿」。原書小字注釋，「滿洲語巫也。」㉜

《金史》多處記載女眞的薩滿。南宋光宗紹熙五年，金章宗六年（1194）正月，《金史》記載，「宋人入撒牟谷。」㉝句中「撒牟」，《欽定金史語解》讀如"saman"，小字注釋作「巫」㉞。《金史》后妃列傳記載，「熙宗積怒，遂殺后而納胙王常勝妃撒卯入宮。」㉟同書熙宗本紀記載，「十一月癸未，殺皇后裴滿氏，召胙王妃撒卯入宮。」㊱句中「撒卯」，《欽定金史語解》俱讀如"saman"，漢字俱作「薩滿」。《多桑蒙古史》一書對蒙古社會的薩滿活動，記載頗詳，原書有一段記載云：

韃靼民族之信仰與迷信，與亞洲北部之其他游牧民族或蠻野民族大都相類，皆承認有一主宰，與天合，名之曰騰格里（Tangri）。崇拜日月山河五行之屬。出帳南向，對日跪拜。奠酒於地，以酹天體五行，以木或氈製偶像，其名曰「Ongon」，懸於帳壁，對之禮拜。食時先以食獻，以肉或乳抹其口。此外迷信甚多，以爲死亡即由此世渡彼世，其生活與此世同。以爲災禍乃因惡鬼之爲屬，或以供品，或求珊蠻（Cames）禳之。珊蠻者，其幼稚宗教之教師也。兼幻人，解夢人，卜人，星者，醫師於一身，此輩自以各有其親狎之神靈告彼以過去、現在、未來之秘密。擊鼓誦咒，逐漸激昂，以致迷罔，及神靈之附身也，則舞躍瞑眩，妄言吉凶，人生大事皆詢此輩巫師，信之甚切㊲。

　　引文中的「珊蠻」，就是薩滿（saman）的同音異譯。薩滿兼幻人、解夢人、占卜者、星命學家、民俗醫療家於一身，就是一種術士。薩滿各有所領的神靈，擊鼓誦咒，念誦神歌，逐漸激昂後，薩滿開始進入催眠狀態，神靈附體，人生大事皆可詢問薩滿，《多桑蒙古史》所描述的內容，就是一種巫術活動，薩滿就是北方民族的巫者。《清世祖章皇帝實錄》記載順治三年（1646）正月十三日辛酉，撒政王等審擬固山額眞阿山（asan）違法用巫的內容頗詳，節錄一段內容如下：

固山額眞公阿山，聽巫著薩海言，雅巴海之妻與人私，因語雅巴海，令出之。雅巴海不從，阿山乃同其子長史塞赫逼雅巴海移居而離其妻，幽之于家。雅巴海妻奔逸，訴於刑部，具讞，啓攝政王。王令議政王等復鞫，擬阿山違法用巫，勒令雅巴海出妻，又希脫巫者罪，巧飾具啓，罷職解任。塞赫父過不諫，罷職，鞭一百，俱籍沒家產。內大

臣國戚多爾濟，梅勒章京譚布用譚泰所薦巫治病，不白於
部，均應罷職，罰銀一百內。內大臣宗室錫翰及公塔瞻，
護軍統領公圖賴，知而故遣巫者與人治病，雖經自首，亦
各罰銀。巫者薩海論斬。雅巴海夫妻於本王下所管牛彔，
聽其自附。獄成，復啓攝政王。王以阿山多軍功，止罷職
解任，塞赫亦止罷職贖身，俱免籍家產。國戚多爾濟，譚
布各罰銀。巫者薩海鞭一百，不許行巫，雅巴海並其近族
兄弟隨便自附牛彔。錫翰，塔瞻、圖賴俱免罪。固山額眞
譚泰亦坐與其婦翁阿山擅遣巫者與人治病，遂并究其前罪㊳。

國立故宮博物院典藏《清世祖章皇帝實錄》滿文本所載攝政
王等審擬固山額眞阿山違法用巫的內容，與漢文本相近，爲了便
於比較，可將滿文轉寫羅馬拼音如下：

gūsai ejen gung asan sahai saman i yabahai i sargan be, ni-
yalma de latuha sehe gisun be gaifi, yabahai be gajifi, ere gisun
be alafi, sargan be hoko serede, yabahai gisun gaijarakū ojoro
jakade, asan uthai ini jui faidan i da sehei emgi yabahai be er-
geleme boo guribfi, terei sargan be faksalafi, ini boode gamafi
horiha manggi, yabahai i sargan ukame tucifi, beidere jurgan
de habšafi duilefi, doro be aliha wang de donjibuha manggi,
wang ni gisun i hebei wang sabe dahūme beide seme afabufi,
asan be fafun be jurceme saman be fudešebuhe, yabahai i sar-
gan be ergeleme hokobuha, geli saman i weile be guwekini
seme, holtome faksidaha turgunde, hafan efulefi tušan ci na-
kabume sehei be , ama i endebuku be tafulahakū turgunde, ha-
fan efulefi tanggū šusiha tantame, gemu boigon be talame,
dorgi amban dorji dehema, meiren i janggin tambu be, tantai

gisun de saman be gamafi nimeku be dasabuci, jurgan de ala-
hakū turgunde, gemu hafan efulefi tanggūta yan i weile gaime,
dorgi amban uksun i sihan, gung tajan, tui janggin gung tulai
be, udu beye tucibucibe, saman be same unggifi niyalma be
dasabuha turgunde, inu gemu weile gaime, sahai saman be
wame, yabahai eigen sargan be, ini wang ni harangga cihangga
niru de unggime beidefi, dasame doro be aliha wang de don-
jibuha manggi, wang asan be dain cooha de ambula faššaha
seme, damu hafan efulefi tušan ci nakabuha, beyei jooligan
gaifi gemu boigon talara be guwebuhe, dorji dehema, tambu
de, gemu weile gaiha, sahai saman be tanggū šusiha tantafi,
samašaburakū ouha, yabahai be , ini hanci ahūn deo be gaifi,
cihangga niru de unggihe, sihan, tajan, tulai i weile be gemu
walihaha, gūsai ejen tantai be, inu ini amha asan i emgi cisui
saman be unggifi, niyalma be dasabuha turgunde, weile arara
de, nenehe weile be feteme gisurehengge㊴。

對照滿漢文的內容，可以發現漢文中的「巫者」或「巫」，
滿文俱讀如"saman"。譬如「巫者薩海」，滿文讀如"sahai
saman"；「違法用巫」，滿文讀如"fafun be jurceme saman be
fudešebuhe"，亦即違法令薩滿跳神驅祟。漢文中的「巫」，滿
文俱讀如"saman"，「薩滿」就是"saman"的漢字音譯。巫
術活動屬於巫文化的範疇，薩滿跳神驅祟，爲人治病，就是屬於
巫術活動的範疇。

　　關於薩滿文化是不是一種宗教的問題，中外學術界，異說紛
紜。劉厚生撰〈滿族的薩滿教是眞正的民族宗教〉一文指出，學
術界對薩滿文化的認識，可以歸納爲兩種意見：一種認爲薩滿文

化不能稱之爲宗教，薩滿文化不過是類似於漢族地區歷史上民間
傳承下來「巫婆神漢」所進行的巫術活動；另一種認爲薩滿文化
是北亞少數民族的初民社會時期所產生的一種原始宗教，以滿族
爲代表的宗教信仰，故歷史的進程中，形成了一整套完備的典
儀、神器和神，有較成熟的宗教信仰，故具備了作爲宗教的基本
要素⑩。其實，薩滿文化的內容，並未超出巫覡信仰的範圍，所
謂「滿族的薩滿教是眞正的民族宗教」，「具備了作爲宗教的基
本要素」，都是有待商榷的。凌純聲著〈松花江下游的赫哲族〉
一書對薩滿文化是不是一種宗教的問題，曾經提出一種解釋云：

> 關於薩滿教是否是一種宗教或哲學的問題，學者間議論分
> 歧。Shirokogoroff 研究通古斯薩滿教的結論說：薩滿教雖
> 不能說是一種宗教或哲學，然他的功用是像一種宗教，他
> 的思想系統是哲學，並是一種醫術。赫哲族爲通古斯的一
> 種，就著者研究所得的結果，和 Shirokogoroff 的結論是很
> 相符合的⑪。

引文中已指出「薩滿教」的功用是像一種宗教，但「薩滿
教」不能說是一種宗教，薩滿文化的共同時徵就是沒有形成自身
固定的祭祀場所，沒有教義經典，沒有形成完整的哲理，沒有寺
廟建築，並未具備作爲宗教的基本要素。因此，薩滿文化不能稱
爲「薩滿教」。張曉光撰〈關於薩滿教研究的幾點探討─兼談氏
族本位系宗教與社會性宗教的差異〉一文認爲到了清朝乾隆十二
年（1747），清朝中央政府制定了〈滿洲祭神祭天典禮〉，將滿
族祭禮的儀式程序及祭器的質地、形制、規格、顏色等都作了具
體、詳細的規定，而後滿族諸家也紛紛將自己家族的祭詞、儀式
程序等記錄下來，才有我們今天所見到的神木，這些就應該是滿
族薩滿教的教義和經典⑫。清初以來就已經制定了禁止薩滿跳神

治病的條例，將乾隆年間的〈滿洲祭神祭天典禮〉視同「滿族薩滿教的教義和經典」，並不妥當。《樺川縣志》有一段記載云：

> 薩媽一名薩滿，莫詳所自始，西伯利亞西北域，有種族曰薩滿，大中華地理志亦曰西伯利亞及滿洲、蒙古之土人多信奉之，或即因種族以爲名歟？北盟錄云：金人稱女巫爲薩滿，或曰珊蠻，今俗亦稱跳神者爲巫，又曰叉媽。今之巫，非古之巫也，而叉、薩同韻，或即其音之誤歟？滿語亦稱跳神爲薩滿山畢，其家祭禮，多用之，確爲一種無疑。乃各志又確定爲通古斯之古教，未識何考？總之，不離以魔鬼嚇人，神其事，以索報酬者近是，不書教，異之也㊸。

引文中「薩滿山畢」是滿洲語“samašambi”的漢字音譯。薩滿，滿洲語讀如“saman”，“samašambi”就是薩滿跳神作法的原形動詞。在通古斯族系的語言中，薩滿（saman）一詞是指能夠通靈的男女，他們在跳神作法的儀式中，受到自我暗示後，即產生習慣性的人格解離，薩滿自我眞空，將神靈引進軀體，而產生一種超自然的力量，於是具有一套和神靈溝通的法術。崇奉薩滿的民族相信人生的禍福，宇宙的各種現象，都有神靈在冥冥之中主宰著，人們與神靈之間，必須設法溝通。通過占卜、祭祀、祈禱等手段，就可以預知、撫慰，乃至征服自然界中的神秘力量。薩滿就是相信泛靈論的環境中，與神靈溝通的靈媒。因爲薩滿文化不是宗教，所以《樺川縣志》「不書教」，不稱它爲薩滿教。爲了避免誤解薩滿文化爲一種宗教，可以使用「薩滿信仰」一詞，以代替「薩滿教」字樣。

四、從跳神治病分析薩滿文化的巫術作用

在北亞崇奉薩滿信仰的草原社會裡，人們總是將生病或是災禍歸咎於神靈惡魔的責罰或侵擾。病患得罪了祖先神靈，或祭祀不周，或許願未還，病患就要供奉祭品，請神息怒。倘若是惡魔攝去病人魂魄，就要請薩滿作法，打敗惡魔。如果是妖孽作祟，就要請薩滿跳神驅祟。薩滿信仰就是與役鬼驅祟有關的魂靈崇拜，他們相信動物的魂靈是可以供薩滿驅使的神靈。

薩滿跳神治病時所穿戴的神帽、神衣、神裙、腰鈴等神服及所使用的神鼓、神刀、神鞭、神槌等法器，都是巫術法力的象徵，它能賦予薩滿超自然的神力。缺乏神服、法器，薩滿就無從施展其神術。神服不僅是薩滿的外部標誌，其神服上的圖案、配飾也有它獨特的象徵意義。其法器不僅是祭神歌舞中的主要道具，而且也是薩滿驅邪護身的靈物。

在北亞民族的傳統社會裡，請薩滿禳災祛病的活動，相當普遍。薩滿被認為就是民俗醫療的靈媒，兼具巫術與醫術，可以說是醫治身心的醫者。《多桑蒙古史》一書已指出，薩滿是一種術士，能通鬼神，兼治疾病 ㊹。據《女眞傳》一書記載，女眞人「其疫病則無醫藥，尚巫祝。病則巫者殺豬狗以禳之」㊺巫者就是薩滿，薩滿認為人們患病，或因其祖先神怪罪，或因鬼魔作祟所致，必須殺豬狗以禳之。蒙古社會的字額，就是專門施展法術為人們禳災治病的蒙古薩滿。古代蒙古人多相信人們的災病，多因惡鬼為厲所致。相傳窩闊台汗曾因在修建寺廟的時候，砍伐樹木，因此，那地方的神衹前來作祟，於是就做大黑天之法，病就好了㊻。滿族社會多相信人們患病，是被冤鬼作祟，家人必須為之延請薩滿驅祟治病㊼。達呼爾跳神驅祟的薩滿，頗為族人所信

服。《黑龍江外紀》有一段記載說：

> 達呼爾病，必曰祖宗見怪，召薩瑪跳神禳之。薩瑪。巫覡
> 也，其跳神法，薩瑪擊太平鼓作歌，病者親族和之，詞不
> 甚了了，尾聲似曰耶格耶，無分晝夜，聲徹四鄰。薩瑪曰
> 祖宗要馬，則殺馬以祭，要牛則椎牛以祭。（中略）薩瑪
> 降神亦擊鼓，神來則薩瑪無本色，如老虎神來猙獰，媽媽
> 神來則噢咻，姑娘神來則靦覥，各因所憑而肖之⑱。

引文中已指出，薩滿就是巫覡。薩滿作法降神後，身軀淨
空，成爲神靈的載體，薩滿失去本色，老虎神附身後，薩滿面目
猙獰，媽媽神附身時，則其聲噢咻，姑娘神附身時，則羞答靦
覥，薩滿降神附體，是一種巫術活動，巫術就是薩滿信仰的基礎
和核心，因此，薩滿活動就是袚除鬼祟的巫覡。吉林永吉縣舍嶺
村的薩滿，又叫單鼓子。當地旗人相信人們染病，多因鬼魅作
祟，所以必須延請薩滿治病。《雞林舊聞錄》記載舍嶺村薩滿跳
神治病的內容頗詳，節錄一段內容如下：

> 巫者各穿神衣，戴神帽，腰繫鐵串鈴，擊鼓鳴囉，以請神
> 主，名曰「請大位」。待神來時，巫者亂跳亂叫，自報神
> 名，用針刺兩腮，以顯其神靈之威。些許退神，再請金花
> 火神、牛神、馬神、虎神、狼神、豹神，繼續再請其他各
> 神，直至天亮而後已。狼神來時爲狼叫，虎神來時爲虎叫⑲。

引文中的巫者，就是薩滿，薩滿跳神禳災驅祟時，必須穿神
衣，戴神帽，腰繫神鈴，擊鼓鳴囉，始能產生神秘的氣氛，使神
靈附體，狼神附體時，薩滿的叫聲像狼嚎，虎神來時如虎哮。薩
滿跳神，就是作法降神的一種巫術活動。《龍沙紀略》記載薩滿
跳神驅祟的內容，亦極詳盡，節錄一段內容如下：

> 降神之巫曰薩滿，帽如兜鍪，緣檐垂五色繒條，長蔽面，

繪外懸二小鏡，如兩目狀，著絳布裙。鼓聲闐然，應節而
舞。其法之最異者，能舞鳥於室，飛鏡驅祟，又能以鏡治
疾，遍體摩之，遇病則陷肉不可拔，一振盪之，骨節皆
鳴，而病去矣。多魅爲嬰孩祟者，形如小犬而黑，潛入
土，惟巫能見之。巫伏草間，伺其入以甑蒙突，執刀以
待，紙封挫門，然燈於外，魅知有備，輒衝甑而出，巫急
斬之，嬰頓甦。婦著魅者，面如死色，喃喃如魅語，晝行
有小犬前導，巫亦能爲除之。病家束草象人，或似禽鳥
狀，擊鼓作屬詞以祭，喧而送之，梟其首於道，曰逐鬼㊿。

引文中指出降神的巫者，就是薩滿。鬼魅畏懼鏡子的反射光
線，飛鏡驅祟，是薩滿普遍使用的法術。鳥神聽命於薩滿，供其
驅使，舞鳥於室，以捕捉鬼魅，驅除病人體內的惡靈。鬼魅作
祟，病家可束草人，作成病人的替身，祭祀後送上路，梟首於
途，稱爲逐鬼。有的薩滿則將人形替身，用針扎刺，或用火焚
燒。蒙古族的薩滿則利用人扮鬼，讓他穿上病人的衣服，從燒旺
的火堆跨過，趕走惡靈。索倫族的薩滿進行驅祟儀式時，常由薩
滿用葦子紮成男女兩個草人，頭部貼上近似臉形的剪紙，放在蒙
古包東南角上，下墊羊皮一張，薩滿將一碗稜子米撒在病人身
上，使病人康復。崇奉薩滿信仰的各民族，普遍相信病人身體內
的惡靈驅趕到替身的身上，梟首於途，或以火焚燒，嫁禍於替
身，病人就可痊癒。有的民族則通過宰殺一隻活牲畜做爲替身。
伴隨著靈魂轉體思想的產生，後來又出現了象徵性的替身，例如
將病人指甲、頭髮、衣物等予以焚燒，施展交感巫術，做爲巫術
摧燬的目標㊶。鄂倫春族的薩滿降神作法，進入無我狀態時，腳
步飛快地旋轉，環視屋內各個角落，在黑暗中尋找鬼魅，然後指
著某一器物，猛然敲鼓搖鈴，急速作出驅逐惡魔的動作，並向病

人象徵性地砍去，使病魔遠離。錫伯族也相信人們患病是被惡魔纏身所致，必須倚靠薩滿所領的神靈驅逐惡魔，疾病始能痊癒。家宅不寧，災禍頻傳時，也要延請薩滿鎮壓邪氣，使鬼魅不敢作祟。

　　崇奉薩滿信仰的各民族多曾按照方向將天分成若干區塊，爲了禳災除病，就要請求東南方向的天，同時唱誦禳災除病的祭天歌。滿族薩滿有祭星神禳災驅祟的活動，先由薩滿剪紙人若干張掛起來，然後對著北斗七星祈禱，藉著七星神的力量，將附在病人身上的惡靈驅逐，嫁禍於紙人。赫哲族也將北斗七星視爲禳災除病的吉星神，由薩滿祭祀北斗七星神，相信可以禳災驅祟。和邦額著《夜談隨緣》一書記載了一段薩滿逐鬼的故事。乾隆年間（1736-1795），北京城內有一個叫做莊壽年的人，因遭黑狐作祟，病況彌篤，無藥能醫，於是延請鑲白旗蒙古穆薩滿作法驅祟。只見穆薩滿頭戴兜鍪，腰繫金鈴，鼓聲咚咚，口誦神歌。神靈附體後，穆薩滿驅步登樓，遂用神叉殺死一黑狐，病者即康復㉒。《遼史・歲時雜儀》有一段記載云：

> 正旦，國俗以糯飯和白羊髓爲餅，丸之若拳，每帳賜四十
> 九枚。戊夜，各於帳內窗中擲丸於外。數偶，動樂，飲
> 宴，數奇，令巫十有二人鳴鈴，執箭，繞帳歌呼，帳內爆
> 鹽爐中，燒地拍鼠，謂之驚鬼，居七日乃出㉓。

　　契丹族正旦驚鬼的巫人，就是薩滿，燒地拍鼠，就是一種驅祟的巫術活動，也是一種火神崇拜的薩滿文化。北方諸民族多崇拜火神，在日常生活中，火比其他自然神更受崇敬。他們認爲火是聖潔的象徵，可以去污禳災，祓除不祥。對於逐水草而居的草原民族而言，火神永遠起著禳災驅祟和保護族人的作用㉔。薩滿信仰把火神人格化，祂可以驅寒除邪，庇護人們。北亞各民族

頌讚火神的薩滿神詞、神諭、神歌，佔了很大的比重，具有濃厚的北方文化特徵，形成了獨具特點的崇火習俗的文化傳播圈⑤。《多桑蒙古史》一書已指出，蒙古薩滿能禳災除穢，宮廷器物及進貢品，都由薩滿以火神的威力消除污穢邪祟⑤。《金帳汗國興衰史》一書認為火淨禮是薩滿信仰的特有儀式，火神會帶走一切惡物⑤。由於火本身的聖潔及火神的威力，火療法就成為薩滿驅祟治病常見的一種民俗醫療方法。

巫術是薩滿信仰的基礎和核心，薩滿的驅祟治病儀式，含有濃厚的巫術成分。薩滿的神服及法器，都是巫術法力的象徵。例如錫伯族薩滿的神帽是用鐵片製成的，神帽前面中央有一塊玻璃鏡，起著驅祟的作用。神帽後面中央，有兩條飄帶，胸前垂著一面護心小銅鏡。腰圍布裙，布裙上又圍著十二條飄帶，在飄帶上用彩色絲線刺繡出日、月、松、飛禽、蜥蜴、鹿、蛇等生物，顯示出薩滿與這些自然神靈的親密關係。在飄帶外還圍著圓形布條神裙，腰上繫著大小不同等銅鏡十三面，薩滿跳動時使銅鏡碰撞震動的聲音，可以把惡靈嚇走。鄂倫春族薩滿的神服、法器多用雄性罷子皮或犴皮製成的，胸前分兩行釘著六面銅鏡。薩滿神帽是用薄鐵片或鐵條圍成骨架，然後在上面加以配飾。冒頂後部的兩邊豎立兩個金屬鹿角，上繫長短不等的飄帶。鹿角神帽可以鎮妖除邪，神帽前部中央立著一隻銅鷹。神鼓和鼓槌是薩滿在祭祀中代表宇宙的法器，神裙代表雲濤，腰鈴代表風雷，神帽和銅鏡代表日月星光，帽頂的飛鷹象徵薩滿能在宇宙間自由飛翔，鼓鞭則為宇宙坐騎，鼓聲的緩急代表飛天步履。精靈懼怕鐵器，銅鏡的光線，也有避邪祛祟作用。科爾沁蒙古族的薩滿認為銅鏡能發光，也會飛翔，可以嚇退邪魔，驅祟治病。因此，與其說薩滿是宗教觀念的體現者，還不如說薩滿就是驅祟治病的靈媒。

五、從領神儀式分析薩滿文化的巫術性質

　　北亞各民族的薩滿，在不同地區，雖然各有自己的一套傳承方式，但也有他們的共同特點，那就是薩滿傳承，在基本上，並非世襲的，由誰當薩滿，主要是取決於薩滿神的選擇。薩滿具有神力，或超自然神力，這種意味，表明薩滿的巫術性質，並非任何人都可以成為薩滿。薩滿的神力，主要是倚靠所領的神靈，包括植物神、動物神、祖先神等。各種神靈，各有各的神通。沒有神靈的幫助，薩滿就將失去神力。薩滿所以能領各種神靈，是與圖騰崇拜有密切關係，其中血緣親屬關係更不能忽視。

　　布里亞特人相傳，與神鷹交配過的布里亞特女子是人類最初的薩滿。他們相信薩滿最早來自一隻能通人語的大鷹，天神派遣神鷹到人間庇祐族人，這隻大鷹與布里亞特一個女子成婚，生下一子，他就是最初的薩滿，大鷹與薩滿有血緣關係。雅庫人、通古斯人也有祖先薩滿是神鷹後裔的傳說。在朝鮮族的傳說中，敘述巴力公主夢中與神鷹交感而成孕，生下雙胞胎，這對雙胞胎又各生四女，八位姑娘就成為朝鮮薩滿之祖⑤⑧。

　　成為一個薩滿，要學會許多神術。學習神術，先要學習領神，舉行領神儀式，傳授法術後，方能成為具有神力的薩滿。領神又稱授神，領神儀式包括跳神訓練，學習祭神的禱詞，逐一背誦本氏族一長串的祖神和薩滿的名字。領神的儀式，多在晚間舉行。經過領神或授神儀式及訓練後，新薩滿領有可以支配的神靈後，始能成為具有神力的薩滿。《松花江下游的赫哲族》一書記載赫哲族薩滿的領神儀式頗詳，節錄一段內容如下：

　　　　年齡在十五、六歲至二十四、五歲之間的人，害了精神病，久而不癒，請薩滿治病亦不見效時，乃由薩滿禱告許

願云：「如病人得癒，願教領神。」病人若果因此而得痊
癒，即須至薩滿處謝神了願。再經過數月或一、二年後，
許願領神者如又患病，是爲領神時期的徵兆。那時前次代
他許願的薩滿爲之預備領神的手續。在病人已入於昏迷狀
態的時候，扶之坐在炕上。一老人爲「甲立」。（tʃiali），
坐在他的背後，雙手扶其兩肩。在炕前地上，正對病人供
一愛米，燒「僧其勒」（sənk'ile）香草。薩滿穿戴神衣神
帽，坐在炕沿上，擊鼓請神，口中念念有詞，先報他自己
的裝束及所用神具，大意云：「十五根神桿，桿下一對朱
林神，還有飛的神鳩，大的神鷹。身掛十五個銅鏡，背後
護背境；頭戴五叉神，胸前掛銅的布克春神，鐵的薩拉卡
神。服神衣、穿神袴，束腰鈴、圍神裙、手套神手套、足
登神鞋、取鼓槌、執神鼓。鼓聲起，神四布。」報至此再
擊鼓三聲，繼續報他所領的神名，大意云：「騰雲駕霧的
老爺神，娘娘神，在雲城上和霧城上盤旋。在三個山峰的
中峰城下有個愛敦神、鹿神。在天河中大石城內的神桿下
臥著一虎神。鄂倫春人那邊的柞樹神和石頭朱林神。在北
海島上石門屋伏著一對虎神。南海中三個山峰坡下的神，
烏蘇里江南岸水漩處的鰉魚神，七星嶂子坡下九個門前的
娘娘神。」如薩滿所報之神名及神具爲領神的病人所當領
的神，那時病人的雙肩乃不斷的微微震動，甲立即報說：
「抖了」（sərəmərən）。否則不震動，甲立即報說：「不
抖（atʃi）（嘎爾當人用）或（k'ɜkəmŋ）（富克錦人
用）。薩滿便須改變其詞爲之另找某某神或某某神具，在
南海或北山或某湖畔，或某河邊，各處去請神。並須一樣
一樣的細細報告，直至說中發生影響於病人爲止。薩滿見

病人的雙肩微微顫動，身亦漸漸隨之而動時，知諸神快要降臨，乃更向神祝禱云：「室内已燒起了僧其勒香草，倘使你是眞正的愛米，不要害怕，快快附入你的主身。」到了此時，領神的病人顛動全身，向炕前移動，愈顛愈甚，至炕沿則兩足垂下，兩手張開作抱勢，直跳上愛米撲去，那時便入於昏倒狀態。旁人將其扶起，並將薩滿的腰鈴及神裙解下爲之繫上，薩滿授之以鼓及槌。領神的病人自會擊鼓跳舞，此時跳動若狂，必須兩人扶著。跳行數週，愈跳愈急，鼓聲亦愈大，扶者強之安睡炕上稍息。他休息片刻，喘息稍定，神智亦得恢復。他自相信此時愛米已離去其身。神智定後，薩滿乃將方才請神的咒語與他發生關係的一種，從頭至尾一句一句再述一兩遍，領神者須牢記在心，授神的儀式，即算終了⑲。

引文中的病患，就是薩滿神所選定的新薩滿。領神訓練過程中所請的神靈，名目頗多，其中柞樹神、朱林神等是屬於自然界中的植物神，神鳩、神鷹、鹿神、虎神、鰉魚神等是屬於動物神，牠們平時住在天河、北海、南海、北山、湖畔、河邊等地，薩滿頭戴神帽，身掛銅鏡，服神衣，穿神褲，腰束神鈴，圍神裙，足穿神鞋，手執神鼓，焚燒僧其勒香草，擊鼓請神，念誦神歌，跳神作法，始能支配神靈，充分說明薩滿的領神儀式就是一種巫術活動，新薩滿不僅要求以巫術支配神靈，而且還要使神靈附身，進入催眠狀態，或昏迷狀態，薩滿魂靈出竅，可以進入冥府，領著衆神，渡河過關，其中《尼山薩滿傳》保存了完整的故事，可將尼山薩滿所領動物神靈，列表如下：

薩滿所領動物神靈簡表

名稱	羅馬拼音	特長	職能
大鵰	amba daimin	飛翔	幫助薩滿渡河，保護薩滿。
頭鵰	dalaha daimin	飛翔	薩滿過陰，保護薩滿。
花鵰	alha daimin	飛翔	薩滿過陰，保護薩滿。
金鵲鴿	aisin inggali	翅膀大	薩滿過陰，保護薩滿。
銀鵲鴿	menggun inggali	翅膀大	薩滿過陰，保護薩滿。
飛鷹	deyere giyahūn	飛翔	薩滿過陰領路、送魂、收魂。
闊里	kori	飛翔	領路、送魂、駄載薩滿。
大鶴	amba bulehun	速度快	抓拿魂靈，保護薩滿。
雷鳥	akjan gasha	神通廣大	保護薩滿，攻擊惡魔。
彪虎	taran tasha	力量大，快速	保護薩滿。
脆牲熊	oniku lefu	威力強大	保護薩滿。
鹿神	buhū enduri	跑得快	跳鹿神，消災祈福。
怒蛇	cecereku meihe	飛騰	幫助薩滿渡河
八尋蟒	jakūn da jabjan	飛騰	薩滿過陰幫助並保護薩滿。
九尋蛇	uyun da meihe	飛騰	幫助薩滿過陰收魂。

資料來源：海參崴本《尼山薩滿傳》滿文手稿；凌純聲著《松花江下游的赫哲族》，南京，中央研究院，民國二十三年。

　　滿族、索倫族、鄂倫春族、赫哲族、達呼爾族等氏族，從古代以來就流傳著薩滿過陰追魂的故事。其中《尼山薩滿傳》（nisan saman i bithe）就是以北亞部族的薩滿信仰觀念爲基礎的珍貴文本。在薩滿過陰追魂的過程中，薩滿大量使用巫術。海參崴本《尼山薩滿傳》滿文手稿，對薩滿降神作法，魂靈出竅，過陰收魂的情節，描寫細膩。原書敘述從前明朝的時候，色爾古岱

費揚古前往南山行獵時，突然氣絕身亡。色爾古岱費揚古的父親
巴勒杜巴彥員外請求尼山薩滿救治。尼山薩滿洗了眼臉，擺設香
案，右手拿著手鼓，左手盤繞鼓槌，開始跳神作法，唱著火巴格
（hobage），喊著德揚庫（deyanku）的神歌請神附身，喋喋地
傳達神諭，因為閻王爺差遣鬼魂把色爾古岱費揚古的眞魂捉到冥
府去，所以得病死了。尼山薩滿穿繫了神衣，神鈴，戴了九雀神
帽，唱著尾音和格亞格的神歌，尼山薩滿進入催眠狀態，魂靈出
竅，獸神跑著，鳥神飛著，走向冥府而去。後來到了紅河岸渡
口，因無船隻，尼山薩滿開始作法，唱著神歌。節錄一段內容，
轉寫羅馬拼音，並譯出漢文如下：

> eikuli yekuli, abka be šurdere eikuli yekuli, amba daimin
> eikuli yekuli, mederi be šuredere eikuli yekuli, menggun in-
> ggali eikuli yekuli, bira cikin be šurdere eikuli yekuli, cecer-
> eku meihe eikuli yekuli, jan bira be šurdere eikuli yekuli,
> jakūn da jabjan eikuli yekuli, ajige ejin mini beye eikuli
> yekuli, ere bira be eikuli yekuli, doombi sembi eikuli yekuli,
> geren wecense eikuli yekuli, wehiyeme dooburo eikuli yekuli,
> hūdun hasa eikuli yekuli, erdemu be tucibureo eiklui yekuli。
> 額伊庫哩也庫哩，盤旋天的額伊庫哩也庫哩，大鵰額伊庫
> 哩也庫哩，圍繞海的額伊庫哩也庫哩，銀鵝鴿額伊庫哩也
> 庫哩，圍繞河邊的額伊庫哩也庫哩，怒蛇額伊庫哩也庫
> 哩，圍繞占河的額伊庫哩也庫哩，四丈蟒額伊庫哩也庫
> 哩，小主人我自己額伊庫哩也庫哩，把這條河額伊庫哩也
> 庫哩，要渡過額伊庫哩也庫哩，眾神祇額伊庫哩也庫哩，
> 請扶助渡河額伊庫哩也庫哩，急速地額伊庫哩也庫哩，請
> 施展本領吧額伊庫哩也庫哩⑩！

神歌尾音額伊庫哩也庫哩，節奏或快或慢，聲調或緩或急，氣氛神秘。唱完神歌後，把手鼓拋到河面上，變成了一艘渡船，薩滿站在上面，就像旋風似地轉瞬間渡過了紅河，都是巫術活動的重要內容。尼山薩滿繼續前進，到了閻王城門，護城關閉，城牆堅固，尼山薩滿進不去，她十分生氣，開始念誦神歌。其滿文歌詞先轉寫羅馬拼音，然後譯出漢文如下：

Kerani kerani, dergi alin de kerani kerani, tomoho kerani kerani, dekdere gasha kerani kerani, cangling alin de kerani kerani, cakūra moo canggisa kerani kerani, manakan alin de kerani kerani, tomoho kerani kerani, mangmoo manggisa kerani kerani, uyun da meihe kerani kerani, jakūn da jabjan kerani kerani, wehe ukdun kerani kerani, sele guwan de kerani kerani, tomoho kerani kerani, taran tasha kerani kerani, oniku lefu kerani kerani, alin be šurdere kerani kerani, aisin inggali kerani kerani, mukden be šurdere kerani kerani, menggun inggali kerani keran, deyere giyahūn kerani kerani, dalaha daimin kerani kerani, alaha daimin kerani keraani, nai jule se kerani kerani, uyun uri kerani kerani, juwan juwe faidan kerani kerani, geren jusele kerani kerani, hūdun hahi kerani kerani, deyeme hoton de kerani kerani, dosifi gajireo kerani kerani, wašiha ci kerani kerani, wašihalame gajireo kerani kerani, šoforo ci kerani kerani, šoforome gajireo kerani kerani, aisin hiyanglu de kerani kerani, alamime tebufi gaju kerani kerani, menggun hiyanglu de kerani kerani, ungkufi gaju kerani kerani, meiren i hūsun de kerani kerani, meihereme gajireo kerani kerani sehe。

克蘭尼克蘭尼，在東山上克蘭尼克蘭尼，棲息的克蘭尼克蘭尼，飛鳥克蘭尼克蘭尼，在長齡山上克蘭尼克蘭尼，檀木鬼祟克蘭尼克蘭尼，在山崗上克蘭尼克蘭尼，棲息的克蘭尼克蘭尼，橡木鬼克蘭尼克蘭尼，九尋蛇克蘭尼克蘭尼，八尋蟒克蘭尼克蘭尼，在石窟克蘭尼克蘭尼，鐵關裡克蘭尼克蘭尼，棲息的克蘭尼克蘭尼，彪虎克蘭尼克蘭尼，脆牲熊克蘭尼克蘭尼，盤旋山的克蘭尼克蘭尼，金雞鴒克蘭尼克蘭尼克蘭尼。盤旋盛京的克蘭尼克蘭尼，銀鵝鴒克蘭尼克蘭尼，飛鷹克蘭尼克蘭尼，為首的鵰克蘭尼克蘭尼，花鵰克蘭尼克蘭尼，九個草囤子克蘭尼克蘭尼，十二排克蘭尼克蘭尼，眾鬼們克蘭尼克蘭尼，急速地克蘭尼克蘭尼，飛到城上克蘭尼克蘭尼，進去帶來吧克蘭尼克蘭尼，用爪子克蘭尼克蘭尼，攫取帶來吧克蘭尼克蘭尼，用爪子抓克蘭尼克蘭尼，抓住帶來吧克蘭尼克蘭尼，在金香爐裡克蘭尼克蘭尼，裝了扛來吧克蘭尼克蘭尼，在銀香爐裡克蘭尼克蘭尼，叩著帶來吧克蘭尼克蘭尼，用肩膀的力量克蘭尼克蘭尼，扛著帶來吧克蘭尼克蘭尼[61]。

　　神歌尾音「克蘭尼克蘭尼」（kerani kerani），請來了尼山薩滿所領的神靈，主要是飛禽走獸。神歌的大意是說在東山上棲息的飛鳥，在長齡山上棲息的檀木鬼祟，在山崗上棲息的橡木鬼祟，在石窟裡棲息的蛇蟒，在鐵關裡棲息的彪虎脆牲熊，在山上盤旋的金鵝鴒，在盛京盤旋的銀鵝鴒，飛鷹、花鵰等飛到閻王城上，一隻大鳥俯衝下來抓住色爾古岱費揚古高飛帶走了。尼山薩滿倚仗她高強的法術，進入冥府閻王城裡救出了色爾古岱費揚古。在返回陽間途中，尼山薩滿遇到她死去多年的丈夫燃燒油鍋阻攔，要求附體還陽。因丈夫的軀體已腐爛，不能救治。但他不

肯寬恕妻子，要把尼山薩滿推入油鍋。尼山薩滿唱著神歌，尾音
德尼昆德尼昆地請求神靈，節錄一段神歌，轉寫羅馬拼音，並譯
出漢文如下：

> denikun denikun, weceku de baime denikun denikun, bujan be
> šurdere denikun denikun, amba bulehun denikun denikun,
> hūdun hahi denikun denikun, mini eihen be denikun denikun
> šoforome jafafi denikun denikun, fungtu hoton de denikun de-
> nikun, maktafi enteheme denikun denikuun, tumen jalan de
> denikun denikun, niyalmai beyede denikun denikun, ban-
> jiburakū obuki denikun denikun, hūlara de amba bulehun de-
> yeme genefi uthai šoforome jafafi deyeme fungtu hoton de
> maktaha。

> 德尼昆，德尼昆，請求神祇德尼昆德尼昆，盤旋樹林的德
> 尼昆德尼昆，大鶴德尼昆德尼昆，急速地德尼昆德尼昆，
> 把我的丈夫德尼昆德尼昆，抓起德尼昆德尼昆，到酆都城
> 德尼昆德尼昆，拋下永久德尼昆德尼昆，萬世德尼昆德尼
> 昆，人身德尼昆德尼昆，不讓他轉生德尼昆德尼昆[62]。

　　尼山薩滿唱著神歌，請來在樹林盤旋的大鶴神，抓起他的丈
夫，拋下酆都城，使他永久不能轉生。神歌的韻律和諧，尾韻規
律，烘托了神秘的氣氛，有助於巫術的作用。《一新薩滿》所述
丈夫德巴庫阿在途中阻攔被拋入陰山下面的情節大同小異。故事
中描述一新薩滿心生一計說道：「丈夫，你倘要復活，請你將手
放下，坐此鼓上，我將你送回陽世就是了。」一新薩滿看他坐在
鼓面上，回頭吩咐她的薩滿神名叫愛新布克春急速帶他到那括文
庫阿林即陰山後面，把他擲下，愛新布克春就把鼓和人一齊帶到
陰山後面擲下了。一新薩滿領著眾神到了冥府第三道關口被惡鬼

攔阻，她搖身一變，就變成一隻闊里（kori）即神鷹，一霎那間竟騰空而起，飛進城中去㉒。一新薩滿能支配愛新布克春，又能變成神鷹，都是巫術的作用。

薩滿法力的強弱，決定於各種神靈的輔助，薩滿能夠抵抗惡魔，也是得到神靈的保護。赫哲族相信愛新布克春和薩拉卡是專司保護薩滿以抵抗惡魔鬼怪的神靈，倘若力不能敵，則通報其他薩滿，請求相助。額其首是專司驅逐怪獸的神靈，當薩滿與鬼怪鬥法時，因得到額其和之助，薩滿就能變成虎、熊、鹿等神獸。鳩神是薩滿領路神之一，薩滿跳神作法時，即由鳩神領路尋找保護薩滿的愛米神。薩滿作法過陰時，另有鷹神領路，這種鷹神，赫哲語讀如「闊里」（kori）。錫伯、達呼爾、雅庫特等族傳說鷹是騰格里的神鳥，其威力無比，能用右邊的翅膀遮住太陽，用左邊的翅膀遮住月亮。他們相信薩滿就是神鷹的後裔，也就是薩滿的圖騰，可以變形，可以隱身，出神入化，法力強大。因為薩滿和各種神靈具有圖騰和同宗的親密關係，所以具有特別的超自然力量。

六、結　語

薩滿信仰是一種複雜的文化現象，它既含有原始宗教的成分，又包含大量非宗教的因素。古代北亞各民族所崇奉的薩滿信仰，有一個共同的思想基礎，都相信萬物有靈，是屬於多神的泛靈崇拜，包括自然崇拜、圖騰崇拜、祖先崇拜、聖者崇拜等。他們對於自然界一切事物，都以為有神靈主司，各具靈異，一種溝通人與神靈之間的薩滿便應運而生。薩滿對於自然界的動植物及已故祖先等神靈所以具有特別的力量，是因為薩滿和這些神靈具有圖騰或同宗的血緣親密關係，能賦予薩滿奇異的超自然能力。

薩滿跳神作法，吟唱神歌，念誦咒語後，便產生巫術的作用，薩滿失去自我意志，成為神靈的載體。薩滿信仰鬼魂神靈觀念與薩滿信仰交織雜揉在一起，形成了一種特殊形態的信仰。

在初民社會裡，巫術活動，極為普通。薩滿為病人跳神驅祟，占卜吉凶，為本氏族祈求豐收，消災除禍，送魂除殃等活動，都普遍使用巫術。在一般情況下，薩滿跳神儀式多在晚間進行，包括請神、降神、神靈附體等程序。在舉行儀式時，薩滿所使用的手段，主要是唸誦神歌禱詞等等，這是因為神歌禱詞可以驅遣神靈，已具有巫術咒語的作用。薩滿活動越是古老，巫術的氣氛，便越顯得濃厚。薩滿有了神歌禱詞，薩滿所請的神靈不能不來，不能不傳神諭。整個儀式，以跳神、耍鼓、驅鬼、占卜等環節最富於巫術氣氛。由此觀之，巫術觀念，巫術原理，多貫穿於其中⑭。

巫術的本意就是企圖借助於超自然的神秘力量，對於人、對事、對物產生控制的一種方式和手段。薩滿跳神作法時擁有一套具有傳承性的服飾和法器。薩滿所穿戴的神帽、神衣、神裙等神服及所持用的神鼓、神槌、神刀等法器等，都是巫術法力的象徵，相信可以賦予抵抗惡魔的神力。在薩滿巫儀中，神服發揮著強化法力，護身防邪的功能。神服不僅是薩滿的外部標誌，而且神服的圖案、配飾，都有它獨特的象徵意義。神鷹、貓頭鷹、神鹿、神馬等圖案都是神服裝飾的動物形象。薩滿與神靈溝通，需要借助神鷹的形象，始能上天。薩滿要驅除病人體內的惡靈，便借用具有捉鬼能力的貓頭鷹。薩滿要尋找失去的靈魂，便需要鹿和馬。薩滿相信神服具有多種法力和咒術作用，神衣的製作，多模仿鳥類的羽毛和翅膀，其功能是象徵薩滿上昇天界，或下降冥府，所以薩滿跳神作法進入催眠狀態後，其靈魂都會飛翔，上昇

天界。神服旣是薩滿法力的象徵物，同時又是薩滿作法時的必備
物。神帽的作用，相當於頭盔，是防禦性的裝備。薩滿跳神作法
同惡魔戰鬥時，神帽可以保護頭部。鹿角神帽，則可鎮妖驅祟。
神帽前面正中央站立著一隻銅鷹，象徵薩滿可在宇宙中自由飛
翔，成爲溝通天界和人間的使者。

　　薩滿的神服和法器，具備聲、光、色三種要素，都有護身防
邪的功能。在薩滿信仰中，聲響、亮光具有特殊的意義。薩滿相
信惡鬼亡靈是停留在陰暗之處，加害人畜。因此，惡鬼亡靈害怕
聲響，更懼怕製造聲響的法器。在薩滿裝飾中，有許多鐵質法
器，譬如索倫族薩滿使用鐵片製成蛇形法器，滿族薩滿以鐵塊製
成腰鈴。遠古時後的人們認爲鐵器具有避邪祛祟作用，精靈立即
遠遠地遁走。在薩滿神帽、神衣、神裙上都配戴神鏡，它能反射
光線，可以防止惡鬼亡靈的入侵。神帽上的小鏡，叫做護頭鏡，
用以保護頭部。護心鏡套在頸部，把它配在胸前，稱爲心臟之
鏡，用以保護心臟。背後的護背鏡，也是防邪護身的。護心鏡和
護身鏡一前一後守護者薩滿的身軀。此外，在神衣上，腰部還繫
著銅鏡若干個，薩滿跳神時，銅鏡互相撞擊發出急促的聲響，可
以強化法力，震懾妖魔。在人們看起來，薩滿身上的銅鏡越多，
他的法力就越高強。在薩滿信仰的觀念中，能發出亮光的物件，
都具有防邪能力。科爾沁蒙古的薩滿相信銅鏡能發光，又會飛，
可以驅除災病，逐退邪魔。薩滿相信人類是從鼓聲中產生的，神
鼓具有迎來善神，驅逐惡鬼亡靈的神秘力量，象徵著最有威力的
雷神化身。薩滿跳神唸誦禱詞時，伴以神鼓使氣氛更富有音樂
感。薩滿跳神作法，擂起神鼓，可在精神方面懾服妖魔。神鼓也
代表坐騎，薩滿騎在神鼓上，可以登天入地，鼓聲的緩急，表示
飛天的步履。神鼓也可以變成般隻，搭載薩滿渡過河海，過陰收

魂。薩滿穿戴神服，使用法器，大量採用巫術，說明薩滿信仰的觀念及其活動，都是以巫術爲主體和主流，從北亞古代巫覡信仰脫胎而來的複雜文化現象。

薩滿信仰是屬於北亞巫術文化的範疇，可以追溯到文獻記載中的「胡巫」，或「九天巫」。北亞各民族所崇奉的薩滿信仰，其主要特色爲薩滿的跳神儀式，跳神的薩滿，漢字文獻多通稱爲「巫」，容易與內地漢人社會的「巫」混爲一談。《遼史》中的「撒抹」，《金史》中的「撒卯」、「撒牟」，《欽定遼史語解》、《欽定金史語解》俱作"saman"，漢字音譯作「薩滿」。《多桑蒙古史》中的「珊蠻」就是「薩滿」（saman）的同音異譯，薩滿就是北亞各民族對跳神巫人的通稱。跳神巫人稱爲「薩滿」（saman），凸顯了北亞文化圈共同信仰的特色。薩滿信仰是以巫術爲主體的複雜文文化現象，可以稱之爲薩滿文化，它不是宗教，稱爲薩滿信仰較符合歷史背景。

原始宗教意識與巫術意識是兩種相近的社會意識。乩童信仰與薩滿信仰都是以巫術爲主體而發展起來的文化現象，可以稱爲乩童文化、薩滿文化。典型的薩滿信仰，盛行於北亞草原社會，以自然崇拜、圖騰崇拜等信仰爲內容，臺灣地區的乩童文化，因地理環境不同，自然崇拜、圖騰崇拜中的神靈，較爲罕見，缺乏草原社會的草原性，乩童與薩滿不可混爲一談。盛行於北亞草原社會的薩滿信仰，強調民族保護神的重要角色。跳老虎神驅鬼送崇的儺文化，也是屬於巫術文化的範疇，但因南方農業社會相對的穩定性，並不強調民族的保護神的角色，而使儺文化逐漸向娛神、娛人的方向變遷，儺戲就是巫術意識淡化後的娛樂活動。原始本教在形成初期，其巫術活動，主要是占卜吉凶，祈福禳災，驅鬼逐崇，與薩滿信仰頗雷同，但兩者在發展過程中的生態環境

不盡相同。爲了適應環境，川康藏地區的原始本教吸收藏傳佛教的教義思想後發展成爲後期本教，具有濃厚的藏傳佛教色彩，修建喇嘛寺，編寫《奔布爾經》，《綽沃經》等經卷，也有喇嘛神職人員的組織，本教終於發展成爲藏傳佛教中的一個教派。北亞薩滿信仰接觸佛、道等外來宗教後，雖然吸收了許多外來的成分，佛、菩薩、關聖帝等等都登上了薩滿供奉的神壇，然而北亞薩滿信仰始終未曾發展成爲系統化的教派，從早期到後期始終仍是一種巫術意識濃厚的複雜文化現象。

　　薩滿信仰是北亞阿爾泰語系各民族的共同文化特色，不研究薩滿信仰，就無從深入了解北亞文化圈的文化特色。薩滿信仰蘊藏著北亞許多民族的精神、思想和力量，影響著北亞各民族日常生活的各個方面，研究薩滿信仰或薩滿文化，進行歷史考察，對於探討北亞各民族的歷史文化，確實具有重大的意義。

【註　釋】

① 　徐昌翰撰，〈論薩滿文化現象—「薩滿教」非教芻議〉，《學習與探索》，1987 年，第 5 期，頁 122。〉

② 　瞿兌之撰，〈釋巫〉，見凌純聲著《松花江下游的哲赫族》（南京，中央研究院，民國 23 年），上冊，頁 104。

③ 　《學習與探索》，1978 年，第 5 期，頁 124。

④ 　《周禮》（臺北，中華書局，四部備要本），卷二六，頁 4。

⑤ 　《史記》（臺北，臺灣商務印書館，百衲本，民國 56 年 7 月），卷二八，頁 18。

⑥ 　《史記》（臺北，鼎文書局，民國 56 年 7 月），卷二八，頁 1379。

⑦ 　《漢書》（臺北，臺灣商務印書館，民國 56 年 7 月），卷五四，列傳二十四，頁 17。

⑧　林幹撰，〈關於研究中國古代北方民族文化史的我見〉，《內蒙古大學學報》，1988 年，第 1 期。（呼和浩特，內蒙古大學，1988 年 1 月），頁 7。

⑨　《梁書》（臺北，臺灣商務印書館，民國 56 年 7 月），卷五四，頁 47。

⑩　《隋書》（臺北，臺灣商務印書館，民國 56 年 7 月），卷五四，頁 1。

⑪　《舊唐書》（臺北，臺灣商務印書館，民國 56 年 7 月），卷一九五，頁 8。

⑫　《舊唐書》，卷一九五，頁 7。

⑬　連橫著，《臺灣通史》（南投，臺灣省文獻委員會，民國 81 年 3 月），中冊，頁 652。

⑭　陳培桂修，《淡水廳志》（南投，臺灣省文獻委員會，民國 66 年 2 月），頁 292。

⑮　國分直一撰，周全德譯，〈童乩的研究〉，《南瀛雜俎》（臺南，臺南縣政府，民國 71 年 4 月），頁 171。

⑯　黃文博著，《臺灣信仰傳奇》（臺北，臺原出版社，民國 80 年 5 月），頁 17。

⑰　王秋桂主編，《貴州省德江縣穩坪鄉黃土村土家族衝壽儺調查報告》（臺北，財團法人施合鄭民俗文化基金會，民國 83 年），頁 152。

⑱　莊吉發校注，《謝遂職貢圖滿文圖說校注》（臺北，國立故宮博物院，民國 78 年 6 月），頁 633。

⑲　格勒，祝啓源撰，〈藏族本教的起源與發展問題探討〉，《世界宗教研究》，1986 年，第 2 期（北京，中國社會科學出版社，1986 年 6 月），頁 125。

⑳　《周禮》（臺北，中華書局，四部備要），卷二六，頁 4。

㉑　樊圃撰，〈六到八世紀突厥人的宗教信仰〉，《文史》，第十九輯（北京，中華書局，1983 年 8 月），頁 192。

㉒　高國藩著，《中國巫術史》（上海，上海三聯書店，1999 年 11 月），頁 9。

㉓　《新唐書》（臺北，臺灣商務印書館，民國 56 年 7 月），卷二一七，列傳一四二，頁 11。

㉔　《文史》，第十九輯，頁 196。

㉕　馬合木德・喀什葛里編著，《突厥語詞典》，土耳其文譯本，第三卷，頁 157。

㉖　陳宗振，雷選春撰，〈裕固族中的薩滿—祀公子〉，《世界宗教研究》，1985 年，第 1 期（北京，中國社會科學出版社，1985 年 3 月），頁 150。

㉗　朱子方撰，〈遼代的薩滿教〉，《社會科學叢刊》，1988 年，第 6 期，頁 49。

㉘　徐夢莘著，《三朝北盟會編》，《欽定四庫全書》（臺北，臺灣商務印書館，民國 75 年 3 月），第三五〇冊，頁 23。

㉙　《遼史》（臺北，臺灣商務印書館，民國 56 年 7 月），卷六，遼紀六，頁 4。

㉚　崔鶴根對譯，《滿文『大遼國史』》（漢城，漢城大學出版部，1971 年 5 月，頁 85。

㉛　《遼史》（臺北，鼎文書局，民國 73 年 6 月），本紀第二十，頁 241。

㉜　《欽定遼史語解》（臺北，國立故宮博物院，乾隆間朱絲欄寫本），卷八，頁 17。

㉝　《金史》（臺北，臺灣商務印書館，民國 56 年 7 月），卷十二，

章宗本紀，頁 7。

㉞　《欽定金史語文解》（臺北，國立故宮博物院，乾隆間朱絲欄寫本），卷三，頁 12。

㉟　《金史》，卷六三，后妃列傳，頁 6。

㊱　《金史》，卷四，熙宗本紀，頁 14。

㊲　《多桑蒙古史》，（臺北，臺灣商務印書館，民國 56 年 10 月），上冊，頁 33。

㊳　《清世祖章皇帝實錄》（臺北，華聯出版社，民國 53 年 9 月），漢文本，卷二十三，頁 3。

㊴　《清世祖章皇帝實錄》滿文本，卷二十三，頁 4。

㊵　劉厚生撰，〈滿族的薩滿教是真正的民族宗教〉，《北京滿學學術研討會論文》，1992 年 8 月，頁 9。

㊶　凌純聲著，《松花江下游的赫哲族》（南京，國立中央研究院，民國 23 年），頁 104。

㊷　張曉光撰，〈關於薩滿教研究的幾點探討－兼談氏族本位系宗教與社會性宗教的差異〉，《北方民族》，1993 年，第 2 期，頁 89。

㊸　鄭士純修，《樺川縣志》（臺北，國立故宮博物院，民國 17 年），卷六，頁 90。

㊹　《多桑蒙古史》（臺北，臺灣商務印書館，民國 56 年 10 月），第一卷，第一章，頁 33。

㊺　《女眞傳》，見王肯等著《東北俗文化史》（瀋陽，春風文藝出版社，1992 年 7 月），頁 154。

㊻　札奇斯欽譯註，《蒙古黃金史譯註》（臺北，聯經出版公司，民國 86 年 12 月），頁 145。

㊼　常蔭廷纂修，《綏化縣志》（臺北，國立故宮博物院，民國 10 年鉛印本），卷七，頁 12。

㊽　西清著，《黑龍江外紀》（臺聯國風出版社，民國 56 年 12 月，卷
　　六，頁 15。

㊾　魏聲龢，《雞林舊聞錄》（吉林，吉林文史出版社，1986 年 6
　　月），頁 276。

㊿　方式濟著，《龍沙紀略》，見《明清史料彙編》（臺北，文海出版
　　社，民國 56 年 3 月），初集，第八冊，頁 22。

51　于乃昌撰，〈癡迷信仰與癡迷的藝術－珞巴族原始宗教與文化〉，
　　《中國藏學》，1989 年，第 2 期（北京，中國藏學出版社，1989
　　年），頁 159。

52　劉小萌，定宜莊著，《薩滿與東北民族》（長春，吉林教育出版
　　社，1990 年 3 月），頁 143。

53　《遼史》（臺北，鼎文書局，民國 73 年 6 月）第五十三卷，頁
　　877。

54　《薩滿與東北民族》，頁 46。

55　富育光著，《薩滿教與神話》（瀋陽，遼寧大學出版社，1990 年
　　10 月），頁 46。

56　《多桑蒙古史》，第七章，頁 287。

57　格列科夫，雅庫博夫著，余大鈞譯，《金帳汗國興衰史》（北京，
　　商務印書館，1985 年 6 月），頁 131。

58　仁欽道爾吉，郎櫻編，《阿爾泰語系民族敘事文學與薩滿文化》
　　（呼和浩特，內蒙古大學出版，1990 年 8 月），頁 28。

59　凌純聲著，《松花江下游的赫哲族》（南京，中央研究院，民國
　　23 年），頁 114。

60　莊吉發譯註，《尼山薩滿傳》（nišan saman i bithe）（臺北，文史
　　哲山版社，民國 66 年 3 月），頁 89。

61　《尼山薩滿傳》，頁 103。

㉒　《尼山薩滿傳》，頁131。

㉓　《松花江下游的赫哲族》，頁652。

㉔　張紫晨撰，〈中國薩滿教中的巫術〉，《民間文學論壇》，1991
　　年，第6期（北京，中國民間文藝出版社，1991年11月），頁13。

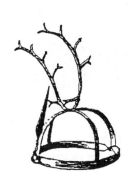

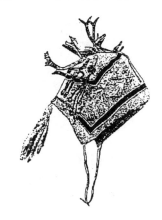

附圖一：
葉尼塞薩滿鹿角神帽

附圖二：
通古斯薩滿鹿角神帽

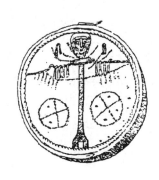

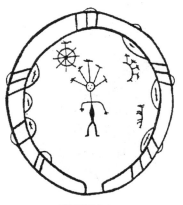

附圖三：
阿爾泰薩滿神鼓鼓背

附圖四：
葉尼塞薩滿神鼓鼓面

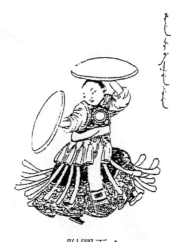

附圖五：
滿族薩滿耍鼓模樣

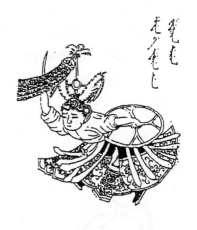

附圖六：
滿族薩滿跳老虎神模樣

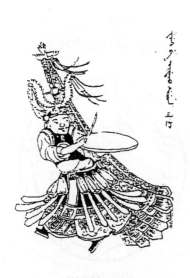

附圖七：
滿族薩滿迎神模樣

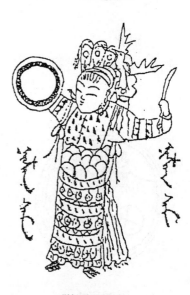

附圖八：
尼山薩滿跳神裝扮

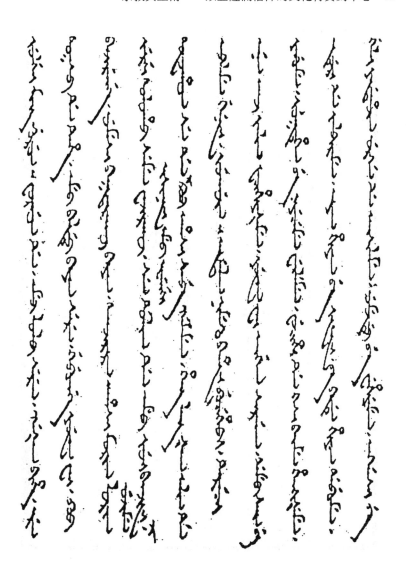

附錄一：海參崴本《尼山薩滿傳》滿文手稿首幅

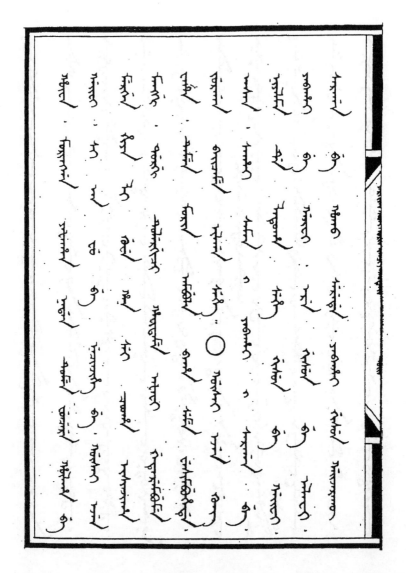

附錄二：《清世祖章皇帝實錄》，滿文本，順治三年正月辛酉
　　　　（局部）國立故宮博物院藏

明愼用刑——
從故宮檔案論清朝政府的恤刑思想

一、前 言

　　明清時期，由於社會衝突案件的日趨頻繁，社會控制及律例的修訂，已經引起學術界的矚目。文獻檔案的整理，刑法志書的纂修，都可以帶動法制史研究的向前發展。民國五十四年（1965），國立故宮博物院恢復建置以後，遷運來臺的文獻檔案，即積極進行整理，包括宮中硃批奏摺、軍機處檔案、內閣部院檔案、清朝國史館檔案、民初清史館檔案等等，研究清朝法制史，不能以理論取代檔案。

　　明刑所以弼教，清初立法，旨在明愼用刑，刑期無刑。康熙二十三年（1684），九卿議准歲逢甲子，停止秋審①。乾隆九年（1744），以甲子再週，朝審秋審情實人犯，諭令照康熙二十三年（1684）甲子之例，停其勾決②。嘉慶七年（1802），又屆甲子紀年，朝審秋審情實人犯，諭令遵照成憲，停其勾決③。歲逢甲子，停止勾決人犯，就是省歲恤刑的措施，充分反映了清朝政府的立法精神。以檔案資料爲中心，分析清朝政府明愼用刑的恤刑思想也是研究法制史認識檔案資料的基礎工作。本文撰寫的旨趣，主要是以恤刑思想爲中心，舉例說明各類檔案資料的史料價值。

二、慎刑恤命──從刑法志的纂修論清朝政府的立法本意

我國歷代以來，當政者多重視以禮教治理國家，同時也重視以刑政輔助禮教之不足，在正史中也有刑法志書的纂修體例。清朝政府相信刑罰之中不中，可以影響國家治亂興衰，清朝刑法志書的纂修也頗能反映清朝政府的恤刑思想。國立故宮博物院現藏清朝各種刑法志書，含有多種稿本，大致可以分爲兩大類：一類是清朝國史館朱絲欄寫本《刑法志》，包括《大清國史刑法志》、《皇朝刑法志》的初輯本及覆輯本等；一類是清史館所修《刑法志》已刊、未刊各種稿本。其中《大清國史刑法志》是據初輯本繕寫成書的進呈本，其序文云：

> 春溫秋肅，天道以成歲功，仁育義正，帝王以出治道，五刑五用，斷以義，而實本於仁，不得已而制之，使民日邊善遠罪，歸於蕩平之極，凡以輔政教之所不及也。唐虞三代，明刑弼教，用成協中之化，自後歷代刑法，其得失備著於史焉。我太祖高皇帝鴻業創興，早立法制，躬親聽斷。太宗文皇帝頒布律令，設立刑官，每遣大臣清理獄訟。其時民淳法簡，大辟之外，惟有鞭責，令行而莫敢犯。及天下大定，世祖章皇帝念幅員既廣，情僞多端，乃敕法司詳譯明律，稽考國制，親加裁定，名曰大清律集解附例，凡十卷，頒示中外，行之既久，又以義例未協，引用多錯，申命廷臣，重加校訂，凡所以禁奸戢暴者，科條至備，而哀矜惻怛之意，藹然流貫其間。聖祖仁皇帝寬大慈祥，於奏讞刑獄，必詳細閱定，至萬無可生，乃寘之法，而恤刑之詔，歲三、四下。臨御六十餘年，朝審停決，十居四、五，其不嗜殺人，千古未有也。世宗憲皇帝

渾厚，兼以明斷，以昇平日久，法弛弊蒙，嚴立典章，俾
知儆戒，蓋除稂莠以全嘉禾，習俗亦自是丕變矣。至情可
矜疑，悉從寬宥，又因亢旱錄囚，熱審減等，全活不可勝
數，列聖如天好生之德，即虞廷欽恤之心，夏王泣罪之念
仁之至，義之盡也。恭輯五朝寬嚴得中之明訓，輕重酌改
之規條，詳載於篇，爲萬世法，作刑法志④。

　　明刑弼教，清朝律例，科條詳備，隱寓哀矜惻怛之意。清聖
祖康熙皇帝於奏讞刑獄，必詳細閱定，就是明慎用刑的表現。康
熙六十一年之間，朝審停決，十居四、五；而恤刑之詔，歲三、
四下，刑法志的纂修，充分反映清初恤刑的立法精神。清朝國史
館朱絲欄寫本《皇朝刑法志》是據《刑法志》覆輯本繕寫成書的
進呈本。《皇朝刑法志序》云：

臣等鋪觀史冊，自唐虞三代以來，用刑之慎，未有及我朝
者也。漢臣董仲舒有言，陽爲德，陰爲刑。天使陽常居大
夏，以生育長養爲事；陰常居大冬，而積於空虛不用之
地。宋臣司馬光有言，殺人不死，傷人不刑，雖堯舜不能
以爲治。聖人之治民也，教之樹藝，教之倫紀，教之好
惡，教之禮俗，教之者至矣，猶有無知而麗於刑，不敢閔
其無知而輒貸之，恐黠者謂恩爲可倖，而嘗試夫法也。故
刑者一人，而因畏刑而率教者逾千萬人。我國家肇基大
東，民淳法簡，大辟之外，僅用僅鞭責，然令肅而民不
犯。逮世祖章皇帝撫有寰夏，乃定大清律，申命釐訂，列
聖如天好生之德，於刑罰世輕世重，宵旰勤求，直省庶
獄，自徒以上，必由按察司詳定，以達刑部，罪至棄市，
則刑部必反覆審定，聞於上，待聖裁，哀矜惻怛之意，四
海之遠，共聞共見。夫自漢以後，何代不定律，而一切委

諸法吏，奇請他比，以意更輕者，比比皆是，又或縱舍以
爲恩，周內以爲密，其有明允欽恤，如我國家者哉。臣等
謹詳臚成憲，仰諸國家所以祈天永命者，著於篇，垂以爲
億萬世則，作刑法志⑤。

　　自唐虞三代以降，用刑之愼，未有及清朝者，雖然是溢美之
詞，惟清朝政府明愼用刑的恤刑立法精神，是儒家思想的具體表
現，確實是可以肯定的。凸顯清朝政府「明允欽恤」的立法精
神，就是清朝國史館纂修刑法志詳臚成憲的本意。民國初年，清
史館纂修的《刑法志》，因纂修人員不限一人，而有不同內容的
稿本，包括袁勵準、張采田、李景謙、許受衡等人所修的各種稿
本。現藏清史館《刑法志》排印本原稿纂輯人是許受衡，原稿版
心居中標明「清史卷」字樣，首卷小序云：

中國自書契以來，以禮教治天下。勞之來之而政出焉，匡
之直之而刑生焉。政也，刑也，凡皆以維持禮教於勿替。
故尚書曰：「明於五刑，以弼五教。」又曰：「士制百姓
於刑之中，以教祗德。」古先哲王，其制刑之精義如此。
周衰禮廢，典籍散失。魏李悝著法經六篇，流衍至於漢
初，蕭何加爲九章，歷代頗有增損分合。至唐永徽律出，
始集其成。雖沿宋迄元、明，而面目一變，然科條所布，
於扶翼世教之意，未嘗不兢兢焉。君子上下數千間，觀其
教化之昏明，與夫刑罰之中不中，而盛衰治亂之故，蓁可
睹矣。有清起自遼左，不三、四十年，混一區宇。聖祖沖
年踐阼，與天下休養，六十餘稔，寬恤之詔，歲不絕書。
高宗運際昌明，一代法制，多所裁定。仁宗以降，事多因
循，未遑改作。綜其終始，列朝刑政，雖不盡清明，然如
明代之廠衛、廷杖，專意戮辱士大夫，無有也。治獄者雖

不盡仁恕，然如漢、唐之張湯、趙禹、周興、來俊臣輩，
深文慘刻，無有也。德宗末葉，庚子拳匪之變，創巨痛
深，朝野上下，爭言變法，於是新律萌芽。迨宣統遜位，
而中國數千年相傳之刑典俱廢。是故論有清一代之刑法，
亦古今絕續之交也。爰備志之，俾後有考焉⑥。

　　由引文內容可以反映清朝的刑政，雖然不盡清明，但是，明
朝的廠衛、廷杖，戮辱士大夫的酷刑，已不復出現；清朝治獄者
雖然不盡仁恕，但是，歷代以來的深文慘刻，也已經革除。康熙
皇帝自幼接受儒家教育，他深信儒家道德規範對國家的長治久安
及社會的穩定發展，都產生積極的作用。他在王位期間努力使自
己成為一位儒家皇帝，也以上接二帝三王的正統自居，他更積極
提倡孔孟之道，實行仁政。他對德治的體察，主要表現在尚德緩
刑的理念上。他從親政之初就決心效法古代賢君，對尚德緩刑、
化民成俗，可謂不遺餘力。引文中所稱「聖祖沖年踐阼，與天下
休養，六十餘稔，寬恤之詔，歲不絕書」云云，並非溢美之詞。
現藏清史館袁勵準纂修《刑法志》未刊稿本小序中亦稱，「大清
律例，沿明之舊，斟酌而損益之，寖以詳備。秋審之制，於弼法
之中，寓慎刑之意，較之列代愈精密，亦愈詳晰。」⑦秋審停
決，尚德緩刑，明慎用刑，都是恤刑的具體表現，清朝《刑法
志》的纂修，確實隱寓慎刑、恤刑之意。

三、欽恤讞獄──從起居注冊論康熙皇帝的尚德緩刑思想

　　起居注是官名，掌記注之事，起居注官記載皇帝言行的檔
冊，稱為起居注冊，是一種類似日記體的史料。清朝起居注冊的
正式記載，始於康熙十年（1671），包括滿文本與漢文。是年
九、十月合為一冊，其餘月份，每月一冊，閏月增一冊。自雍正

朝以降，滿漢文起居注册，每月增爲各二册，全年共二十四册，閏月增二册。清代歷朝起居注册，分存臺北國立故宮博物院與北京中國第一歷史檔案館。起居注册內含有相當豐富的司法檔案，從御門聽政君臣對話，有助於了解案件定讞過程，以及朝廷愼刑獄以惜民命的精神。

康熙十九年（1680）十月二十一日辰時，康熙皇帝御懋勤殿，聽講官進講赦過宥罪等問題。講官葉方藹奏稱：「皇上如天好生，每於讞獄倍加欽恤，凡屬可矜可疑之人，無不仰霑浩蕩之澤矣。」⑧康熙皇帝欽恤讞獄，就是重視民命的表現。他認爲人命重案，不可不愼。

康熙二十一年（1682）十月十五日，是日辰時，康熙皇帝御乾清門，聽部院各衙門官員面奏政事。議政王、九卿、詹事、科道爲強盜分別首從一案，進行討論。刑部尙書郭四海指出，「皇帝好生如天，故欲將強盜分別首從，以寓哀矜至意，諸王及臣等皆以爲可行。惟漢戶部尙書梁清標等以爲強盜原是兇惡不良之徒，若從寬典，恐盜案滋多。」梁清標面奏稱，「皇上法外施仁，原屬至美之事。但臣等以強盜皆係兇惡，難分首從。若行分別，有司反得上下其手。或罪果可矜，皇上間行寬免，則伊輩自感再生之恩。若預定一例，則伊輩將僥倖於不死，而愈恣爲盜。」康熙皇帝表示他的想法，「論理則強盜原無可寬之條。第朕見每歲盜案處斬甚多，而究其所劫之物甚微，豈蓋甘於爲盜，或亦饑寒所迫。朕心深爲憐憫，思立一法以弭盜源，故與爾等商之耳。」左都御史徐元文面奏稱，「此等古來原不待教而誅，且免死發遣，州縣起解，恐致累民。按律竊盜三次者，比照強盜例處絞。而強盜行劫，或兩三次後發覺者甚衆。今若從寬，是竊盜反重於強盜矣。」康熙皇帝面諭大學士等云：「強盜本應處死，

朕欲於應死之中求可生之道，故令九卿詳議。」⑨按律竊盜三次者，比照強盜例處絞。康熙皇帝見每歲盜案處斬甚多，深爲憐憫，故於應死之中，求其可生之道。康熙皇帝對於一切死罪案內必爲求其生路，稍有可原，即欲開釋。大學士明珠等面奏時曾云，「皇上好生之心同於天地，實古帝王所不能及。」⑩

　　人命關係重大，康熙皇帝勾決應死人犯時，格外愼重。康熙二十二年（1683）十月二十八日巳時，康熙皇帝御內殿，大學士、學士捧京城秋審情眞重犯三覆奏本，面奏請旨。康熙皇帝取招册置放御案，逐一披閱。其中鳥子因千金寶素相欺壓，持通條忿擊，千金寶傷重，越三日而死。二哥因積子借衣爭鬥，刀傷其胸肋，積子越七日而死。李二被主母追打，反走撞仆，並無抵擊之處。狄尙禮醉後，忿恨金應詔詬罵，持棍擊打金應詔，傷重致死，冉鳳吾助周維新謀殺陳北樓。麻子雞姦王保住。譚蠻子拐賣大漢。此外，范來成等二十一人，或盜竊銀兩至於滿貫，或拐賣人口得財未傷人，或鬥毆傷人而非立斃，或手執凶器而未殺傷。雖情罪眞確，法當處死，但人命關係重大，康熙皇帝對應死人犯，只要尙有一線可生之路，即令緩決，命所司再行硏審。起居注官張玉書等亦指出，「欽惟皇上聖德好生，哀矜庶獄，一歲之中，法司奏上重犯，改立決爲監候，或免死減等者以數十計。及秋決時，逐案覆閱，顧大學士等再三詢問，欲求所以生之之道，至萬無可逭，乃置之於法。蓋積三歲而論死者四十人。刑期於無刑，仁之至，義之盡矣。」⑪哀矜庶獄，刑期於無刑，確實是仁至義盡的表現。

　　康熙二十四年（1685）十月十八日辰時，康熙皇帝御乾淸門聽政，大學士覺羅勒德洪等以九卿等會議江南秋審情眞人犯折本請旨。康熙皇帝諭大學士云，「今年秋審情眞人犯甚多，俱即處

決，朕心不忍。此內如蕭孟長、陳善言、張有聲、李華軸、張士寧、戎衣員、文龍、蕭祥、洪漢章二起，止將人誘拐，並無極惡之處，俱令監候緩決。」⑫ 秋審情眞人犯，法外施恩，監候緩決，已有一線生路。應決人犯，姑緩其死，就是愼刑罰的態度。禮部尙書麻爾圖面奏時亦稱，「刑名人命之事，至詳且愼，必委曲以求其生路，苟可矜宥，罔不從寬。」⑬ 人命刑罰，至詳至愼，以求生路，愛民如子。

　　繫獄人犯，每屆暑夏，多致瘐斃。康熙二十五年（1686）閏四月十六日辰時，康熙皇帝御乾淸門聽政，他面諭大學士明珠等人云，「刑部事務關係人命，甚爲緊要。今天氣漸熱，現審人犯雖少，而繫獄之人尙多。此內有情可減等者，値此炎暑，或久繫囹圄，以致瘐斃，朕心不忍。今欲特遣大臣等會同三法司，將已結重案，逐一詳加審訊，如有罪可矜疑者，即察明事由具奏，務期情法允協，不致淹滯斃獄，以副朕順時好生至意，爾等以爲何如？」大學士明珠等奏稱，「皇上好生至德，曲加矜恤，法外施仁，直侔天地，如此曠典，亟宜舉行。」⑭ 順時好生，人犯不致淹滯斃獄，就是法外施仁的重要措施。

　　政事以愛民爲本，愛民莫要於詳刑。康熙皇帝每遇關係人命之事，無不詳審再三，務得眞情，期於平允，以免有冤抑之人。康熙四十五年（1706）正月三十日辰時，康熙皇帝御暢春園內澹寧居聽政，大學士馬齊等以折本請旨。其中刑部折本是爲正白旗巴爾賽佐領下塞克圖家人六十四逃往盛京，戳死同逃的二小子，擬絞監候。其窩逃的鑲白旗勞格佐領下納林家人索柱，擬鞭一百。康熙皇帝面諭大學士馬齊等云，「今見逃往盛京之人甚多，此皆窩家之罪輕故也。嗣後旗下家人窩逃被獲，併將窩家給與逃人本主。此本發回，著再定例具奏。」⑮ 因刑部所擬不能詳愼，

諭令將折本發回,再定例具奏。同年二月二十四日辰時,康熙皇帝御南苑行宮。大學士馬齊等以折本請旨。刑部遵旨定例具奏,將六十四逃往盛京戳死同逃的二小子,擬絞監候,秋後處決。嗣後如盛京所屬居住旗下家人窩逃被獲,將窩逃之人仍鞭一百,即給與逃人之主為奴,始知懼罪,不敢容留。相應將逃人六十四等、窩主索柱鞭一百,給與六十四之主為奴。康熙皇帝面諭大學士馬齊等云,「此議以窩逃之家給逃人家主為奴,定例極是。但誣指窩逃之人,治罪之例尚未議及。著將誣民窩逃應得何罪,察例具奏。」⑯ 同年二月二十八日,刑部遵旨將誣告窩逃定罪舊例,查明開摺具奏。奉旨:「著將所察則例開入本內。」由此案可知康熙皇帝重視刑罰,要求詳愼的態度,是可以肯定的。

　　康熙皇帝對於人命案件留心詳愼的情形,詳見於起居注冊,詳覽刑部題本,從輕量刑。康熙四十五年(1706)六月初五日辰時,康熙皇帝御化魚溝行宮聽理政事,大學士馬齊等以折本請旨。其中在刑部題本內錄有正黃旗包衣都圖所管馬甲興旺供詞云:

　　　　我們本旗丑子所管七十六,租我哥哥大碩子房居住。七十
　　　　六向我妹子鈕鈕調戲,被我哥哥看見,不給房居住,將伊
　　　　逐出。後我妹子肚腹漸大,我嫂子看見,嚇問,說我與七
　　　　十六有姦。二月十四日二更時分,我看見七十六又在我們
　　　　牆上探看,我帶領我舅舅皮匠弟扁嘴子到七十六家,拿七
　　　　十六到我們家內打了,至十八日身死是實⑰。

　　刑部將興旺擬絞監候,秋後處決。皮匠弟扁嘴子各枷號三個月,鞭一百。鈕鈕枷號一個月,鞭一百。不行嚴禁管束的副包衣大孟成罰俸半年,參領吳拜罰俸六個月。興旺打死七十六是都圖在革去包衣大之後,應無庸議⑱。康熙皇帝詳閱刑部題本後面諭

大學士馬齊等云，「興旺從寬免死，著照例減等完結，餘依議。」

　　查閱起居注冊的記載，有助於了解人命案件定讞勾決的過程。康熙四十五年（1706）十一月十三日辰時，康熙皇帝御乾清宮西暖閣，大學士馬齊等，以掌山東道事御史常壽等所奏刑科三覆奏，情眞罪犯七十人應勾決者，請旨定奪。康熙皇帝將刑部重囚招冊逐一詳閱，反覆審定，然後勾決。其中叩閽的徐路等四人，遵旨察審的張五一人，刺死妻命的八兒等三人，指使首告的孟二等二人，偷馬的張四等二人，戳死人命的乾生等三人，誘拐的劉觀德一人，賭博的王之麟一人，三次竊盜的劉二等人，都是情眞罪當，萬無可寬，但康熙皇帝仍然審定再四，在無可生之中求其一線生路，俱從寬免勾。

　　康熙皇帝詳閱重囚招冊，閱至強姦幼女的孫隆文，他面諭大學士馬齊等云，「強姦而未致死，不必勾。」閱至偷盜倉糧的萬泰等二人，面諭馬齊等云，「律內偷盜官物至三百兩者方決，亦不必勾。」又閱至拾磚打中吳吉祥耳根後又用拳打死人命的簡思義，面諭馬齊等云，「吳吉祥既因中傷仆地，簡思義不應又加兩拳。以理論之，自不可恕，但恐決者太多，亦不必勾。」又閱至強姦的米八、張五二人，面應馬齊等云，「此事大有可疑，盛五得張五銀二十兩，明是賣姦，亦不必勾。」又閱至奴僕罵主的五勒及其妻四兒。面諭馬齊等云，「此等事旗下最多，斷不可恕。五勒之主三保爲治儀正，乃一誠實人，五勒與其妻四兒同謀，欲加其主以強姦之名，因嚙其舌，希圖出戶，不意誤嚙其主妾之唇，設心可惡。主僕之分，豈可輕恕？將五勒即決，四兒免勾。」又閱至誆騙人參銀兩的林三、葉三等十人，面諭馬齊等云，「林三假冒九門提督家人，嚇詐銀兩，若提督不能拿獲，必

受其累。著將林三、葉三勾決，餘不必勾。」康熙皇帝對罪大惡極的人犯，雖無可矜疑，仍詳閱招冊，始予勾決。康熙皇帝指出，「四輔臣時，每年勾決動至百餘人。康熙初年，旗下犯法者多，朕以爲必當重處，庶人知畏儆。行之三年，即減十之六、七。今每遇勾決，若有一線可原者，未有不從寬宥，直至萬無可疑，始予勾決。」⑲ 起居注官已指出，「決一年之罪犯，減至二、三十人，則成周刑措之風，於今復見也。」⑳康熙五十三年（1714）十月十九日，康熙皇帝對刑部頒降特諭云：

> 朕德政多年，勤恤民瘼，刑獄之事尤覺留心。細觀直隸各省所題命盜等案，審結具題，中間或經月累年，而部議又欲覆行察審駁出者亦有之。此內因事牽連，宜問笞杖輕罪者，經年繫獄以待完結，離家棄產，飢寒病死者往往而有。朕爲人之生命，實爲惻然軫念。此後直隸各省刑獄案內，重罪等案，有宜問充軍、流、徒之罪者，仍候旨完結外，笞杖以下輕罪，該督、撫審定之日即行發落完結，勿監禁待部覆，奏疏內一詳晰。其無知干連之民，務必早爲開釋回家，以副朕愷悌慈祥之至意。其不用奏聞，各督、撫宜自審結之事，仍照舊例完結，爾部即遵旨行，特諭。㉑

直省所題命盜等案，經年繫獄，往往飢寒病死。因此，康熙皇帝諭令直省刑獄案內笞罪以下輕罪，督撫審定之日即行發落完結，就是勤恤民瘼，留心刑獄的具體表現。

四、刑期無刑——從御製文集論清朝皇帝的慎刑理論

　　道德齊禮，有恥且格。歷代帝王治理國家，有禮有刑。所謂禮，就是指勸民爲善的社會教化措施。所謂刑，就是指禁民爲非的刑罰律例設立。《聖祖仁皇帝御製文集・慎刑論》已指出，

「刑之設也,聖人之所不得已也。」因此,必須「明愼用刑」。愼刑的用意,在於止刑,刑期無刑。康熙皇帝已指出,「欲天下之治,必使刑獄清簡。」㉒

歷代賢君用刑大旨,不外乎明愼二字。社會民衆,因良莠不同,對作奸犯科之徒,齊之以刑,除暴去殘,以維持社會治安,也是必要的措施。然而如何使刑獄清簡,明愼用刑,也是統治者不可忽視的問題。《仁宗御製文二集・明愼用刑說》首先針對「明愼」二字作了重要的詮釋,節錄原文如下:

> 明者,知其事之原委,察其情之眞僞,兩造既備,虛衷聽斷,如日之光,不遺幽暗。犯法者甘心犯罪,受害者了無嗔怨,此明之功效也。愼者,胞與爲懷,豈可任其殘賊,哀矜勿喜,一死不能復生,一字無虛,始可定案,片言不實,勿厭重推,總欲吾心毫無疑寶,則情眞法協,如衡之平焉,有輕重倒置,此愼之功效也㉓。

察明事件的原委眞僞,還原眞相,使犯法者甘心認罪,受害者了無嗔怨,就是「明」的功效。聽斷刑案,一字無虛,無片言不實,使情眞法協,就是「愼」的功效。明朝設鎭撫司,往往草菅人命。清朝立法,較爲詳備。所有罪囚,必經數次覆勘,始能定案。其情實重犯,尚候勾決,凡有一線可寬者,即改入緩決。其後由於犯法者日衆,案牘紛繁,問刑有司,憚於聽訟,漸至潦草隨意,不能反覆推求,遂至懦弱者罹罪,覆盆者難雪。

清朝的朝審制度,是恤刑大典,不失爲兼聽並觀的良法,刑部於每年霜降後將在監重囚的犯罪情節,摘要制册,送九卿等官詳審,分別情實、緩決、可矜等項,奏請皇帝裁定。京中大學士、九卿科道等公同會議,具有明目達聰的作用,惟因奉行已久,視爲泛常。間有將從緩改實從重量刑者,反失春生恤刑之

旨。因此，嘉慶皇帝指出，明生於公，公則無私，無私始能明。慎由於勤，勤則不怠，不怠始能慎。嘉慶皇帝諭令問刑官員應以明慎為用，公勤為體，庶幾辟以止辟，刑期無刑。輔弼教化，端正風俗，皆從慎刑開始，國家制定律例，一方面在保全良善，一方面在翦除邪慝，問刑有司應念一死不能復生，不可不慎。《仁宗御製文二集・慎刑論》已指出慎刑的重要性，節錄一段內容如下：

> 慎之一字為用刑之大綱，豈可玩視人命，逞一時之喜怒，以致寬嚴失當，則民無所措手足，冤抑不得伸矣。從嚴固宜慎，從寬亦宜慎也。生者雖可矜，死者尤可憫也。刑罰不中，上干天知，水旱災荒，皆由此起。可不慎歟㉔！

　　刑罪寬嚴，不可失當，從嚴固宜審慎，從寬亦宜審慎，務求至當，以使生者無憾，死者釋恨。儒家思想，主張以德禮化民，雖用刑法以去莠政，但仍期盼人能遷善改過，刑法原無所用，就是刑期於無刑的理想。《仁宗御製文二集・刑期于無刑》論述刑法的要點如下：

> 夫刑禁於已然，而教感於未然。明刑固因弼教，究不若修德以省刑也。古先聖王以教化為首務，至于萬不得已而後用刑。故唐虞之世，所誅不過四凶耳。後世多設科條，民多偽詐，終無刑措之期矣。嗚呼！予惟謹身育德，勤求治理，心希古訓，政勉前修，期與吾民共登仁壽之域，以協咸中有慶之治，或可期無刑之願矣夫㉕！

　　教育創造一套社會價值，直接地達到目的，具有防範未然的功效，刑禁於已然之後，是消極的措施，是萬不得已而後才用刑罰，畢竟不如修德以省刑。因此，嘉慶皇帝在位期間（1796-1820），即以謹身育德，勤求治理，明慎用刑自勵。嘉慶皇帝認

為人君為百官萬民的標準，人君無仁風善政，安望刑清訟簡㉖？

　　刑法可以輔弼教化的不足，法律既設，必須存心公正，刑所當刑，雖不辟亦不為酷虐；若不當刑，即笞杖亦屬妄用。法司執行律例，人君總乾剛，寬所當寬，是盡仁心的表現；嚴所當嚴，是飭法紀的措施。倘若失之於寬，則姑息養奸，貽禍更大。倘若過於嚴厲，則淫刑濫殺，民不聊生，都違背了明慎用刑的宗旨。《宣宗文餘集‧刑期于無刑民協于中》對慎刑作了重要的論述，節錄一段內容如下：

　　　夫化民成俗，以德為本，刑特以輔其不及焉耳，故伯夷禮官也，所降者典，而折民惟刑，蓋以遏人邪僻之念，止刑於未然也。皋陶刑官也，所制者刑，而教民祗德，蓋以啓人嚴憚之心，慎刑於已然也。其用法雖嚴，其用心良苦，非以刑刑民，寬以刑教中。有訟而聽之，不如無訟之為安。有刑而慎之，不如無刑之為盛，古人用刑之心，洵非得已也。夫惟明罰而民知所避，敕法而民知所畏，而又沐浴膏澤，熏陶善良，斯民協于中，不罹于咎，而受中之典，僅伸明禁咸中之慶，惠我嘉師矣㉗。

　　化民成俗，以刑輔德所不及，慎刑於已然。引文中指出，有刑而慎之，不如無刑之為盛。《穆宗御製文集‧尚德緩刑論》指出國家制治的本原在尚德緩刑，節錄一段內容如下：

　　　夫未能化民於善，而陷民於罪，已失教養之心。迨既陷於罪，而復苛求以刑，更傷和平之福。誠念獄者天下之大命，死者不可復生，絕者不可復續，顧可失仁心而不恤民命乎？且尚德不尚刑者，非博美名而故從寬縱也。但使忠厚之至見於哀矜，則用刑稍緩一分，即民受一分之賜矣。或曰刑亂國用重典，執法亦有尚嚴者，顧為一時權宜之

計，則寬濟以猛，而法令易行。爲國家久遠之模，則仁勝
於義，而恩施自溥。使恃刑名以爲政，豈知制治之本原者
哉㉘！

由於問刑有司務爲操切，酷吏殘民以逞，不恤民命，以致有
累於好生之德。因此，尚德不尚刑，並非爲博美名而姑息寬縱。
用刑稍緩一分，就是民受一分之賜，尚德緩刑，就是儒家以仁心
行仁政的政治主張，清朝諸帝明慎用刑，期盼刑清訟簡的談論，
是可以肯定的。

五、明刑弼教——從條陳奏摺看朝廷對州縣濫用私刑的導正

清朝入關後，沿襲明制，頒佈刑律，問刑衙門，准依明律治
罪。黃六鴻著《福惠全書·用刑》指出，「今之刑具，較之前古
甚輕，責惟竹板，鞫訊不服，則夾棍拶指，辱之示衆，則枷，而
拘繫防閑，則鎖靠櫸鐐而已。」㉙其實，清代州縣私造刑具，名
目繁多，以致出現了許多酷刑。臺北國立故宮博物院典藏宮中檔
雍正朝奏摺，含有頗多臣工條陳明慎用刑的資料，對研究清朝刑
律，提供了重要的參考價值。雍正元年（1723）十月初三日，鑲
白旗漢軍都統張聖佐遵旨條奏，節錄一段內容如下：

> 國家設立刑具，當視情罪之大小，以爲用刑之輕重，非爲
> 承問官任意濫加之具也。夫牧民之官，惟在平日撫字教
> 養，原不專靠刑具，而其中夾棍、重枷兩項，尤爲不可輕
> 用。蓋夾棍關係民命，凡命盜大案，理當刑訊者，尚須詳
> 慎，而況其餘事件，尤宜揆情度理，鑒貌辨色，設法詰
> 問，得實即止。乃有庸碌酷虐之官，懶於細心審問，輒用
> 夾棍，但三木之下，何求不得，其中不無冤誣。且人犯一

經夾訊，脛骨損傷，終身跛足，或致登時殞命者，亦往往有之。至於凡枷號發落之犯，已屬輕罪，理宜遵照部頒斤兩製造聽用，而外省竟有百餘者，人犯承受不堪，往往斃於枷號。是朝廷欲置之生，而嚴酷之吏，反置之於死，又豈皇上如天好生矜恤民命之至意㉚。

所謂「三木」，就是指私造刑具中的板、枷、扭，其大枷，竟重達百餘斤，又有夾棍，人犯承受不堪，往往殞命。因此，張聖佐奏請敕下督撫嚴飭所屬凡遇命盜大案，以及其餘事件，悉當細心審究，倘或情罪顯然，而罪犯猶狡供不吐，然後用刑。其枷號罪犯不妨以所犯之輕重，定其日期之多寡，則百餘斤大枷，便可永行禁止。

雍正初年，有民人郭英武持斧砍傷嚴桂等人一案，案內奪斧之人名叫何君蘭，亦隨郭英武解部候質。雍正皇帝以何君蘭無辜拖累，特面諭刑部尚書等人，嗣後類此之人應作何保釋之處，須詳議具奏。姑且不論雍正皇帝是否「視民如傷」，卻充分反映他對刑獄的重視。雍正三年（1725）七月，因刑部獄中有禁卒徐有德、于祥二人用觀音鐲拷死監犯張三一案。七月二十七日，刑部左侍郎黃炳具摺奏請嚴非刑之禁，以廣皇仁。節錄原摺一段內容如下：

伏思內外衙門所用刑具，均有一定之例，而觀音鐲一項，實非刑具中所有之物，洵為非刑。又聞京城提督衙門審取口供，亦間有用觀音鐲者，謂之鐲訊。夫刑部獄中，與問刑衙門未必不皆有此鐲矣。竊思審理案件，問官果能虛心研究，自能得情。即或遇有奸狡之犯狡口不承，自有應用刑具，何用此鐲？況刑具之設，原本不得已而用之。今於刑具之外，添設非刑，不但有違定例，實拂聖主明慎用

刑，矜恤民命之至意㉛。

觀音鐲是一種正刑以外的酷刑，各省獄中，或問刑衙門常用觀音鐲刑訊人犯，以致拷死監犯之案時有所聞。刑部左侍郎黃炳奏請嚴禁使用觀音鐲，嗣後問刑衙門有用觀音鐲刑訊人犯者，將承問官照擅用非刑例革職；禁卒捕役使用觀音鐲凌虐犯人者，照番役違用私刑例枷責革役，因而致斃人命者，依律絞抵，其該管上司失於覺察及提牢司獄各官知而不舉者，仍各依律例議處。

清朝律例雖然載明內外問刑衙門於夾棍，拶指外，另用非刑者，文武官員皆革職等語，但州縣捕役拏獲命盜人犯多妄用非形。雍正十一年（1733）三月十三日，掌山西道事河南道監察御史馮倓具摺指出捕役拏獲命盜人犯，多用非刑私拷，包括：戳子、弔打、火烤等項，以致有良民被私拷誣服者㉜。

用刑原非得已，內外理刑衙門遇有應加刑訊之處，本有一定制度。但問官擅用非刑，胥役私行拷押案件，卻屢見不鮮。嘉慶二十二年（1817）六月十六日，河南道監察御史周鳴鑾具摺奏請嚴禁非刑拷押，節錄一段內容如下：

> 近來地方官邀功之念切，則用刑之心忍，雖屢經諭旨飭禁，率多陽奉陰違。遇有拏獲形跡可疑之人及命盜大案人犯，始則誘供，繼即逼認，每於擰耳、跪鍊外，復用美人椿、鸚哥架、分金爐等各色非刑，加倍酷審，死而復甦者，一日數次，犯人力不能支，即勉強畫供，草率具案，張皇入奏㉝。

周鳴鑾是監察御史，原摺未錄副，封面注記事由「御史周鳴鑾請禁非刑拷押」等字樣後，即以原摺歸入軍機處月摺包中。原摺指出，已革道員廖思芳審訊劉第五，已革臨清州知州楊嗣曾審訊白居敬，俱用非刑凌虐，百般熬審，逼勒承招，其中白居敬到

刑部後即傷重斃命。直省州縣非刑拷審，肆意荼毒，其殘忍不可
勝言。劉第五、白居敬兩案因解送刑部覆訊，始行昭雪。

在直省州縣衙門充當緝拏盜賊的捕役，習稱捕快，州縣拘留
人犯的處所，叫做卡房，又稱班房。捕役騷擾百姓，對地方吏治
造成嚴重的影響，卡房凌虐人犯，慘無人道。其動用私刑，在
板、枷、杻三木以後，或用大棒棰，擅動匣床，或用腦箍，夾棍
拶指，擰耳跪鍊，繼以壓膝，敲擊腳踝，以致骨節脫折。此外還
有美人椿、鸚哥架、分金爐等各種酷刑，可謂罄竹難書。

四川酆都縣監生陳樂山，向充鹽商。道光九年（1829），因
鹽引事件，控告商人王興震問擬，是一名軍犯，由川東道提訊。
陳樂山在重慶府巴縣班房禁候七月有餘。他曾聽聞巴縣捕役卡
房，每年要牢死二百餘人。道光十年（1830）八月，陳樂山被提
解四川省城候質，發往成都府華陽縣捕卡拘禁，在捕卡兩月有
餘，已見牢死三十餘人，尚有罪不應死，而必死者七十餘人。道
光十一年（1831），陳樂山由酆都縣發配安徽，路經湖北所屬州
縣，問及捕卡情形，與四川無異。曾與各省往來軍流人犯談及各
省捕卡情形，均大同小異。道光十二年（1832）五月，陳樂山到
達安徽太湖縣配所，見太湖縣捕役惡毒情形，較四川尤甚。其總
領捕役蔣元現竊本城周姓贓物，被事主查獲稟官，尚收捕卡未
釋。有捕役潘玉將宋姓拘至其家，私刑拷打，以致宋姓用鐵鍊縊
死其家。捕役曹華誣汪姓爲賊，拘至新倉旅店，詐索錢財，以致
汪姓畏懼其私刑，身帶全刑，投河自溺。捕役胡勝教唆鼠賊楊三
捏供本城東門外種菜的聶二是夥賊，胡勝於正月初二日乘夜至聶
二家起贓，適值聶二之妻生產，正在臨盆，胡勝入室，將其床帳
衣衾，及粗細器物，盡行搜空，以致聶二之母聶楊氏，情急投水
溺死，都有案可查。陳樂山在太湖未滿二年，已見捕卡牢死知名

軍流徒犯四人。聞見牢死不知名賊犯共一百六十餘人，都是罪不
應死者。

陳樂山在四川酆都縣獄中曾作《璿璣鳴盛詩》一冊，充發太
湖後，見安徽農田收穫甚少，並見捕役卡房私刑害命，又作〈課
農〉、〈恤刑兩疏〉。道光十四年（1834）四月初二日，陳樂山
從太湖配所潛逃入京，赴都察院呈請轉奏，希圖採擇。臺北故宮
博物院典藏《軍機處檔·月摺包》內含有陳樂山所作詩冊及章
疏。陳樂山在原疏中指出，人犯被捕役拏獲後，先用私刑苦拷，
然後收入卡房。所謂卡房，就是每縣捕役，修一私監，內設巨
鍊、項圈、木柞等刑，收人入卡，上用項圈鎖其頸，生根巨鍊之
上，下用木柞枷其足，其人欲上不能上，欲不上不能下，所以叫
做卡房。捕役所用私刑，陳樂山多親眼目睹。

鴨兒撲水、搬地弓兩種酷刑是川楚一帶捕役常用的私刑。鴨
兒撲水，身顫臂折；搬地張弓，筋抽骨脫，痛入心髓，較大刑夾
棍，痛苦數倍。放煙燈、放牌兩種酷刑是安徽太湖縣捕役常用的
私刑。點放煙燈、肉顫身搖；竹木放牌，痛苦難熬，受刑之人，
不上頃刻，皮破身裂，筋斷骨折，口鼻流血，便溺齊下。陳樂山
進一步指出，及至人犯死而復甦之時，捕役始教其人，或誣張甲
窩留，或扳李乙接贓，其人滿口應承，始得鬆刑收卡，然後稟知
官長。提訊之日，其人欲向官辯明冤枉，捕役又聳稟官長，加以
拥子、榡竿、狼頭棒、牛皮條等酷刑，其人只得以捕役所教之供
招認，復出緝票，稱為紅牌。票一入手，捕役即率惡徒數十人，
佩帶蠻刀鐵尺，鐐杻全刑，並麻繩囊袋，一入所誣之家，先將其
男工婦女用繩綑綁，然後穿房入室，倒籠傾箱，無論衣物錢米，
五穀六牲，搜括罄盡。復將所誣之人，父子兄弟，加以全刑，假
勢欲帶去見官，追討贓物，良民雖遭受冤屈，也不得不伏地求

饒。當場即有地方劣豪串說，給錢免死，或將田地，或將房屋重
利抵借近鄰富戶，以七、八十千或百貫通寶兌交捕役手中，始免
見官。因此，中等家被誣扳陷害時，無不傾家破產；下等人家遭
受池魚之殃時，不得不賣妻鬻女，以致鄉間曾流傳「強盜咬一
口，銀子使一斗；捕役來一遍，地皮也抄轉」之謠。陳樂山指
出，捕役之設，名為捕賊以安良，其實卻養賊而害民。所以捕役
不除，則捕卡難毀；捕卡不毀，則私刑難禁；私刑不禁，則民命
難恤。陳樂山在〈恤刑疏〉中首先指出朝廷愼刑恤命的用心，節
錄原疏一段內容如下：

> 緣臣見我皇上於各省命盜重犯，先令州縣研訊確情，始申
> 詳司道；司道提訊無異，始申詳督撫；督撫提訊無異，始
> 咨部奏聞，復行秋審，及臨勾之日，謹遵乾隆三十八年十
> 月十七日上諭，著大學士、刑部每案摘敘數語奏聞，應否
> 緩決，取自聖裁。其情稍有一線可原者，即予以生命，實
> 不忍有一毫冤屈加於犯罪者，是我皇上愼刑恤命之聖心，
> 與上蒼好生之大德無異㉞。

上蒼有好生之德，朝廷有愼刑恤命之心。但是，天高皇帝
遠，各省州縣捕廳，竟不愼刑恤命，以致捕役設私卡、用私刑。
陳樂山原疏說明他帶罪至京的動機說，「臣體我皇上愼刑恤命之
天心，立意除蠹安良，刻不容緩，是以不拘小節，帶罪至京，伏
闕上疏，敬懇我皇上即敕各省州縣除捕役，毀捕卡，禁私刑，恤
民命，如此則上順天意，下安民心，信夫景星見，慶雲生，河圖
出，鳳凰鳴，種種禎祥，可立而待也。」陳樂山為民請命的勇
氣，確實可嘉。陳樂山在配潛逃入京呈遞詩冊、章疏、經刑部審
明請旨解交安徽巡撫訊明查辦。道光十四年（1834）六月初八日
奉旨云：

此案陳樂山前因誣告擬軍，不知悛改，輒脫逃來京呈遞詩
冊、章疏，雖未封口，亦無違悖字句，但以不干己事列入
疏內，妄行控告，實屬不安本分，著照例實發極邊烟瘴充
軍，該犯恤刑疏內牽控安徽太湖縣捕役潘玉等誣竊私拷各
案，著將該犯並鈔錄章疏一併遞解安徽交鄧廷楨訊明查
辦，並查明該犯在配有無為匪不法別情，照例辦理。至該
犯疏內所稱四川巴縣、華陽縣捕役設卡淹禁致斃多命及擅
用鴨兒鳧水等非刑名目，並安徽太湖縣卡房禁死軍犯、賊
犯多名，及捕役蔣元等行竊誣竊私拷釀命各情，事關捕役
私立卡房非刑凌虐，必應確查嚴禁，著鄂山、鄧廷楨嚴查
究辦，無稍寬縱。朕因該犯在配潛逃，擅遞詩冊、章疏，
是以治以應得之罪。疏內所稱各弊，亦不可以人廢言，更
不可以該犯業經治罪，概置不問，該督撫等務當飭屬嚴行
查禁。如果實有其事，即當奏參懲辦，以儆蠹役而重民
命㉟。

　　陳樂山以軍犯潛逃入京呈遞章疏，雖治以應得之罪，道光皇
帝並未以人廢言，仍飭直省督撫嚴行查禁，就是重視民命的表
現。陳樂山冒著生命的危險，揭發州縣捕役殘民以逞的種種私
刑，不僅是珍貴的法制史料，也是探討官逼民反不可忽視的社會
史料。不僅安徽太湖縣等地捕役擅用私刑，即江蘇海州等地私設
關卡，濫用非形的情形，亦極嚴重。道光十四年（1834）四月二
十八日〈寄信上諭〉中指出海州濫用非刑的內容，頗為詳盡，節
錄一段內容如下：

　　據都察院奏，海州監生劉培餘在該衙門具控非刑斃命一
　　案，已明降諭旨交該撫督同臬司親提審訊矣。此案監生劉
　　培餘具控伊兄劉培芹於道光十一年八月間因差役孫洪、孫

魁等查緝地棍，挾嫌鎖挈，捏稟該州，該州委員試用從九
品孫豐逼勒承招，輒用竹篦責打二千餘下，身無完膚，復
用鹽滷遍灑，全刑收禁，旋即在監斃命，移屍出監，裝點
取保後病故情節，安東縣知縣往驗，不令屍弟前赴屍場，
歷控淮海道、兩江總督，並在該州屢次呈催，總未究辦，
以致冤沈四載等語。案關非刑拷責，冤斃無辜，如果屬
實，大干法紀，必應澈底根究㊱。

非刑拷打，大干法紀，道光皇帝命江蘇巡撫林則徐、按察使
怡良等人秉公審辦，不准濫用非刑，總期無枉無縱，以成信讞。
廣東州縣私設班館監獄，非刑凌虐的情形，更加嚴重。〈寄信上
諭〉中已指出，廣東省城南海縣私設班館，有起雲倉、惠福巷二
處，其中惠福巷一所，本爲南海縣典史衙署，被佔爲班館，稱爲
收管所，後來改名爲署左，典史反賃民房居住。又有添設署前一
所，在南海縣署照牆之左。又有三間一處，在頭門之內馬鞍街、
仙湖街等處，俱有縣役私館，共十餘處。番禺縣的班館，設在縣
署前後左右一帶廟內爲多，其中頭門內有六間一處。順德縣署之
東有支擱亭一所，又名知過亭，凡被虐將斃人犯，俱置此待死。
順德縣西街全是差役私館，標示其名爲一羈、二羈、三羈、四
羈、五羈、六羈、八羈。香山縣署內有大班館五所，縣署照牆
外、縣前街、拱辰街等處私館十餘所。三水縣署內有左右班館二
處，三水縣典史亦於堂側私設班館一處。〈寄信上諭〉中描述班
館、監獄凌虐罪囚情形頗詳，節錄一段內容如下：

俱安設木閘，中開數孔，將訛索不遂之人，禁錮其中，引
其手足從孔穿出，加以鎖鐐，致令不能坐臥。又有幽之囚
籠者，令人不能屈伸。有閉之煙樓者，拘人樓上，樓極狹
小，四不通風，以火煙從下熏灼，令人不能呼吸。尤慘

者，用鐵杆三尺餘長，豎立於地上頂喉頸，周身捆縛，鎖
鐐手足作盤踞狀，欲坐不能，欲起不得，名曰餓鬼吹簫。
又有將人倒懸牆上，鞭撻拳毆，名曰壁上琵琶。或將一手
一指一足趾用繩從後牽吊，名曰魁星踢斗，種種非刑，難以
枚舉㊲。

　　班館種種非刑，固然難以枚舉，至於監獄非刑凌虐，也是罄
竹難書。廣東州縣監獄內每遇應行監候之犯，初入監時該禁卒率
領舊監犯將他拳毆三次，叫做「見禮」，又叫做「發利市」，其
訛索之數，動以千百計，叫做「燒紙錢」，又叫做「派監口」。
監獄舊犯中有稱「大哥頭」者，他所訛索的銀錢，竟有典史從中
分肥者。倘若新犯不肯給錢，禁卒或大哥頭即橫加凌虐，遍用非
刑，叫做「打燒紙」。本人既傾家蕩產，親友亦惶恐斂助，倘若
不遂其訛索，往往直打至死而後已。地方私設班館、監獄、凌虐
罪囚，都是有干例禁。廣東獄政，種種弊端，藐法殃民，殊堪痛
恨。因此，道光皇帝令軍機大臣寄信兩廣總督盧坤、廣東巡撫祁
𡎴等嚴密訪查，所有私設班館，盡行拆毀，不准復設。其監獄中
有老犯自稱大哥頭等頭目，勾串禁卒，肆行訛索者，立行拏究，
嚴法其罪。朝廷三令五申，取締非刑凌虐人犯，但是直省州縣私
設班館、監獄、凌虐人犯，肆意訛索，無視朝廷慎刑恤命的本
意，成為藐法殃民的嚴重社會問題。

六、平反冤獄——從京控檔案看明慎用刑的歷史意義

　　清穆宗同治十一年（1872）三月，浙江杭州府餘杭縣人葛品
連娶畢氏為妻。畢氏冠夫姓，稱葛畢氏，就是民間口耳相傳的
「小白菜」。餘杭縣人楊乃武（1837-1873），是同治十二年
（1873）癸酉科舉人，平日讀書授徒糊口。楊乃武與小白菜的愛

情故事，街談巷議，喧騰一時。同治十一年（1872）四月間，葛品連夫妻租賃楊乃武房屋隔壁居住。葛品連在豆腐店傭工幫夥，時宿店中，其母葛喻氏因夫亡故，改嫁沈體芒，又稱沈喻氏。同年七、八月間，葛品連因屢見其妻葛畢氏與楊乃武同坐共食，疑有姦私，曾在門外簷下竊聽數夜，僅聞楊乃武教葛華氏經卷，未曾撞獲姦情。沈喻氏至葛品連家時，亦曾見媳婦葛畢氏與楊乃武同坐共食，疑有姦情，每向外人談論緋聞，於是傳遍大街小巷。後因葛品連與楊乃武產生嫌隙，楊乃武以增加房租，逼令葛品連遷居。同治十二年（1873）閏六月間，楊乃武投保押令移徙。葛品連搬到喻敬添表弟王心培隔避居住。同年十月初九日，葛品連猝死。十月十一日，其母沈喻氏以葛品連口中流血，恐有謀毒情事，叩請餘杭縣知縣驗訊。知縣拘拏葛畢氏到案審訊。葛畢氏供稱，葛畢氏因姦聽從楊乃武謀害。知縣即傳楊乃武到案，楊乃武將葛畢氏挾嫌誣陷逐一面訴。知縣以楊乃武狡猾，又出言頂撞，以致十分震怒。衙役阮德因到楊詹氏家中訛索銀錢不遂，所以本官譖愬。知縣即據葛畢氏所供通詳，將葛畢氏、楊乃武由縣解省審訊，遭到刑逼。知縣由省城返回餘杭縣途中經過東鄉倉前鎮，於愛仁堂藥鋪內囑咐店夥錢寶生到縣城，錢寶生進入縣署，知縣在花廳接見。次早，錢寶生供認楊乃武向他購買砒末。知縣將錢寶生供結送杭州府，府署問官即以錢寶生供結爲憑，屢將楊乃武杖責、夾棍、踏槓、跪鍊、天平架等，施以酷刑。問官即照葛畢氏等供寫造供詞，逼令楊乃武承認。楊詹氏曾向杭州知府、浙江按察使、浙江巡撫呈訴冤情。楊乃武胞妹葉楊氏遭抱都察院控訴，經都察院咨回浙江省巡撫批示杭州府覆審。因原問官意存迴護，以致葛品連命案，眞相不明。葛品連之死，究竟是被毒死？還是病死？出現不同的版本。

姚士法是浙江杭州府餘杭縣人，是楊乃武的表弟。同治十三年（1874），姚士法年二十八歲，在餘杭縣屬仇祺地方居住，種田度日。同年九月，楊乃武之妻楊詹氏以葛畢氏毒斃本夫葛品連誣陷其夫楊乃武因姦謀害等詞遣抱姚士法入京控訴。同年九月二十六日，步軍統領廣壽等將受理控詞情形，繕摺具奏，並抄錄原呈進呈御覽。現存涉及葛品連命案相關檔案，包括：《軍機處檔・月摺包》、《月摺檔》、《上諭檔》等多件。其中《軍機處檔・月摺包》含有步軍統領廣壽等奏摺及步軍統衙門所抄錄楊詹氏的原呈。廣壽等奏摺是原摺，未奉硃批，而於封面注記「步軍統領衙門摺，浙江抱告姚士法控案由，隨旨交，九月二十六日」字樣，並以原摺歸入《軍機處檔・月摺包》。原摺指出，此案是「遵照奏定章程取具該抱告姚士法結稱曾在巡撫前控告，並未親提，合併聲明。」[38]原摺附呈步軍統領衙門所抄錄的楊詹氏原呈全文，原呈列舉不可解的疑點八款，其要點如下：

> 一、查縣主通詳原文據葛喻氏呈報，十月初九日，伊子葛品連身死內稱，查訊葛畢氏語言支吾，未肯吐實。但伊子口中流血，恐有謀毒情事，叩請縣訊。又查府憲定案所據葛畢氏供稱毒死葛品連後，葛喻氏當向葛畢氏盤出聽從氏夫謀害情由，投保報驗各等語。伏思葛畢氏所供如果確實，是葛喻氏呈報之先業已盤出氏夫因姦謀害情節，正應指控氏夫，以冀報讎，豈有於呈報之時，僅稱葛畢氏言語支吾，恐有謀毒情事，反肯隱匿不言之理？從前題結所敘縣主詳據葛喻氏呈報之詞是否如此，氏無從知悉，而葛喻氏報縣驗訊，祇有一呈，葛畢氏之供，與葛喻氏之呈，矛盾如此，當時問官並不究訊，不可解者一也。

二、查縣主通詳原文於驗屍後帶葛畢氏回署，據供同治十
　　一年九月間有同居楊乃武與伊通姦。次年六月間遷居
　　別處，楊乃武不復往來。十月初五日，復至伊家續
　　舊，給與藥末一包，囑將伊夫毒斃等語。伏思氏夫果
　　與葛畢氏通姦，方以隔壁居住爲便，豈有押令遷居之
　　理？且自六月遷居後直至十月初五日始行見面而毒斃
　　葛品連之謀，氏夫與葛畢氏未見之先謀何由生？且葛
　　畢氏是否允謀？亦尚未可知，豈有先已攜帶藥末前往
　　之理？又葛畢氏果與氏夫戀姦情熱，甘心謀害本夫，
　　自必與氏夫親暱逾恒，豈有甫經到案，尚未受刑，即
　　肯攀害氏夫之理？從前題結所敘縣主於驗屍後帶葛畢
　　氏回署，所據之供是否如此，氏亦無以知悉，當時縣
　　主不加駁究，不可解者二也。

三、查府憲定案時所據葛畢氏供稱八月二十四日氏夫與伊
　　頑笑，被葛品連撞見責打，禁絕往來。九月二十日，
　　氏夫往探前情，起意謀害等語。伏思氏夫於八月間在
　　省鄉試，八月底回家，烏得有八月二十四日之事？訪
　　得八月二十四日，葛品連回家時，撞見里書何春芳與
　　葛畢氏頑笑，將葛畢氏責打，葛畢氏忿激剪髮，誓欲
　　爲尼。是日，葛家門前有盂蘭盆會，因此，鄰里共見
　　共聞，是八月二十四日之事，實非氏夫確鑿可查。氏
　　夫既無八月二十四日之事，更何有九月二十日之事？
　　又錢寶生送縣供詞內稱，十月初三日，氏夫向伊買
　　砒。葛畢氏供稱，十月初五日，給與砒末各等語。伏
　　思氏夫於九月十五日中式後措貲上省，料理參謁領宴
　　事宜。因氏母家南鄉詹宅有十月初四除靈釋服，初五

日公議立繼之事，氏夫於十月初二日傍晚由省雇船，初三日早抵家，即乘輿往南鄉詹宅，初六日事畢回至家中，是初三日氏夫身在南鄉詹宅，何從在東鄉倉前鎮買砒？初五日氏夫尚在詹宅，又何從給與葛畢氏砒末？當時同在詹宅，親友聞氏夫受誣，曾遞公呈，氏夫堂弟恭治亦將誣陷各情呈訴縣署，縣主既不查察，又不稟詳，不可解者三也。

四、葛喻氏係為子報讎之人，現在覆審，氏當堂聽得伊供稱楊乃武謀害情事，婦人並不曉得等語。是伊自報縣以至覆審，始終不知何人謀害，未肯誣指氏夫，則葛畢氏所供葛喻氏當向盤出之語，確係捏稱，顯而易見，葛畢氏於其姑尚且捏稱，何況於氏夫，乃縣主及問官皆偏聽葛畢氏一面之詞，並不將葛喻氏現在覆審所供切實追問，亦不提出葛畢氏當堂質對，不可解四也。

五、王心培係葛畢氏鄰證，現在覆審，氏當堂聽得伊供稱，初不見楊乃武往葛家，亦不曉得葛品連撞見楊乃武，並責打葛畢氏之事，從前題結所敘王心培之供是否與現在親口所供符合，氏亦無從知悉。惟現在既有此供，何以問官又不提葛畢氏確究，不可解者五也。

六、何春芳係住城中澄清巷內，現在到案，氏當堂聽得伊供稱，並不認得葛品連夫婦等語。伏思葛品連夫婦前與氏家隔壁居住時常見何春芳到葛畢氏處，至葛家遷居澄清巷，何春芳尤係近鄰，萬無素不相識之理，乃問官聞伊此語，即不復再問，不可解者六也。

七、錢寶生係賣砒要證，理應當堂審問，何以縣主在花廳

接見，且應將錢寶生解省，與氏夫質對，方無疑竇，
何以放令回家，僅取供結，由縣送府，府署問官何以
不提錢寶生到省，但憑縣主所送供結，即爲買砒實
據，刑逼氏夫定案。現在覆審，甫經府憲親提，縣主
方令到案。豈知錢寶生不肯到案，據云從前縣主要我
承認，我因並無其事，不肯承認。縣主先加恐嚇，又
復再三許我如肯承認，即放回家，保我無事，並指天
立誓，今日何又傳我到案等情。聞者莫不詫異，又不
知如何哄騙錢寶生始允上省。既經到案，何以問官仍
不令氏夫與錢寶生對質？不可解者七也。

八、氏夫身有暗記，如果氏夫與葛畢氏通姦，葛畢氏定必
曉得，一經訊問，虛實不難立見。氏因呈明本省各憲
在案，乃問官翻問氏云，爾夫暗記在何處？豈要氏當
堂說出，俾眾耳共聞，可傳遞消息於葛畢氏耶？竟不
肯提出葛畢氏一問，不可解者八也㊴。

　　由前引楊詹氏呈詞所列舉八不可解內容，可知葛品連猝死
後，其妻葛畢氏赴縣控告楊乃武因姦謀害葛品連，餘杭縣知縣傳
楊乃武到縣署審理，並由餘杭縣解到杭州省城審訊，刑逼招認。
楊詹氏曾在浙江巡撫、按察使及知府前呈訴冤情。楊乃武胞姊葉
楊氏遣抱赴京師都察院呈控，都察院咨回浙江省覆審，浙江巡撫
批示知府審訊。因原問官意存迴護，仍復含糊訊結，楊乃武含冤
待斃，楊詹氏不得不再行呈訴，於是遣抱姚士法入京赴都察院呈
控。楊詹氏呈詞已指出覆審時，原問官並未親提葛畢氏、錢寶生
等人與楊乃武當堂對質，疑點頗多，於是引起朝廷的重視，亟應
詳切根究，以成信讞。楊詹氏遣抱姚士法入京呈控，可以說是探
討清代京控案件的一個重要例子。

　　光緒元年（1875）十月三十日，內閣上諭已指出浙江學政胡瑞瀾具奏覆訊葛畢氏因姦毒斃本夫葛品連分別定擬一摺，奉旨交刑部速議具奏。刑部以原題情結，與覆訊供詞，歧異甚多，奏請再行研訊。給事中邊寶泉也以案情未協，奏請提交刑部辦理。奉旨命浙江學政湖瑞瀾按照刑部所指各節提集犯證逐一研究明確，不得稍涉含糊⑩。光緒二年（1876）十二月十六日，內閣奉上諭指出，浙江餘杭縣葛品連身死一案，原驗葛品連屍身係屬服毒殞命，刑部覆驗後確係無毒因病身死，相驗不實的餘杭縣知縣劉錫彤即行革職，刑部即提集案證，訊明有無故勘情弊，葛品連何病致死，葛畢氏等因何誣認各節，俱著按律定擬具奏⑪。御史王昕具摺指出疆吏承審要案，任意瞻徇，原審巡撫楊昌濬，覆審學政胡瑞瀾捏造供詞，奏請嚴懲。同年十二月二十七日，命刑部澈底根究。刑部遵旨遴派司員提集全案犯證，悉心研讞。

　　國立故宮博物院典藏清代光緒朝《月摺檔》中含有刑部尚書皁保等奏摺抄件，內容詳盡，有助於了解清朝重視人命重案的情形。原奏指出，同治十二年（1873）八月二十四日，葛品連因醃菜遲誤，將葛畢氏責打。葛畢氏情急，自將頭髮剪落，欲為尼僧。喻王氏及沈喻氏聞鬧踵至，與王心培等詢悉情由，沈喻氏斥罵其子葛品連，葛品蓮被罵，始有為楊乃武藉此出氣之語。同年十月初七日，葛品連身發寒熱，膝上紅腫。葛品連素有流火瘋疾其妻葛畢氏勸其央人替工。葛品連不聽。十月初九日早晨，葛品連由店回家，沈體茁在大橋茶店見其行走遲慢，有發冷情形，地保王林在點心店前見其買食粉團，即時嘔吐，面色發青。葛品連到家時，王心培之妻在門首站立，見其兩手抱肩，畏寒發抖。葛品連走進家門，上樓即睡，時欲嘔吐，令葛畢氏蓋被兩床。葛品連以連日身軟發冷，兩腿無力，疾發氣弱，囑葛畢氏攜錢一千文

託喻敬添代買東洋參、桂圓，煎湯服食。因葛品連連喉中痰響，
口吐白沫，不能言語，葛畢氏情急喊嚷，央求王心培將沈喻氏、
喻王有等喚來，見葛品連咽喉起痰，不能開口，即延醫診視，料
是痧症，用萬年青、蘿蔔子灌救不效，申時身死，沈喻氏爲之易
衣，查看屍身，毫無他故，亦稱是痧脹致死，並無疑意。

　　原奏指出，葛品連年少體肥，死時雖屆孟冬，但因南方氣
暖，至初十日夜間，屍身漸次發變，口鼻內有淡血水流出。葛品
連義母馮許氏揚言速死可疑，沈喻氏又見葛品連面色發青，恐係
中毒，盤詰葛畢氏，葛畢氏堅稱並無他故。沈喻氏以其子身死不
明，懇求地保王林赴縣喊告，代書呈詞。十月十一日黎明，投遞
餘杭縣劉錫彤接收。因生員陳湖即陳竹山到縣署醫病，提及葛畢
氏曾與楊乃武同居，不避嫌疑，外人頗多談論，葛品連暴亡，皆
說被葛畢氏謀毒。劉錫彤訪查得所聞無異。當天午刻帶領門丁、
仵作親詣屍場相驗，見屍身胖脹，上身作淡青黑色，肚腹腋�起
有浮皮軫皰數個，按之即破，肉色紅紫。仵作沈詳辦驗不眞，因
口鼻內有血水流入眼耳，認作七竅流血；十指十趾甲灰黯色，認
作青黑色；用銀針探入咽喉作淡青黑色，致將發變顏色，誤作服
毒；因屍身軟而不僵，稱似煙毒。知縣劉錫彤當場訊問屍親鄰右
等人均不知毒從何來？即將葛畢氏帶回縣署審問。葛畢氏供稱不
知情，加以刑訊，葛畢氏受刑不過，遂誣認從前與楊乃武同住通
姦，移居後，楊乃武於十月初五日授與砒毒謀斃本夫。隨傳到楊
乃武質對，楊乃武不承認。十月十六日，楊乃武堂弟增生楊恭
治、妻弟詹善政等各以楊乃武十月初五日正在南鄉詹家，何由交
給砒毒，赴縣署稟訴，葛畢氏畏刑誣認通姦謀害，楊乃武仍不承
認，知縣劉錫彤將人犯於十月二十日解往省城，經杭州府知府陳
魯刑訊。楊乃武畏刑誣服，將葛畢氏、楊乃武擬以凌遲斬決。十

一月初六日，知府陳魯詳經按察使蒯賀蓀審解巡撫楊昌濬。楊昌濬按照知府陳魯等原擬罪名勘題，草率定案。同治十三年（1874）九月，楊詹氏遣抱姚士法入京赴步軍統領衙門呈控，同年十二月，浙江紳士汪樹屏等以覆審疑獄，跡涉迴護，遣抱聯名赴都察院呈控，刑部秉公審訊。《月摺檔》抄錄刑部尚書皁保等提到犯證所供情節作出結論，節錄原奏一段內容如下：

> 葛畢氏供因縣官刑求與何人來往謀毒本夫，一時想不出人，遂將從前同住之楊乃武供出，委非挾嫌陷害，亦非官役教令誣扳，並據劉錫彤供稱，賣砒之錢寶生係憑楊乃武所供傳訊，如果是伊串囑，斷無名字不符之理，現經錢寶生之母錢姚氏供稱，伊子名喚錢坦，向無寶生名字。鋪夥楊小橋供亦相同，可為楊乃武畏刑妄供之證。至原題據陳魯、劉錫彤會詳，有沈喻氏向葛畢氏盤出聽從楊乃武謀毒情由報驗一節，檢查沈喻氏控縣初呈並無是語，復恐問官有改造口供情弊，嚴鞫劉錫彤供稱，因沈喻氏在杭州府供有是語，率謂該氏原報不實，遂憑現供情節敘入詳稿，致與原呈不合，委無捏造供詞情事。提質沈喻氏供認，府讞時，曾妄供有盤出謀毒報驗之語，與劉錫彤所供尚屬相符，反覆推究，矢口不移。是此案劉錫彤因誤認屍毒而刑逼葛畢氏，因葛畢氏妄供而拘拏楊乃武，因楊乃武妄供而傳訊錢寶生，因錢寶生被誘捏結而枉坐葛畢氏、楊乃武死罪，以致陳魯草率審詳，楊昌濬照依題結，胡瑞瀾遽就覆奏。歷次審辦不實，皆由輕信劉錫彤驗報服毒釀成冤獄，情節顯然㊷。

由於問官刑逼，葛畢氏等人妄供，錢寶生被誘捏結，而枉坐葛畢氏、楊乃武死罪。歷次審辦不實，則因輕信知縣劉錫彤驗報

服毒，以致釀成冤獄。冤獄既已昭雪，葛品連病死一案，至此擬結，相關失職人員，俱受嚴懲。刑部援引律例如下：

一、例載州縣承審逆倫罪關凌遲重案如有失入業經定罪招解者按律定擬。

二、律載檢驗屍傷不實，罪有增減者，以失入人罪論，又斷罪失於入者，減三等，並以吏典爲首，首領官減吏典一等，囚未決聽減一等。

三、例載承審官草率定案，證據無憑，枉坐人罪者革職。

四、律載誣告人死罪未決杖一百，流三千里，加徒役三年。

五、例載地方官長隨倚官滋事，恣令妄爲累及本官罪至流者與同罪。

六、律載制書有違者杖一百，不應爲而爲之者笞四十，事理重者杖八十。

仵作沉詳率將病死發變屍身誤報服毒，致入凌遲重罪，殊非尋常疏忽可比，合依檢驗不實失入死罪未決照律遞減四等，擬杖八十，徒二年。已革餘杭縣知縣劉錫彤雖訊無挾讎索賄情事，惟始則任聽仵作草率相驗，繼復揑報擦洗銀針，塗改屍狀，及刑逼葛畢氏等誣服，並囑令訓導章濬函致錢寶生誘勒具結，羅織成獄，僅依失入死罪未決本律擬徒，殊覺輕縱，從重發往黑龍江效力贖罪，年逾七十不准收贖。杭州府知府陳魯於所屬州縣相驗錯誤，毫無察覺，及解府督率憑刑訊混供具詳定案，復不親提錢寶生究明砒毒來歷，實屬草菅人命，寧波府知府邊葆詩等俱依承審官草率定案證據無憑枉坐人罪例各擬以革職。浙江巡撫楊昌濬據詳具題，不能查出冤情，京控覆審，不能據實平反，意涉瞻徇。學政胡瑞瀾以特旨交審要案，斷訊情節，既有與原題不符之處，

未能究詰致死根由詳加覆驗，草率奏結，幾致二命慘罹重辟。惟楊昌濬、胡瑞瀾均係大員，所有應得處分，奏請欽定，其他涉案人員俱依律例審擬定罪。葛畢氏捏供楊乃武商令謀毒本夫葛品連，訊因畏刑所致。惟與楊乃武同居時不避嫌疑，致招物議，雖無姦私實據，究屬不守婦道，應依律擬杖八十。楊乃武訊無與葛畢氏通姦確據，但就同食教經而論，亦屬不知遠嫌，又復誣指何春芳在葛家頑笑，獄囚誣指平人，有違定制，應杖一百。業已革去舉人，免其再議。光緒三年（1877）二月十六日，奉諭旨，巡撫楊昌濬、學政胡瑞瀾均著即行革職，其餘俱照刑部所擬完結[43]。諭旨中指出，嗣後各直省督撫等於審辦案件，務當悉心研究，期於情眞罪當，用副朝廷明慎用刑至意。同年二月二十五日，因給事中郭從矩具奏京控發審案件請飭明定章程一摺，奉諭旨云：

> 嗣後各省督撫，於京控發回案件呈內牽連之人，務須詳慎，分別提訊，不得濫及無辜，致滋拖累。其在京各衙門收呈後照例解回者，應如何將原告抱告年貌供招查訊確實之處，著該部明定章程，以杜弊端。至京控發交各省案件，該督撫等往往仍交原問官審訊，該員意存迴護，輒照原審擬結，致多冤抑。嗣後該督撫等於京控各案，不得仍交原問官覆審。倘承審之員有意瞻徇，即行從嚴參辦，以重刑讞[44]。

引文內容，反映了清朝中央政府明慎用刑的政策，楊乃武、葛畢氏等藉由京控途徑，終於眞相大白，葛品連以病死結案，楊乃武、葛畢氏冤獄得以平反。然而京控案件，頗多弊端，其中京控發交各省案件，各省督撫往往仍交原問官覆審。原問官意存迴護，輒照原審擬結，致多冤獄，草菅人命。因此，諭令各省督撫於京控各案，不得仍交原問官覆審。此道諭旨對司法改革起了積

極的作用。

七、結　語

　　史學工作者探討歷史事件，所依據的是史料。檔案資料是第
一手史料，發掘檔案資料，使記載的歷史，儘可能接近眞實的歷
史，符合歷史事實，就是重建信史的主要途徑。重視理論是檔案
工作者的基本要求，但是，理論不能取代檔案，不能以論代史。
充分掌握檔案資料，將司法案件放在歷史脈絡裡進行縱向和橫向
研究，進而綜合分析社會衝突的歷史背景，就是法制史研究的嚴
謹態度。

　　清朝律例，科條詳備，明政弼教，明愼用刑，屢下恤刑之
詔，隱寓哀矜惻怛之意，清朝《刑法志》的纂修，充分反映清朝
中央政府的恤刑思想。「深文」，是援用法律條文，苛細周納，
以入人罪。民初清史館纂修《刑法志》稿本已指出清朝刑政，雖
然不盡清明，但是，類似明朝廠衛、廷杖等酷刑，已然不復出
現。清朝治獄者雖然不盡仁恕，但是，歷代以來的深文慘劇，也
已革除，都是愼刑、恤刑的具體表現。

　　起居注冊是一種類似日記體的史料紀錄，其中御門聽政活
動，記載頗多涉及欽恤讞獄的君臣對話內容。政事以愛民爲本，
愛民莫要於詳刑、愼刑。康熙皇帝期許自己是一位儒家皇帝，德
治是他的政治主張，尙德緩刑，勤恤民瘼，就是儒家思想的具體
表現。康熙皇帝留心刑獄，重視人命，他每遇人命案件，無不詳
審再三，務期情法允協，這種愼刑獄以惜民命的表現，是可以肯
定的。

　　清朝御製文集收錄頗多諸帝愼刑、恤刑言論。明愼用刑是重
視人命的表現，察明案件的原委眞僞，還原眞相，使犯法者甘心

認罪，受害者了無嗔怨，就是「明」的功效。聽斷刑案，使情真法協，無片言不實，就是「慎」的功效。慎刑的用意，在於止刑，刑期無刑。清朝諸帝針對明慎用刑，期盼刑清訟簡的談論，可以說明朝廷恤刑思想所產生的作用。

康熙年間開始採行的奏摺，是皇帝和相關大臣之間所建立的單線書面聯繫，皇帝親手批諭，是屬於一種密奏制度，施政得失，臣工可以條陳管見，稱為條陳奏摺。研究清朝法制史，條陳奏摺提供頗多珍貴的史料。朝廷雖然屢頒恤刑之詔，但是，天高皇帝遠，各省州縣捕廳，竟違背朝廷旨意，擅用非刑，殘民以逞，無視朝廷慎刑恤命的本意，對地方吏治造成嚴重的負面作用。因此，毀捕卡，禁私刑，恤民命，就成為整飭吏治的當前急務。

同光年間，喧騰一時的葛品連命案京控案件是探討清朝政府明慎用刑的具體個案。京控案件發交原問官覆審意存迴護致多冤獄的弊端，經給事中郭從矩等條奏不得仍交原問官覆審，奉諭旨允准，並飭刑部明定章程，以杜弊端。諭旨的頒佈，對司法改革起了積極的作用。楊乃武、葛畢氏等藉由京控途徑，葛品連以病死結案，真相大白，平反冤獄，由此可以說明清朝政府的恤刑思想確實具有歷史意義。

【註　釋】

①　《清聖祖仁皇帝實錄》（臺北，華聯出版社，民國53年）卷一一六，頁18。康熙二十三年九月初一日，九卿等議准河南道御史李時謙疏陳歲逢上元甲子，請停止秋審。

②　《清高宗純皇帝實錄》（臺北，華聯出版社，民國53年）卷二二五，頁15。乾隆九年九月二十六日，諭旨。

③ 《嘉慶道光兩朝上諭檔》（桂林，廣西師範大學出版社，2000）第九冊，頁327。嘉慶九年七月二十七日，內閣奉上諭。

④ 《大清國史刑法志》（臺北，國立故宮博物院，國史館朱絲欄寫本），〈刑法志一〉，「序」，頁1。

⑤ 《皇朝刑法志》（臺北，國立故宮博物院，國史館朱絲欄寫本）卷一，頁1。

⑥ 《刑法志》（臺北，國立故宮博物院，清史館排印本）首卷，頁1。

⑦ （清）袁勵準纂修，《刑法志》，未刊稿本，頁1。

⑧ 《康熙起居注》（北京，中華書局，1984）第一冊，頁628。康熙十九年十月二十一日，記事。

⑨ 《康熙起居注》第二冊，頁910。唐熙二十一年十月十五日，記事。

⑩ 《康熙起居注》第二冊，頁1058。康熙二十二年八月二十八日，據明珠奏。

⑪ 《康熙起居注》第二冊，頁1094。康熙二十二年十月二十八日，記事。

⑫ 《康熙起居注》第二冊，頁1377。康熙二十四年十月十八日，諭旨。

⑬ 《康熙起居注》第二冊，頁1858。康熙二十八年閏三月十七日，據明珠奏。

⑭ 《康熙起居注》第二冊，頁1476。康熙二十五年閏四月十六日，諭旨。

⑮ 《康熙起居注》第三冊，頁1940。康熙四十五年正月三十日，諭旨。

⑯ 《康熙起居注》第三冊，頁1945。康熙四十五年二月二十四日，

諭旨。

⑰　《康熙起居注》第三冊，頁 1985。康熙四十五年六月初五日，興
　　旺供詞。供詞中「七十六」係數目名字，滿洲社會多以祖父年齡爲
　　新生嬰兒命名，類似漢族社會命名「念祖」習俗，都是孝道觀念的
　　具體表現。

⑱　按「包衣大」，滿文讀如"booi da"，意即內管領，係內務府官
　　名，秩五、六品。又「副包衣大」，滿文讀如"ilhi booi da"，意
　　即副內管領，八品虛銜。

⑲　《康熙起居注》第三冊，頁 2043。康熙四十五年十一月十三日，
　　諭旨。

⑳　《康熙起居注》第三冊，頁 2063。康熙四十五年十二月三十日，
　　記事。

㉑　《康熙起居注》第三冊，頁 2124。康熙五十三年十月十九日，特
　　諭。

㉒　《聖祖仁皇帝御製文集》（臺北，國立故宮博物院，乾隆間文淵閣
　　四庫全書寫本）卷十七，頁 10。

㉓　《御製文二集》（臺北，國立故宮博物院，嘉慶二十年武英殿刊
　　本）卷十，頁 5。

㉔　《御製文二集》卷九，頁 2。

㉕　《御製文二集》卷一，頁 11。

㉖　《御製文二集》卷一，頁 17。

㉗　《宣宗御製文餘集》（臺北，國立故宮博物院，咸豐間武英殿刊
　　本）卷二，頁 8。

㉘　《穆宗御製文集》（臺北，國立故宮博物院，光緒間武英殿刊本）
　　卷三，頁 27。

㉙　黃六鴻著，《福惠全書》（臺北，九思出版公司，民國 67 年）卷

十一，頁 26。

㉚ 《宮中檔雍正朝奏摺》（臺北，國立故宮博物院，民國 66 年）第一輯，頁 812。雍正元年十月初三日，張聖佐奏摺。

㉛ 《宮中檔雍正朝奏摺》（民國 67 年）第四輯，頁 741。雍正三年七月二十七日，黃炳奏摺。

㉜ 《宮中檔雍正朝奏摺》（民國 67 年）第二十一輯，頁 255。雍正十一年三月十三日，馮俟奏摺。

㉝ 《軍機處檔‧月摺包》（臺北，國立故宮博物院），52113 號。嘉慶二十二年六月十六日，周鳴鑾奏摺。

㉞ 《軍機處檔‧月摺包》，68050 號。道光十四年五月，陳樂山呈恤刑疏。

㉟ 《清代起居注》（臺北，聯經出版公司，民國 74 年）第三十五冊，頁 20759。道光十四年六月初八日，諭旨。

㊱ 《上諭檔》（臺北，國立故宮博物院），道光十四年四月二十八日，字寄。

㊲ 《上諭檔》，道光十四年四月二十六日，字寄。

㊳ 《軍機處檔‧月摺包》（臺北，國立故宮博物院），117090 號。同治十三年九月二十六日，廣壽等奏摺。

㊴ 《軍機處檔‧月摺包》，117091 號，楊詹氏呈詞。

㊵ 《清代起居注冊‧光緒朝》（臺北，聯合報文化基金會國學文獻館，民國 76 年）第二冊，〈內閣奉諭旨〉，光緒元年十月三十日，頁 870。

㊶ 《清代起居注冊‧光緒朝》第四冊，〈內閣奉諭旨〉，光緒二年十二月十六日，頁 2280。

㊷ 《月摺檔》（臺北，國立故宮博物院），光緒三年二月十六日，刑部尚書皂保等奏摺抄件。

㊸　《大清德宗景皇帝實錄》（臺北，華聯出版社，民國 53 年）卷四十八，頁 2。

㊹　《光緒朝東華錄》（臺南，大東書局，民國 57 年）第一冊，頁359。光緒三年二月辛亥，諭旨。

承先啟後——雍正皇帝及其時代

一、小說歸小說，歷史歸歷史

　　《大義覺迷錄》對雍正皇帝的繼位，記載了很多的謠傳。三藩之亂後，耿精忠被發配東北三姓地方，耿精忠之孫耿六格曾說：「聖祖皇帝在暢春園病重，皇上就進一碗人參湯，不知何如？聖祖就崩了駕，皇上就登了位。」好像康熙皇帝的崩殂是被雍正皇帝在人參湯裡下毒害死。其實，康熙皇帝是反對吃人參的。康熙三十八年（1699）九月間，大學士李天馥肚腹泄瀉，病情嚴重。康熙皇帝對大學士伊桑阿說，南方人一病不支者，俱係動輒服用人參之故。南方人好補，來北方後停食未消，復加補劑，自應作瀉。康熙五十一年（1712）六月十六日，江寧織造曹寅到揚州料理刻書工作。七月初一日，曹寅感受風寒，臥病數日，轉成瘧疾。康熙皇帝在李煦的奏摺上批示諭旨說：「南方庸醫每每用補劑而傷人者，不計其數，須要小心，曹寅元肯吃人參，今得此病，亦是人參中來的。」大學士李光地奏聞染患瘡毒。原摺奉硃批：「坐湯好，須日子多些纔是。爾漢人最喜吃人參。人參害人處，就死難覺。」病人氣色不好，大都為服用補藥。亂服人參，有害身體。康熙皇帝曾因生病，，御醫百斯里用人參，使病情加重，御醫受了重罰，永遠不准他替人治病。康熙皇帝平日如此反對服用人參，雍正皇帝怎麼會端人參湯給生病的康熙皇帝喝呢？耿六格的說法，是漢人的聯想，不可信。

　　耿六格被發配東北三姓地方時，八寶家中有太監于義、何玉

柱向八寶妻子談論說：「聖祖皇帝原傳十四阿哥允禵天下，皇上將十字改為于字。」雍正皇帝弒父矯詔篡位成了許多人談論的新聞。朝鮮君臣對雍正皇帝得位的合法性，也是抱持著懷疑的態度。朝鮮密昌君樴也說：「雍正繼立，或云出於矯詔。」

文人著作，幾乎異口同聲譴責雍正皇帝矯詔篡位。《清史纂要》說：「隆科多受顧命於御榻前，帝親書皇十四子四字於其掌。俄隆科多出，胤禛迎問。隆科多遽抹去其掌中所書「十」字，祇存「四子」字樣，胤禛遂得立。」《清史要略》說聖祖在暢春園彌留時，手書遺詔，傳位十四子，胤禛返回京師，偵知聖祖遺詔，設法密盜，暗將「十」字改為「于」字，謂奉遺詔冊立。

耿六格只說雍正皇帝將「十」字改為「于」，並沒說遺詔放在哪裡？許嘯天著《清宮十三朝演義》說遺詔放在正大光明匾額的後面，改詔之舉是出自隆科多之手。天戱著《滿清外史》說「竊詔改竄之策，年羹堯實主持之。蓋胤禛之母，先私於羹堯，入宮八月，而生胤禛。」年羹堯成了呂不韋。其實，年羹堯（1679-1726）和雍正皇帝（1678-1735）年齡相近，年羹堯比雍正皇帝小一歲，如何能和雍正皇帝的母親烏雅氏私通呢？

傳說康熙皇帝臨終時有傳位皇十四子胤禛的遺詔，康熙皇帝親書「皇位傳皇十四子胤禛」等字樣。傳說皇四子胤禛把「十」改為「于」，並改「禎」為「禛」，輕而易舉，很難看出竄改的痕跡。首先，可以查看竄改後的遺詔竟然是「皇位傳皇于四子胤禛」，文句不通。其次，清朝文書，照例須兼書滿文，滿文字形不同，句型結構不同，時態有變化，竄改滿文遺詔，並不是改動一、二筆那麼輕而易舉。現存康熙皇帝滿漢文遺詔，除內閣大庫原件外，實錄所載滿漢文遺詔，內容相同，國立故宮博物院典藏

《清聖祖實錄》所載遺詔全文見附錄。其滿漢文遺詔是康熙皇帝崩殂後撰擬公佈的，漢文遺詔中「雍親王皇四子□□，人品貴重，深肖朕躬，必能克承大統，著繼朕登基，即皇帝位」等句，滿文讀如 "hūwaliyasun cin wang duici age □□, niyalma wesihun, mimbe umesi alhūdahabi,amba doro be afabuci mutembi, mini sirame hūwangdi i soorin de tebu." 滿漢文遺詔中因避御名諱，皇四子御名「胤禛」以黃簽粘貼。倘若果眞有康熙皇帝臨終傳位皇十四胤禎遺詔，其文句內容當作「貝子皇十四子胤禎，人品貴重，深肖朕躬，必能克承大統，著繼朕登基，即皇帝位。」其滿文當讀如 "beise juwan duici age in jeng, niyalma wesihun, mimbe umesi alhūdahabi, amba doro be afabuci mutembi, mini sirame hūwangdi i sorin de tebu." 首先要把爵位「貝字」（beise）改爲「雍親王」（hūwaliasun cin wang）；其次再把齒序「皇十四子」（juwan duici age）改成「皇四子」（duici age），塗抹滿文 "juwan"，而不是把「十」改爲「于」。《宗室玉牒》滿文本，皇四子的名字「胤禛」讀如 "in jen"，皇十四子的名字「胤禎」，讀如 "in jeng"，「禛」（jen）與「禎」（jeng）的讀音輕重有別，字形繁簡不同，不能混淆，絕非改動一、二筆那樣輕而易舉了。矯詔篡位的傳說，似乎是出自漢人的聯想，其最嚴重的疏漏，就是忽視了滿漢語文字形和文法的差異。

　　雍正皇帝即位後，鑒於康熙皇帝建儲的失敗，皇太子再立再廢，諸皇子各樹黨羽，互相傾陷，兄弟鬩牆，爲永杜皇位繼承的爭端，即於雍正元年（1723）八月十七日御乾清宮西暖閣面諭總理事務王大臣、滿漢文武大臣、九卿等，以諸子尙幼，建儲一事，必須詳愼，爲宗社計，不得不預立皇太子，於是親書四子弘曆名字，緘藏於錦匣，置於乾清宮正中順治皇帝御書「正大光

明」匾額之後，以備不虞。雖然預立皇太子，但祕而不宣，並非顯立儲君，稱爲儲位密建法，可以說是解決皇位爭繼問題的權宜措施，預先指定皇位繼承人，但未公佈皇太子的名字，儲位密建法始自雍正元年（1723）八月，而成爲後來清室的家法。《清宮十三朝演義》等書所載康熙皇帝將傳位遺詔置放在「正大光明」匾額後面云云，並不符合歷史事實。

歷史歸歷史，小說歸小說，歷史小說附會傳聞，敷衍故事，虛構情節，點染枝葉，與歷史事實，大都背道而馳，不足採信。後人對於雍正皇帝的認識，大都來自歷史小說的杜撰和渲染。雍正皇帝即位之初，正處於聖意欲傳十四阿哥胤禎天下的輿論正在傳播的時刻，矯詔篡位，弒父逼母的謠言，不脛而走，對雍正初年的施政，產生了嚴重的阻礙作用。追查繼位眞相，是失敗者的自然反應。後人相信謠言，也正是同情失敗者的常情。

二、愛孫及子，先來後到

富貴人家，惟恐子弟多，多則亂生，帝王家庭何獨不然？康熙皇帝就是因爲皇子衆多，而導致兄弟鬩牆的悲劇。康熙皇帝生下的兒子共三十五人，除因夭折不排列皇子行次的十一人外，其餘皇子計二十四人。皇子，在宮中習稱阿哥（age），大阿哥皇長子胤禔（in jy）是惠妃納喇氏所生，並非嫡出。二阿哥皇二子胤礽（in ceng），生母是孝誠仁皇后赫舍里氏，胤礽就是嫡長子。康熙十四年（1675）十二月十二日正式册立胤礽爲皇太子，正位東宮。康熙四十七年（1708）九月初四日，以皇太子胤礽不仁不孝，難託重器，而遭廢黜，圈禁於咸安宮。同年十月十七日，搜出皇長子胤禔魘魅，詛咒胤礽物件，加意調治胤礽，其病漸痊。康熙四十八年，（1709）三月初十日，復立胤礽爲皇太

子。胤礽再度正位東宮後，諸皇子覬覦皇位，樹黨傾陷，紊亂國政。康熙五十一年（1712）九月三十日，康熙皇帝奏聞皇太后後，又再度廢黜皇太子。康熙皇帝深悔預立皇太子的錯誤，胤礽再度被廢黜後，無意另立皇太子，以免輕舉再誤。滿洲舊俗，所有嫡子不拘長幼都有繼承皇位的權利。皇四子胤禛是嫡子，皇太子胤礽被廢黜後，奪嫡篡位的問題，並不存在。

當皇太子胤礽第二次被廢囚後，以皇八子胤禩黨的勢力最為雄厚，滿漢大臣曾聯名保舉皇八子胤禩為皇太子。但皇八子胤禩平日不遵旨戒酒，每於醉後打人。皇八子書法不佳，康熙皇帝要他每天寫書法十幅呈覽，皇八子常找槍手代寫，欺騙皇父。而且皇八子生母出身較低，皇八子深為康熙皇帝所厭惡。皇八子既然失寵於康熙皇帝，想當皇太子的夢想也就隨著破滅了。

皇十四子胤禵和皇四子胤禛是皇后烏雅氏所生，同父同母。胤禵的面貌酷肖康熙皇帝，特見鍾愛，後來將胤禵改為胤禎。康熙五十七年（1718）十月十二日，皇十四子胤禎年三十歲，正當血氣方剛之時，特命皇十四子為撫遠大將軍，給予立功機會，被認為這是冊立皇十四子為皇太子前的預備動作。但是，這一切都是屬於揣測。雍正皇帝認為康熙皇帝任命皇十四子為撫遠大將軍，就是表示無意傳位給皇十四子。「獨不思皇考春秋已高，豈有將欲傳大位之人，令其在邊遠數千里外之理？雖天下至愚之人，亦知必無事實矣！」康熙六十一年（1722）十一月，當康熙皇帝病重時，即使降旨召回皇十四子，但在數千之外的胤禎，也只能望洋興歎了。日人後藤末雄著《乾隆帝傳》提出一種解釋說：「當康熙皇帝臨終時，本想傳位給十四皇子，可是那時他遠在韃靼內地，假如把他叫回北京再宣佈傳位詔書，在這空位階段勢必發生皇位的糾紛，不得已只好傳位給四皇子胤禛了。」皇四

子胤禛以靜待動，置京城於其掌握之下。皇十四子節遠離京城，胤礽久被廢囚，胤禩等失寵，勁敵相繼失敗，皇四子胤禛遂成漁翁得利者，在倉促之間入承了大統，成為角逐皇位的最後勝利者。

　　在康熙皇帝諸皇子中，皇四子胤禛的閱歷較為豐富。康熙二十二年（1683），皇四子胤禛年方六歲，開始在上書房讀書，以侍講學士顧八代為師傅。在康熙皇帝的循循善誘之下，皇四子胤禛的書法，十分秀麗，有才有氣。康熙皇帝巡幸出征，謁陵祭祖，視察河工，多命諸皇子隨駕。康熙二十五年（1686），康熙皇帝巡幸塞外，皇四子胤禛等奉命隨駕。康熙二十七年（1688）十二月初八日，是孝莊太皇太后周年忌辰，皇四子胤禛等奉命前往遵化暫安奉殿祭祀。康熙三十二年（1693）十月，重修闕里孔廟落成，康熙皇帝指定皇四子胤禛隨同皇三子胤祉前往山東曲阜祭孔。康熙六十年（1721）正月十三日，康熙皇帝以御極六十年大慶，皇四子胤禛等奉命前往興京告祭永陵，並往盛京致祭福陵、昭陵。同年三月初八日，康熙皇帝六十八歲萬壽節，皇四子胤禛奉命致祭太廟後殿。

　　康熙皇帝巡幸出征，謁陵祭祖，視察河工，皇四子胤禛多奉命隨駕，增廣了見識，也豐富了閱歷，對施政得失，民間疾苦，多能耳聞目睹，有助於從政能力的培養，在儲位角逐中，皇四子胤禛有他一定的優勢。

　　康熙四十三年（1704），一等承恩公凌柱之女鈕祜祿氏入侍皇四子胤禛府邸，號為格格（gege），她就是日後的孝聖憲皇后。康熙五十年（1711）八月十三日，紐祜祿氏在雍親王府邸為胤禛生下了第四個兒子弘曆。弘曆的出生，為後來胤禛的繼位，增加了更有利的條件。

　　康熙皇帝雖然不寵愛皇四子胤禛，他卻十分疼愛胤禛的第四個兒子弘曆，由愛孫而及子，歷史上確有先例。明成祖先立仁宗朱高熾為世子，後來因不滿意，而常想更易。當廷議冊立太子時，明成祖欲立漢王朱高煦。明成祖雖然不喜歡朱高熾，卻很鍾愛朱高熾的兒子朱瞻基，就是後來的明宣宗。明仁宗、明宣宗都是明朝的賢君。侍讀學士解縉面奏明成祖說朱高熾有好兒子，明成祖有好聖孫。這才打動了明成祖的心，最後決定立朱高熾為皇太子。清朝康熙皇帝一家三代，有些雷同。弘曆生而岐嶷，康熙皇帝見而鍾愛。弘曆六歲時，康熙皇帝就把他帶回宮中養育，開始接受啟蒙教育。康熙皇帝巡幸塞外，總是帶著愛孫弘曆到避暑山莊，在萬壑松風閣等處讀書。《清史稿》記載，木蘭從獮，命侍衞帶領弘曆射熊，甫上馬，熊突起，弘曆控轡自若，康熙皇帝御鎗殪熊。康熙皇帝回武帳後告訴溫惠皇太妃說：「弘曆命貴重，福將過予。」於是更加疼愛弘曆。弘曆有好祖父康熙皇帝，康熙皇帝有好聖孫，因鍾愛聖孫，而對胤禛增加好感，即所謂愛孫及子，先傳位胤禛，再傳弘曆，順天應天應人。胤禛繼位，是歷史的趨勢，是天佑大清。

三、宵旰勤政，澄清吏治

　　雍正皇帝即位之初，朋黨為禍更加激烈，那些曾經參與皇位爭奪的兄弟，各憑私意，分門立戶，擾亂國政，造成政治上的不安。君臣名分既定，為鞏固君權，為後世子孫綢繆，為終結政治紛爭，雍正皇帝對裁抑宗室，打破朋黨，毫不鬆手。為使滿漢臣工共竭忠悃，又刊刻頒行《御製朋黨論》，期盼群迷覺悟，而盡去其朋比黨援的積習，以剷除政治上的巨蠹。《清史稿・世宗本紀論》有一段內容云：「聖祖政尚寬仁，世宗以嚴明繼之，論者

比於漢之文景，獨孔懷之誼，疑於未篤。然淮南暴伉，有自取之咎，不盡出於文帝之寡恩也。」孔懷之誼，是指兄弟之間的情誼，康熙年間，諸皇子為爭奪皇位，兄弟鬩牆，骨肉相殘，造成政治不安，諸兄弟確實有自取之咎，並非盡出雍正皇帝一個人的刻薄寡恩。

康熙皇帝諡號「仁」，「仁」是儒家思想的核心。康熙皇帝的治國理念，主要是承襲儒家思想而來，他自己就是以「儒家皇帝」自居。由於康熙皇帝一心想做儒家的仁君，所以他的用人施政，一向主張與民休息，治國之道，貴在不擾民，與其多一事，不如少一事。這種少做少錯的政治主張，使官場文化出現因循苟且，怠玩推諉等政治廢弛的現象。雍正皇帝即位以後，為澄清吏治，清除政治弊端，他鼓勵臣工多多做事，勤勞做事，認真做事，因循玩愒的風氣，必須澈底清除，為官一定要負責，實心的辦事。

康熙皇帝為政寬大，惟流弊所及，不免失之寬弛，直省錢糧，虧空嚴重，康熙皇帝以歷時既久，竟無意追查，以致戶部財政，窘迫至極。雍正皇帝即位後，首先以杜絕虧空為當前急務。康熙六十一年（1722）十二月十三日，雍正皇帝頒降嚴諭，飭令戶部傳諭直省督撫定限三年，將歷年虧空，如數補足。諭旨中指出，「除陝西省外，限以三年，各省督撫所所屬錢糧，嚴行稽查，凡有虧空，無論已經參出，及未經參者，三年之內，務期如數補足，毋得科派民間，毋得借端遮飾。如限滿不完，定行從重治罪，三年補完之後，若再有虧空者，決不寬貸。」雍正皇帝為嚴查虧空，曾經殷殷博採下詢。雍正皇帝認為國帑關係重大，康熙年間虧空的錢糧，倘若不能清楚，則雍正年間又有虧空時，將來必然更難於稽查。積弊相因，國庫必然被掏空，後果不堪設

想。雍正元年（1723）正月初一日，雍正皇帝頒發直省督撫以下至州縣各官上諭共十一道，藉以訓誨臣工。

第一道上諭是頒發給總督的訓諭，首先指出，總督地控兩省，權兼文武，必使將吏協和，軍民綏輯，乃爲稱職。總督與巡撫、將軍、提督，誼屬同寅，凡地方軍民事務，宜互相商榷，各本虛公，勿苟且雷同，勿偏執臆見，方於國計民生有所裨益。特別是澄清吏治，必本大公之心，秉公衷而不持偏見，興利除弊，以實心行實政，實至名歸。察吏安民，總兵核餉，崇實行而不事虛名。倘若恣意徇私，不能竭忠盡職，其罪甚大，國法森嚴。

第二道上諭是頒發給巡撫的訓諭，封疆之責，以巡撫爲重，一省之事，舉凡察吏安民，轉漕裕餉，皆統攝於巡撫。吏治不清，民何由安？苟非正己率屬，振飭勵精，則一切政刑錢穀，必致隳墮。雍正皇帝訓諭各省巡撫各抒忠悃，安靖封疆，與諸屬吏，共相勉勵，同心協力，以盡職守。

第三道上諭是頒發給督學的訓諭，各省學政必須廉潔持身，精勤集事，實行文風，表揚忠孝節義，崇祀先聖先賢，訪求山林隱逸，搜羅名蹟藏書。至於衡文考試，專以理明學正，典雅醇潔爲主。勿私納苞苴，勿瞻徇情面，勿昏庸廢事。倘若罔顧聲名，廉隅不飭，罪必隨之。

第四道上諭是頒發給提督的訓諭，提督統率全省將士，責任綦重，當一秉虛公，和衷辦事，宜嚴飭將弁，於所屬汛地，實心捍衛，勤緝姦宄，俾居民安堵無虞，地方咸受其利益。

第五道上諭是頒發給總兵官的訓諭，總兵上承總督節制，下樹將弁表率，輯兵安民，責任綦重。居是官者，當以寧謐地方爲念，嚴飭官兵，巡緝姦宄。總兵率先潔己，嚴飭偏裨，毋得久懸兵缺，以恣侵漁，毋得尅減額糧，以肥囊橐。馭兵之道，務在寬

嚴得中，上下一心，忠義自奮。

　　第六道上諭是頒發給布政司的訓諭，布政司爲官吏表示，自
當益矢公忠，嚴革前弊，永杜侵挪，廉正自持，潔己率屬，不容
徇庇，州縣庫必不致虧空。職任藩宣，必須各効忠誠，凜遵功
令，倘若營私黷貨，曠職累民，則三尺莫逭。

　　第七道上諭是頒發給按察司的訓諭，按察司專掌直省大小獄
訟，民命所關，一切州縣申詳，至按察司而獄成。督撫達部題奏
事件，皆由按察司定案，責任綦重，宜釐剔宿弊，歸於明允，毋
得因循故事，自墮姦欺。宜以用刑明愼，執法不阿者爲賢能。按
察司宜正己率下，使法無枉撓。

　　第八道上諭是頒發給道員的上諭，其中分守、分巡兩道，首
當潔己惠民，凡府州縣的廉潔貪污，俱宜細加察訪。糧道專理漕
運，倘若扣尅運費，苦累運丁，營私煩擾，有玷官箴。河道董率
工程，分修河員賢否，俱應洞晰，並宜親身經歷，查勘估計。鹽
道一員，尤關國課，宜將陋例積習，盡情禁革。驛道爲驛站錢糧
所繫，必廉潔自守，乃克剔弊釐姦。

　　第九道上諭是頒發給副將、參將、遊擊等官的上諭，各宜預
定練兵之法，親校騎射，嚴試技勇，簡拔驍銳，更換老羸，務令
一營士卒，人材雄健，武藝精嫻。倘若廢弛武備，侵漁糧芻，恣
意逞威，虐民生事，爲害地方，決難輕貸。

　　第十道上諭是頒發給知府的上諭，知府一官，分寄督撫監司
的耳目，而爲州牧縣令的表率，承流於上，宣化於下，所繫綦
重。盤查倉庫，必須覈實，不可視爲故事。勸農課桑，以厚風
俗；禁戢強暴，以安善良；平情聽斷，以清獄訟，皆爲知府職守
所當盡者。倘若狥私納賄，不能率屬愛民，貽害地方，蔑視憲
典，三尺具在。

　　第十一道上諭是頒發給知州、知縣的訓諭，知州、知縣為親
民之官，吏治之本在州縣，專司貢賦獄訟，州縣官賢，則民先受
其利；州縣官不肖，則民先受其害。誠能潔己奉公，實心盡職，
一州一縣之中，興仁興讓，教孝教忠，物阜民安，刑清訟簡，則
州縣必不次超擢。倘或罔念民瘼，恣意貪婪，或朘削肥家，或濫
刑呈虐，恃才多事，上虧國帑，必從重治罪，決不寬貸。

　　以上十一道上諭，都是針對直省外任文武職官員而頒發的訓
諭，諄諄告誡，期能振飭風憲，肅清綱紀，以建立物阜民安，刑
清訟簡的社會環境。雍正皇帝擴大採行密奏制度，主要是把奏摺
作為訓誨臣工的工具。雍正皇帝整飭吏治的主導思想，就是注重
儒家政治理念中的人治，即所謂有治人無治法。因此，培養政治
人才，進行政治教育，下情上達，君臣溝通，以增進情誼。《雍
正硃批諭旨》中勖勉直省文武大員打起精神做好官，垂之史冊的
硃批旨意，占了很大的篇幅。浙江巡撫李馥奏聞福建地方情形，
雍正皇帝覽閱奏摺後批諭云：「覽奏深慰朕疑懷，君臣原係一
體，中外本是一家，彼此當重一個誠字，互相推誠，莫使絲毫委
屈於中間，何愁天下不太平，蒼生不蒙福。隱順最不好的事，朕
只喜凡事據實，一切不要以慰朕懷為辭，阿諛粉飾迎奉，切
記！」君臣一體，中外一家，互相推誠，何愁天下不太平，蒼生
不蒙福。雍正皇帝期盼君臣是政治上的生命共同體，君臣之間，
上下一德同心，互相勸勉，方與民生有益，這就是雍正皇帝藉奏
摺批諭諄諄教誨臣工的主要用意。

四、改革財政，充實國庫

　　康熙年間，由於政治風氣的因循風氣，以致財政上積弊叢
生，虧空纍纍，庫帑虛懸。雍正皇帝綜覈名實，是一位合理主義

者，日人宮崎市定教授將雍正皇帝的政治作風，比喻爲王安石型的合理主義。雍正年間的政績，頗有表現，其主要成就，就是在財政方面。雍正年間，其財政改革的原則，主要是平均賦役的負擔；防止田賦與丁銀徵收過程中的弊端；減輕無地貧民的賦稅負擔。

清朝正賦，分爲地、丁兩項，對田地的課稅稱爲地糧，就是土地稅；按人丁的課稅稱爲丁銀，類似後世的人頭稅。地糧和丁銀都是國家最主要的兩種財政收入，但因直省賦役不均，以致丁銀負擔輕重不同。山東巡撫黃炳具摺指出，山東各州縣丁地各不相涉，往往有田連阡陌而不輸納一丁人頭稅，家無寸土的窮人反而需輸納數丁。無地貧民即使在豐年已難輸納，遇到歉收之年，不得不賣男鬻女，逃亡他鄉。

黃炳認爲山東百姓多離鄉背井的重要原因，就是無地貧民人頭稅即丁銀負擔太重，無力繳納，所以易去其鄉。康熙皇帝巡幸所至，曾經訪問百姓，據稱一家有四、五個男丁，只一丁繳納人頭稅，有的人家七、八個男丁，也只是二丁繳納人頭稅。各省巡撫編審人丁時，也只奏報繳納丁銀的人數，並不奏報未繳納丁銀的人數，以致人口統計非常不確實。

按照規定，十六歲以上，六十歲以下的男丁必須繳納丁銀即人頭稅。康熙五十一年（1712），朝廷頒布了一道盛世滋生人丁永不加賦的詔令，規定以康熙五十年（1711）的全國人丁數二千四百六十萬作爲徵收全國人頭稅的固定數目，以後人丁遇有減少時，即以新增人丁抵補，維持原額不變，將全國徵收的丁銀即人頭稅的總額固定下來，不再隨著人丁的增加而多徵收人頭稅。

雍正皇帝就在盛世滋生人丁永不加賦這一措施的基礎上進一步實行丁隨地起即攤丁入地的賦役改革，將丁銀完全攤入地畝徵

收，由地主均勻完納，或按地糧兩數攤派，或按地糧石數攤派，或按田地畝數攤派，使賦稅的負擔更趨於合理化，解決了歷代以來無地窮人的人頭稅負擔問題，攤丁入地的推行，在我國傳統財稅制度史上是一項重要的改革，具有積極的意義。攤丁入地實施後，取消了徵稅的雙重標準，按土地的單一標準徵稅，無地貧民可以不必繳納丁銀，廢除了人頭稅，由地主均勻負擔，不致過重，可以保證稅收來源，在財政上獲得了穩定的效果。由於無地窮人免除了人頭稅，人身依附土地的關係減輕了，不再受土地的束縛，無地窮人有遷徙的自由，增加他們出外謀生的機會，加速了下層社會的人口流動，有一部分人進入城鎮，從事手工業，經營小本生意；有一部分人離鄉背井，披荊斬棘，懇殖荒陬，在開發中地區逐漸形成移墾社會。

在湖廣、貴州、雲南、廣西四川等省苗疆地區廣大，分布著八百多個土司，實行與內地不同的各種制度，有他們自己的習慣法，叫做苗疆條例，不能動輒繩之以法。土司治理下的苗疆地方向來不許內地漢人違例進入。雍正年間（1723-1735）為了適應社會經濟變遷的需要，一方面積極推行墾荒政策，朝廷獎勵開墾；一方面大規模進行改土歸流，廢除土司制度，改土官為內地民官，分別設立府、廳、州、縣，變間接統治為直接統治，使邊疆逐漸內地化，在原來苗疆地區實行和內地一致的各項制度。改土歸流後的苗疆成為容納內地過剩人口的開發中地區，提供內地漢人落地生根的廣大空間。改土歸流後，原來被土司佔有的可耕地，准許窮人開墾，並減輕農人的負擔，有利於生產的發展。還有大量的銅礦可以開採，鼓鑄銅錢，促進制錢的流通。

中央和地方財政的劃分，是因國家政治體制的差異而有所不同。均權制的國家是採取成分稅法，全國賦稅收入由中央政府和

地方政府按照一定百分比分配。中央集權的國家，大都實行附加
稅法，國家賦稅最高主權屬於中央政府，地方政府可在中央賦稅
上徵收附加稅，以充地方經費。清初的賦稅制度是沿襲明代的一
條鞭法，中央和地方財政收入的劃分，是屬於一種附加稅和分成
稅法兼行的混合制。但因明清實行中央集權，全國賦稅盡歸中
央，由戶部支配，地方存留額數太少，地方財政基礎薄弱。

　　明清時期，徵收賦稅，銀錢並納。錢幣的形式，文字、重
量、成色等都有定制，由官方設局鼓鑄，所以稱爲制錢，是一種
計數貨幣；州縣徵收制錢，不能徵收額外附加稅。紋銀又稱馬蹄
銀，習稱元寶，並非計數貨幣。民間完糧納稅，多爲小錠碎銀，
州縣必須傾鎔，不無折耗，不良銀色，損耗更多。其提解司庫，
又有平頭腳費，沿路盤纏，都由納稅者負擔，無不加收附加稅。
地糧和丁銀稱爲正賦，是國家最大的財政收入。正賦的附加稅，
主要是銀兩火耗和糧米雀耗、鼠耗。清初課稅方針，極力避免增
加正賦，地方正項，不得輕易動支，以致各州縣往往藉口種種名
目，加添重耗，每兩加添火耗有加至三、四錢者，苦累百姓。耗
羨是正賦以外所徵收的附加稅，旣非正項，不須撥解中央，地方
公務，旣不得動支正項，只得取給於耗羨。雍正年間，實施耗羨
歸公，耗羨提解藩庫，統籌運用，杜絕州縣中飽，地方公務可以
動用耗羨，減輕耗羨。明清官吏由於薪俸微薄，上司收受下屬餽
送，耗羨歸公後，官吏所得養廉銀兩多於薪俸，由來已久的陋規
積弊，終於得以革除。在耗羨歸公以前，州縣侵挪錢糧，虧空嚴
重。提解耗羨彌補虧空後，直省虧空，已逐年完補，地方財政逐
漸好轉，地方吏治，亦有改善，有益於民生，有助於社會的穩定
發展。雍正年間，其財稅改革的結果，中央政府的財政狀況逐漸
好轉，稅收有了穩定的增長，國庫逐漸充裕。日人稻葉君山評論

清朝財政時曾經指出，「雍正帝躬行節儉，外整吏治，一時國庫所積至六千萬兩，豈非可驚異之富足耶？」據統計，康熙六十一年（1722），國庫僅剩下銀八百萬兩而已。雍正八年（1730），八年之內，國庫餘銀多達六千二百一十八萬兩。稻葉君山經過分析之後又指出，「帝承康熙疏節闊目之後，稍加清理，遂創定清朝財政之基礎。至後日盛運期之財政，實帝之所賜也。」由於雍正皇帝大刀闊斧地進行財稅改革，終於奠定盛清時期的財政基礎。雍正皇帝也重視社會改革，歷代以來的樂戶、墮民、蜑戶、伴僧、世僕等所謂「賤民階級」俱豁賤為良，與齊民一體編列甲戶，較之歷代帝王，雍正皇帝的進步思想，值得大書特書。

五、中華一體，華夷一家

我國歷代以來，就是一個多民族的國家，所謂「漢族」，其實是由許多民族所構成的泛漢民族，而通稱的「漢文化」，也是在許多民族文化同化與融合而成的泛漢文化。由於民族意識的變化，中華民族的發展，經歷了天下一體和中華一體的歷史戰過程。

在春秋戰國時期，家、國和天下的概念，並不相同。家是指卿大夫田邑，國是指諸侯城邦，天下包括中國和四海。中國是指中原，四海則指邊境，夷狄居四海，諸夏居中國，天下是天下的共主，不分中原與四海，天下一體。張博泉撰〈試論我國歷代疆域的構成與歷代邊疆政策的依據〉一文已指出，天下一體時期，確定了「貴中華，賤夷狄」的思想，視中原華夏為人，視四海夷狄為「禽獸」。主張尊王攘夷，反對夷狄有君，夷狄只能在邊境四海，不得入居中國。

隨著民族的遷徙，邊境夷狄以不同的方式進入中原，打亂了

天下一體民族分布的格局。南北朝時期，五胡亂華，打亂了以漢族爲中華的「華」，對過去劃分華夷的標準作了重新的認識。唐太宗已經指出夷狄也是人，他們的民情與華夏並無不同，四夷各族可使他們如同一家，反對貴中華、賤夷狄，反對視四海夷狄爲禽獸。遼金自稱中國，是中國朝代的合法繼承者，主張華夷同風，反對此疆彼界，不分華夷，都可以入主中國。元朝建立後，進入了統一多民族的中華一體階段，不分華夷，變邊境爲內地，這種變化是中華民族史長期發展的結果。進入中華一體後，中國已經不再是指中原漢族所建立的朝代，漢族也不是單純的指中原的漢族，淡化族群對立意識，就是中華民族歷史發展的一種新趨勢。

　　滿洲（manju）原來是地名，朝鮮史籍作「蔓遮」，同音異譯。以居地而言，滿洲相當於籍貫。滿族是滿洲民族的簡稱，是泛指居住在滿洲地區的民族共同體，以建州女眞族爲主體，此外還包括蒙古、漢族、朝鮮等民族。滿族入關後，漢族的反滿活動，日趨頻繁，民族意識更加激昂，族群矛盾，成爲嚴重的政治問題。從雍正年間的曾靜案件，可以了解清初漢族反滿情緒的強烈；從《大義覺迷錄》的頒行，可以了解雍正皇帝對調和滿漢思想，以及破除種族成見所做的努力，都是可以肯定的。

　　曾靜是湖南靖州的一個落第書生，當他在州城應試的時候，在無意中得見康熙年間浙江名儒呂留良評選時文，內有論夷夏之防及井田封建等文句，十分激昂，於是差遣他的學生張熙到浙江呂留良家求訪書籍。呂留良之子呂毅中把家藏詩文贈送張熙，曾靜非常傾服。曾靜又往訪呂留良的學生嚴鴻逵及其徒沈在寬等人，往來投契。曾靜聽信傳言，以爲川陝總督岳鍾琪是宋朝岳飛的後人，他必能一本岳飛的抗金遺志，起兵反清。雍正六年

（1728）九月，遣其學生張熙投書岳鍾琪，勸其同謀舉事。岳鍾斯佯與設誓，一面繕摺具奏，並將曾靜等人押解入京審訊。浙江總督李衛又奉命搜查呂留良、嚴鴻逵、沈在寬家藏書籍。呂留良（1629-1683），號晚村，浙江石門人。順治十年（1653）中秀才，其著述強調華夷之分，大於君臣之義。呂留良認爲「生於中國者爲人，生於外者不可爲人。」甚至將夷狄比於禽獸。曾靜所著《知新錄》中竟謂「夷狄侵中國，在聖人所必誅而不宥者，只有殺而已矣，砍而已矣，更有何說可以寬解得。」曾靜對邊疆少數民族的歧視，較之呂留良，實有過之而無不及。呂留良堅持漢族本位，拒絕爲清朝効力。

　　曾靜投書案發生後，雍正皇帝表示不必隱諱。雍正七年（1729）九月十二日，下令將辯駁此案的上諭編輯成册，附上審訊曾靜的問語、口供及《歸仁說》，集成《大義覺迷錄》一書，加以刊刻，頒行全國各府州縣遠鄉僻壤，俾讀書士子及鄉曲小民共知之。現存刊本《大義覺迷錄》共四卷，半葉八行，每行大字十七字，小字夾行，每行二十三字。計收上諭四道，曾靜、張熙口供四十八條，內閣九卿等遵旨覆訊曾靜併請正法奏章及《歸仁說》各一篇。《大義覺迷錄》一書就是雍正皇帝爲政治主張作宣傳的著述。

　　元明以來，是中華一體的民族思想階段，邊疆部族也是中華民族的成員，都是兄弟民族，正是所謂四海皆兄弟，雍正皇帝的民族思想，符合中華民族史的歷史發展趨勢。雍正皇帝在《大義覺迷錄》指出，「從來華夷之說，乃在晉宋六朝偏安之時，彼此地醜德齊，莫能相尙，是以北人詆南爲島夷，南人指北爲索虜。」島夷或索虜，醜化族群，只是徒事口舌相譏而已。雍正皇帝認爲過分強調「內中國而外夷狄」的思想，鄙視戎狄，並不合

時宜，否則「孔子周遊，不當至楚，應昭王之聘。而秦穆之霸西
戎，孔子刪定之時，不應以其誓列於周書之後矣！」在大一統的
時代，各民族都是中華民族，都是版圖之內的兄弟民族，何得尙
有此疆彼界、華夷中外之分？雍正皇帝引唐朝韓愈（768-824）
的話說「中國而夷狄也，則夷狄之；夷狄而中國也，則中國
之。」清朝之爲滿洲，猶如籍貫，舜爲東夷之人，文王爲西夷之
人，「曾何損於聖德乎？」在天下一統，中華一體，華夷一家的
歷史趨勢下，呂留良等人主張華夷中外之分，並不符合歷史潮
流，而是食古不化的書生之見，炒作族群分裂問題，是與族群融
合、文化同化的儒家傳統思想背道而馳的。雍正皇帝摒棄狹隘的
種族意識，主張華夷一家，調和滿漢種族歧見的努力，適應了多
民族統一國家的歷史趨勢。乾隆年間（1736-1795），滿、藏、
蒙、維、漢五體清文鑒的纂修，對後來五族共和的政治主張，產
生了正面的作用。

六、仿古創新，藝術品味

　　雍正皇帝勤儉持身，於臣工繕摺具奏時，曾屢諭臣工不可浪
費紙張或綾絹。雍正三年（1725）五月二十八日，浙江巡撫署理
將軍印務法海進呈黃綾請安摺。雍正皇帝批諭云，「朕躬甚安，
你好麼？可惜綾子，向後除面套，摺身用黃色紙好。」臣工具摺
奏事時，應用素紙，不宜用黃綾，以節省綾絹。同年六月初三
日，福建巡府黃國材具摺奏聞查拏奸民。原摺奉硃批云，「請安
摺用綾爲面，表汝鄭重之意猶可，至奏事摺而槪用綾絹，物力維
艱，殊爲可惜，以後改用素紙可也，將此諭亦傳知滿保遵奉。」
綾絹可惜，餘幅綾紙，都不可太多。雍正八年（1730）六月二十
二日，雍正皇帝諭內閣云：

我皇考聖祖皇帝臨御六十餘年，富有四海，而躬行儉德，撙節愛養，以爲保惠萬民之本，此中外臣民所共知者。從來宮中服御之具，質樸無華，至於古玩器皿之屬，皆尋常極平等之物，竟無一件爲人所罕見可珍奇者。此等事朕向來且不深知，外廷臣工，又何從而知之？即有據實以告者，不但令人難信，朕亦至於生疑也。朕即位後偶令內監將大內所有玩器稽查檢點，並將避暑山莊等處歷年陳設之物，其中可觀者，皆取回宮中，看來較朕藩邸所藏尚屬不逮，朕實切責於己，抱媿於心，益欽服我皇考之至德，即此一節，已超越前古矣。當日二阿哥在東宮時，留心珍玩，廣收博採，遂至蓄積豐盈，其精古可賞者，數倍於皇考宮中之所有，觀覽之際，實啓朕以二阿哥爲戒，以皇考爲法之堅志也。今宮中所有稍可貴重之物，有來自朕之藩邸及數年以來，內外諸臣進獻，而朕酌留一、二件者。又二阿哥舊物及年羹堯入官之物，亦在其中，並非皇考宮中之所留遺也。偶因閒暇憶及，實不忍令皇考盛德，異日湮沒而不彰，特書此以留示子孫，俾知皇考之節用愛人，戒奢崇約。

康熙皇帝節用愛人，戒奢崇約的具體事實，可從宮中大內玩器及避暑山莊陳設加以觀察。康熙年間（1662-1722），宮中大內及避暑山莊，並無罕見珍奇的古玩器皿，其可觀者遠不如雍親王府邸。皇太子二阿哥胤礽（in ceng：ㄧㄣ　ㄔㄥ）在東宮時，其珍玩精古可賞者已數倍於宮中大內。由此可以說明康熙年間沒有活計檔記錄的原因。雍正年間，宮中大內珍玩器皿等文物，頗多貴重罕見者，其來源主要包括：從避暑山莊取回的陳設；來自雍親王府的收藏；內外諸臣的進獻；籍沒年羹堯家產時入官的文

物。其實，最大的來源應恐是養心殿造辦處各作成做的活計，此外，就是景德鎮等處燒造的精美陶瓷。除養心殿造辦處外，圓明園也有活計處。

雍正年間，養心殿造辦處各作包括：畫作、玉作、琺瑯作、油漆作、刻字作、牙作、硯作、裱作　鑲嵌作、眼鏡作、鑄爐作、木作、鏇作、玻璃廠、自鳴鐘、匣作、藤作、輿圖處、弓作、皮作、炮槍作、花兒作、漆作、銅作、鋄作、雜活作等等，各作人才濟濟，其美術工藝作品，頗多精品，《活計檔》記錄頗詳。通過《活計檔》的記錄，有助於了解雍正皇帝的藝術品味。

雍正七年（1729）四月十七日，琺瑯作記載，郎中海望持出古銅小瓶一件，奉旨，此瓶樣式甚好，著照此瓶做木樣，燒造琺瑯瓶一件，口線、腰線俱鍍金。雍正皇帝喜歡仿古，仿古銅小瓶燒造琺瑯瓶。

雍正十年（1732）正月二十日，琺瑯作記載太監滄州交出呆白玻璃胎泥金地畫琺瑯花卉水盛一件，傳旨，此水盛款式甚好，但口上白線寬了，改畫細些，其周身花卉亦改畫好花卉燒造幾件。同年正月三十日，硯作記載司庫常保持出荷葉式西山石硯一方，合牌錦盒盛。傳旨，此硯甚文雅，照樣大小做幾方。

雍正十二年（1734）二月初八日，琺瑯作記載首領太監薩木哈持出磁胎畫孔雀琺瑯碗一對。傳旨，盤碗花樣畫的甚好，著照樣再畫幾對。雍正皇帝有很高的藝術品味，一方面仿古，一方面也創新，同時主導著美術工藝品的創新。

雍正皇對美術工藝品，要求精美，主要是爲了賞賜，所以製作必須精美，並講求實用。雍正六年（1728）三月十三日，眼鏡作記載員外郎沈嵛、唐英傳做賞用玻璃眼鏡三十歲、四十歲、五十歲、六十歲、七十歲每樣做五副。六月初四日，照玻璃眼鏡先

做得茶晶眼鏡一副，郎中海望奉旨，此眼鏡光與朕不對。雍正七年（1729），雜活作記載，是年四月三十日，怡親王帶領郎中海望持出駝骨筒千里鏡三件，各有多目鏡、顯微鏡，黑子兒皮筒千里鏡三件。奉旨，將此千里鏡等件持出去，再將類如此樣物件做些，賞出兵的官員用。據《活計檔》記事錄記載，雍正元年（1723）十一月十一日，西洋人馬國賢因父親、伯父、叔父相繼病故，懇請給假，獲准返回意大利國。雍正皇帝賞給他的禮物，包括：暗龍白磁碗一百件，五彩龍鳳磁碗四十件，五彩龍鳳磁盃六十件，上用緞四疋。這些文物具有濃厚的中國彩色，西洋人多喜愛收藏。

　　琉球是清朝的屬邦之一，中琉關係密切，朝廷賞賜物品，不可勝數，正賞之外，又有加賞，除綢緞綵幣之外，還有精美文物。爲了便於了解清朝文物流入琉球的情形，可據《上諭檔》、《歷代寶案》中所載雍正年間加賞琉球物件列出簡表如下：

雍正年間（1723-1735）清朝加賞琉球國王文物簡表

年　月　日	品　　名	件　　數
雍正二年（1724）十二月初三日	琺瑯爐瓶盒	一分
	白玉盒	一對
	漢玉玦	一件
	白玉鎮紙	二件
	三喜玉盃	一件
	青玉爐	一件
	白玉提梁罐	一件
	漢玉螭虎筆洗	一件
	青玉三喜花挿	一件
	白玻璃大碗	四個
	白玻璃蓋碗	六個
	磁胎燒金琺瑯有蓋靶碗	六個
	青花白地龍鳳蓋鍾	一〇個

	霽紅碟	一二件
	霽紅碗	一〇件
	甜白八寸盤	一二件
	綠龍六寸盤	二四個
	青花如意五寸盤	二〇個
	五彩宮碗	一四個
	綠地紫雲茶碗	一〇個
	紫檀木盒綠端硯	一方
	棕根盒綠端硯	一方
雍正四年（1726）十一月初三日	玉方鼎	一件
	玉夔龍水注	一件
	漢玉方壺	一件
	玉五老雙壽杯	一件
	玉異獸花插	一件
	玉荷葉盤	一件
	玉龍鳳方盒	一件
	螭虎雙壽碗	一件
	玉零喜卮	一件
	玉磬	一架
	白玻璃碗	四件
	藍玻璃蓋碗	六件
	青龍紅水七寸盤	一二件
	霽紅白魚七寸盤	二〇件
	青花如意五寸盤	二〇件
	綠地紫雲茶碗	一〇件
	青龍暗水大宮碗	一二件
	五彩蟠桃宮碗	一四件
	霽紅盤	一二件
	霽紅蓋碗	一〇件
	霽藍盤	一二件
	紅龍高足有蓋茶碗	六件
	青花龍鳳蓋碗	一二件
	青花龍鳳蓋鍾	一〇件
	琺瑯瓶盒	一分
	紫檀木盒綠端硯	一方
	杏木盒綠端硯	一方

雍正七年（1729） 十一月十一日	五福五彩大宮碗	一二件
	五彩大宮碗	一二件
	紅法琺琅宮碗	八件
	五彩蓮花茶碗	一二件
	翡翠暗花宮碗	一二件
	白地蟠桃有蓋靶碗	六件
	白地五彩蓋碗	一二件
	吹紅蓋鍾	一二件
	琺瑯瓶盒	一方
	錦盒白玉硯	一方
	嵌玻璃盒綠端硯	一方
雍正七年（1729） 十一月十四日	白玉方花觚	一件
	白玉靈芝花插	一件
	白玉雙喜瓶	一件
	白玉獅子壺	一件
	白玉六角壺	一件
	白玉喜壽盃	一件
	白玉螭虎盃	一件
	白玉碗	一件
	白玉花澆	一件
	白玉花插	一件
	白玉玻璃蓋碗	四件
	透花邊八寸盤	四件
	白地番花七寸盤	一二件
	霽青六寸盤	一六件
	霽紅五寸盤	一六件
	五彩葵花五寸盤	一二件
雍正十年（1732） 三月初七日	黃玻璃瓶	一對
	紅玻璃瓶	一件
	綠玻璃瓶	一件
	白玉筆擱	一件
	白玉雙喜觥	一件
	漢玉雙喜盃	一件
	紅玻璃水盛	一件
	牛油石福壽盆	一件
	銅琺瑯花瓶	一件

	銅琺瑯茶盤	一件
	瓊石荷葉舟	一件
	青綠鼎	一件
	彩漆小圓盤	八件
	哥窯四繫花囊	一件
	藍磁瓶	一件
	霽紅瓶	二件
	霽青膽瓶	一件
	哥窯瓶	一件
	官窯雙管瓶	一件
	塡白雙圓瓶	一件
	粉紅磁小瓶	一件
	青花磁桃式盒	一件
	五彩套盃	一套
	五彩酒鍾	四件
	洋紅酒鍾	四件

資料來源：《上諭檔》、《歷代寶案》。

由前表所列加賞物件可知其中含有頗多養心殿造辦處各作成做的貴重珍玩器物，包括：玉器、磁器、玻璃器、琺瑯器、雕漆器等，品類繁多，琳瑯滿目。

七、歷史語言，滿漢兼書

滿文是由老蒙文脫胎而來。明神宗萬曆二十七年（1599）二月，清太祖努爾哈齊爲了文移往來及記注政事的需要，命巴克什額爾德尼、扎爾固齊噶蓋仿照老蒙文而發明了滿文，就是以老蒙文字母拼寫女眞語，而發明了拼音文字，由上而下，由左而右，直行書寫，是一種很優美的文字。

研究雍正朝的歷史，不能忽視滿文的重要性，遺漏滿文，或缺少滿文史料，對雍正朝的歷史研究，不免有許多疏漏。清朝文字，或書寫滿文，或書寫漢字，或滿漢兼書。懂滿文以後，方能

了解旗人或滿人讀漢字，他們所發的音，常與漢人不同。

康熙皇帝生子三十五人，除因夭折不序齒的十一人外，其餘皇子二十四人，依次按皇長子、皇二子、皇三子、皇四子排列。宮中稱皇子爲「阿哥」，是滿文 "age" 的漢字音譯，其原意爲「哥哥」，後來成爲清朝皇子的通稱。又如「格格」是滿文 "gege" 的漢字音譯，其原意爲「姊姊」，後來成爲親王貝勒女兒的通稱。在雍正皇帝的兄弟中，雖有漢字名字，但必須對照滿文，始能準確的讀出。檢查滿文奏摺、滿文起居注册、滿文實錄、宗室玉牒、滿文表傳等史料後，可以知道皇長子「胤禔」，滿文讀如 "in jy"（一ㄣ ㄓ）；皇二子「胤礽」，滿文讀如 "in ceng"（一ㄣ ㄔㄥ）；皇三子「胤祉」，滿文讀如 "in cy"（一ㄣ ㄔ）；皇四子即雍正皇帝「胤禛」，滿文讀如 "in jen"（一ㄣ ㄓㄣ）；皇十四子「胤禎」，滿文讀如 "in jeng"（一ㄣ ㄓㄥ）。皇九子原名胤禟，雍正四年（1726）五月，改名塞思黑，滿文讀如 "seshe"。長期以來，各書對塞思黑的意思，頗多揣測。《清代通史》、《清代名人傳略》（Eminent Chinese of the Ch'ing Period）等書俱謂「塞思黑，滿語豬也。」其實，「豬」，滿文讀如 "ulgiyan"。「塞思黑」（seshe），有厭惡或討厭的意思。學者已指出，胤禟因身體肥胖，爲人所厭惡，而自行改名塞思黑（seshe），意即討厭的人，並經諸王議准。

造辦處活計檔是探討清朝美術工藝的重要記錄，原檔中有許多物品名稱或官銜職稱，是滿文的漢字音譯，還原滿文後，可以了解它的正確讀音及其含意。例如常見的「琺瑯」，檢查滿文奏摺，當讀如 "falan"（ㄈㄚ ㄌㄢ）。雜活作記載雍正元年（1723）八月二十六日，太監劉玉交「堪達漢」蹄子斧式套火鐮包一件。傳旨：照此樣式做幾件。於十一月十七日做得玳瑁套

「堪達漢」底子火鐮包六件。句中「堪達漢」，滿文讀如〝kan-
dahan〞，意思是駝鹿，習稱四不像，頭似鹿而非鹿，尾似驢而
非驢，背似駱駝而非駱駝，蹄似牛而非牛。因爲四不像的蹄子像
牛，所以可成做斧式套火鐮包。

　　弓作記載雍正元年（1723）九月初五日怡親王交虎鎗四十
杆，王諭內橄欖木杆十七根，衣巴丹木杆八根，另換鎗頭。同年
十月初八日，炮鎗作記載怡親王傳：做隨侍虎鎗四杆。於十一月
二十九日做得，郎中保德呈覽。奉旨：著交「固山達」。又收拾
橄欖木杆虎鎗、「衣巴丹」虎鎗。句中「固山達」又作「固山
大」，同音異議，滿文讀如〝gūsai da〞，意即協領，就是各省
駐防旗兵的長官，秩三品，職在副都統之下佐領之上。「衣巴
丹」，滿 文 讀 如〝ibadan〞，意 即 樞 梨 木，「樞」，又 作
「櫨」，是一種山楡或刺楡，可成做鎗杆。

　　皮作記載雍正元年（1723）九月二十七日太監劉玉、賈進祿
交湘妃竹「開其里」一件，上嵌太小養珠四顆，鵝黃縧子，傳
旨：照此「開其里」上嵌的養珠一樣再多尋些做項圈幾付嵌上，
俟養珠尋得之時，仍將此「開其里」呈上。句中「開其里」滿文
讀如〝kaiciri〞，意思是懸掛在腰間的牙籤筒。湘妃竹開其里上
嵌有大小養珠四顆，雍正皇帝喜歡把那種養珠嵌在項圈上，而令
造辦處尋找同樣的養珠，然後把湘妃竹開其里繳還，也說明雍正
皇帝很喜愛湘妃竹開其里。

　　雍正四年（1726）十二月二十一日，西洋人郎世寧畫得「者
爾得」小狗畫一張，由郎中海望進呈御覽。雍正五年（1727）正
月初六日，太監王太平傳旨：西洋人郎士寧畫過的「者爾得」小
狗雖好，但尾上毛甚短，其身亦小些，再著郎世寧照樣畫一張。
句中「者爾得」，滿文讀如〝jerde〞，意思是赤紅色的，「者爾

得」小狗，就是赤紅色的小狗。由此可知郎中海望所呈進的是「者爾得」小狗的畫樣，現藏「花底仙尨」小狗圖，則是「者爾得」小狗的重繪本。

　　滿文是一把鑰匙，它可以打開滿文檔案的寶庫。熟諳滿文，可以開拓雍正朝歷史研究的視野和領域。

八、承先啟後、向前發展

　　順治元年（1644），清朝入關，確立統治政權，直到宣統三年（1911）辛亥革命，政權被推翻，歷經二六八年，其中康熙皇帝在位六十一年（1662-1722），雍正皇帝在位十三年（1723-1735），乾隆皇帝在位六十年（1736-1795），這三朝皇帝在位合計一百三十四年，恰好佔了清代史的一半，稱為盛清時期，其文治武功遠邁漢唐。康熙皇帝八歲即位，雍正皇帝即位時，年已四十五歲，他即位之初，就能以成熟的認識，制定一系列順應歷史趨勢的具體政治措施。他勵精圖治，勇於改革，貫徹政令，他的政績，頗有可觀。雍正一朝處於康熙和乾隆兩朝之間，雖然只有短短的十三年，但是，雍正朝是處於承先啟後的關鍵階段，倘若少了雍正朝，則清朝的盛世，必然大為遜色。康熙六十一年（1722）十二月十七日，朝鮮使臣金演從北京回國後指出，雍正皇帝「即位後，處事得當，人心大定。」雍正元年（1723）九月初十日，朝鮮進賀正使密昌君樴回國後向國王報告雍正皇帝為人處事的情形，「或言其久在閭閻，習知民間疾苦，政令之間，聰察無比。臣亦於引見時，觀其氣象英發，語音宏亮，侍衛頗嚴肅。且都下人民妥帖，似無危疑之慮矣。」由於雍正皇帝的英明果斷，處事得當，所以在他即位後，政局穩定，京中妥帖，人心大定，朝鮮使臣的觀察是正確的。

　　雍正初年，財政困難，在怡親王胤祥的輔助下，雍正皇帝積極整頓財政，充實國庫，奠定了盛世財政的基礎。雍正九年（1731）六月，朝鮮使臣宋寅明指出，「關市不征，乃三代事也，後豈能盡行古法。清人之法，賦民輕而稅商重，以致富強，裕國生財之要，無過此矣。」雍正皇帝裕國生財的財政改革成果，受到了朝鮮君臣的肯定。

　　陳捷先教授著《雍正寫真》一書已經指出，「雍正皇帝勤於政事，勇於改革，是一位難得的帝王，清朝盛世沒有他，就無法建立，中衰時代，可能提早來臨。」稻葉君山著《清朝全史》一書以農業爲比喻來說明盛清諸帝的施政特點。「譬如農事，康熙爲之開墾，雍正爲之種植，而乾隆得以收穫也。」從開墾、種植到收穫，有其延續性和一貫性，原書的比喻，頗符合歷史事實。盛清諸帝，勤求治道，其施政理念，德治、法治，文治，各有主張，相輔相成。到了乾隆年間，達到了盛世的巔峰，其主要原因是由於盛清時期有好祖父、好父親、好聖孫。康熙皇帝是一位英明寬仁的好皇祖，雍正皇帝是一位孜孜求治、宵旰勤政的好皇父，乾隆皇帝是一位揆文奮武、運際郅隆的好聖孫。乾隆年間，清朝盛運達到巔峰、維持長久的原因，主要是由於康熙皇帝開墾，雍正皇帝種植，乾隆皇帝收穫的結果。

清文國語──
滿文史料與雍正朝的歷史研究

一、前　言

　　世祖順治元年（1644），清朝勢力進入關內，確立統治政權，直到宣統三年（1911）辛亥革命，清朝政權被推翻，歷經二百六十八年，其間康熙皇帝在位六十一年（1662-1722），雍正皇帝在位十三年（1723-1735），乾隆皇帝在位六十年（1736-1795），這三朝皇帝在位合計一百三十四年，恰好佔了清代史的一半，稱爲盛清時期。盛清諸帝，勤求治道，其施政理念，德治、法治、文治，各有主張，相輔相成，同時也有它的延續性和一貫性。康熙皇帝八歲即位，雍正皇帝即位時，年已四十五歲，他即位之初，就能以成熟的認識制定一系列順應歷史趨勢的具體政治措施。他勵精圖治，勇於改革，貫徹政令。雍正朝的政績，確實頗有可觀。乾隆年間，運際郅隆，主要是由於乾隆皇帝擁有一位英明寬仁的好皇祖康熙皇帝，同時也擁有一位孜孜求治的好皇父雍正皇帝。雍正一朝處於康熙和乾隆兩朝之間，雖然只有短短的十三年，但是，倘若缺少了雍正朝，則盛清時期的盛世景象，必然大爲遜色。

　　歷史小說附會傳聞，敷衍故事，虛構情節，點染枝葉，與歷史事實，大都背道而馳，不足採信。後人對於雍正皇帝的認識，大都來自歷史小說的杜撰和渲染。雍正皇帝即位之初，正處於聖意欲傳十四哥阿胤禎天下輿論正在傳播的時刻，矯詔篡位，弒父

逼母的謠言，不脛而走。追查繼位眞相，是失敗者的自然反應。後人因同情失敗者，寧可相信謠言。近年以來，由於檔案資料的整理公佈，對雍正朝的歷史研究，開始重視第一手史料的掌握和分析，學術界多從雍正皇帝的政績表現和歷史地位進行深入的研究。雍正皇帝雖然是一位有爭議的皇帝，但是，我們不能人云亦云，應該對雍正皇帝的事蹟功過進行考察，雍正皇帝的歷史貢獻，已經逐漸受到肯定。

明神宗萬曆二十七年（1599）二月，清太祖努爾哈齊爲了文移往來，以及記注政事的需要，即命巴克什額爾德尼、扎爾固齊噶蓋仿照老蒙文創製滿文，以老蒙文字母爲基礎，拼寫女眞語，聯綴成句，而發明了拼音文字。這種由老蒙文脫胎而來的初期滿文，稱爲無圈點滿文，習稱老滿文。因在字旁未加圈點，所以未能充分表達女眞語言，無從區別人名、地名的讀音。清太宗天聰六年（1632），皇太極命巴克什達海將初創滿文在字旁加置圈點，使音義分明，同時增添一些新字母，使滿文的語音、形體更臻完善，區別了原來容易混淆的語音。巴克什達海奉命改進的滿文，稱爲加圈點滿文，習稱新滿文。滿文由上而下，由左而右，直行書寫。由於滿文的創製及改進，更加促進了滿洲文化的發展。清朝入關後，滿文一躍而成爲代表清朝政府的國家文字，稱爲清文，滿語，稱爲國語。國立故宮博物院現藏各類檔案中含有部分滿文檔案，其中宮中檔案中含有滿文硃筆諭旨、滿文硃批奏摺、滿漢合璧奏摺；軍機處檔案中含有部分滿文奏摺錄副、滿文諭旨、滿漢合璧國書；在內閣部院檔中含有滿文原檔，滿文起居注册、滿漢合璧詔書、滿文實錄、滿漢兼書史書；在史館檔內含有滿文本紀、滿文列傳、國語志。此外，善本合籍經史子集各部也含有部分滿文典籍。本文撰寫的旨趣，主要是以國立故宮博物

院典藏雍正朝滿文史料為主，舉例說明滿文與滿文史料的重要性，探討雍正朝的歷史，不能無視滿文史料的存在。從盛京到北京，哪些殿閣宮門是滿文音譯或意譯？《活計檔》中頗多漢字音譯詞彙，其涵義如何？八旗佐領滿漢字名號如何規範？滿漢合璧奏摺如何校注？滿文條陳奏摺有何史料價值？如何解讀康熙皇帝滿文遺詔？掌握滿文史料，有助於擴大雍正朝歷史的視野。

二、滿漢音義－殿閣宮門的音譯與意譯

清太宗天聰十年（1636）四月，制定盛京五宮的宮殿名稱，中宮賜名清寧宮，東宮稱關雎宮，西宮稱麟趾宮，次東宮稱衍慶宮，次西宮稱永福宮。國立故宮博物院典藏《滿文原檔》中的「日字檔」，以高麗箋紙，用加圈點新滿文書寫，原檔中詳細地記載各宮殿的滿文名稱。其中崇政殿是盛京大清門內大殿，《滿文原檔》作"wesihun dasan i yamun"；大政殿作"amba dasan i yamun"；清寧宮作"genggiyen elhe boo"；永福宮作"hūturingga boo"關雎宮作"hūwaliyasun doronggo boo"；衍慶宮作"urgun i boo"；麟趾宮作"da gosin i boo"。滿漢文義雖然稍有出入，但是由於滿文較質樸易解，例如關雎宮，滿文作"hūwaliyasun doronggo boo"，意即和諧有禮之屋。崇德五宮中宸妃海蘭珠（hairanju）是一位溫文爾雅端莊賢淑的蒙古婦女，海蘭珠婚後，與皇太極的感情十分和諧，皇太極將海蘭珠所居住的東宮命名為關雎宮，取《詩經・周南》「關關雎鳩，在河之洲」之義，雌雄應聲相和，樂而不淫，滿文據《詩經》蘊義意譯，淺顯易解。清朝入關以後，有許多北京宮殿城門名稱或據漢字涵義譯出滿文，或據漢字讀音譯出滿文。國立故宮博物院典藏宮中檔案滿文奏摺內含有康熙十五年（1676）正月二十四日提督

九門步軍統領費揚古遵旨奏明測量城門距離一摺，詳列北京各城
門滿文名稱，先譯出漢文名稱，並列出簡表如後。

表1　康熙十五年（1676）測量京城各門名稱簡表

崇文門	永定門	正陽門	大清門	天安門	端門	午門	太和門

永定門	西直門	阜成門	宣武門	德勝門	安定門	東直門	朝陽門

資料來源：《宮中檔康熙朝奏摺》，第八輯，國立故宮博物院。

　　步軍統領費揚古奏明測量京城各門一摺，是較早的摺子之
一，如簡表中所列太和門等名稱大都按漢文字義譯出滿文，漢字

「太和門」，滿文讀如"amba hūwaliyambure duka"，意即大和門；午門，滿文讀如"julergi dulimbai duka"，意即南中門，就是帝王宮城的正門；端門，滿文讀如"tob duka"，意即端正的門，就是午門前的正門。東直門，滿文讀如"tob dergi duka"，意即正東門；西直門，滿文讀如"tob wargi duka"，意即正西門；永定門，滿文一作"yung ding men duka"，是按漢字讀音譯出滿文，屬於滿文音譯，不諳漢文的滿人能念，但不解其義；一作"enteheme toktoho duka"，是按漢文詞義譯出滿文，滿文易解其義，同一摺子，音譯、意譯並見，頗屬罕見。根據康熙朝滿漢文起居注冊的記載，可將北京宮殿名稱列出簡表如後。

表2　康熙朝滿漢文起居注冊所載北京宮殿名稱對照表

	太和殿	保和殿	中和殿	觀德殿	慈寧宮
滿文意譯					

滿文音譯	坤寧宮	瀛臺	武英殿	弘德殿	懋勤殿
	ᡴᡠᠨ ᠨᡳᠩ ᡤᡠᠩ	ᡳᠩ ᡨᠠᡳ	ᡠ ᡳᠩ ᡩᡳᠶᠠᠨ	ᡥᡠᠩ ᡩᡝ ᡩᡳᠶᠠᠨ	ᠮᠣᠣᡴᡳᠨ ᡩᡳᠶᠠᠨ

　　如表中所列，太和殿、保和殿、中和殿、觀德殿、慈寧宮，是按漢文詞義譯出滿文，屬於滿文意譯，例如保和殿，滿文讀如“enteheme hūwaliyambure diyan”，句中“enteheme”，《五體清文鑑》漢字作「長遠」，「保」滿文作“enteheme”，可補滿文辭書的疏漏。騎射嫻熟是滿族才德可觀的表現，表中「觀德殿」，滿文譯作“gabtara yamun”，意即射箭衙門，名副其實。表中懋勤殿（mookin diyan）、弘德殿（hung de diyan）、武英殿（u ing diyan）、瀛臺（ing tai）、坤寧宮（kun ning gung），都是對應漢字讀音譯出滿文，屬於滿文音譯，不諳漢文的滿人多不解其義。滿人讀漢字，與漢人讀漢字，固然不盡相同，查閱漢文辭書，與滿人讀音，亦頗有出入。爲了便於說明，僅以宮中檔案滿文奏摺、起居注冊、滿文實錄所載雍正皇帝諸兄弟等人名列表如後。

表3　滿漢人名對照表

允禩	允祐	允祚	允祺	胤禛	允祉	允礽	允礽	胤禔

邱尚志	允禑	允禔	胤禛	胤祥	允祹	允祕	允祕	允禟

資料來源：《清聖祖仁皇帝實錄》，《清世宗憲皇帝實錄》，《硃批奏摺》，《起居注冊》。

　　胤禔（1672-1734），惠妃納喇氏生，是皇長子大阿哥，但不是嫡子。「禔」，《康熙字典》集韻音「題」，又音「時」，正韻音支。表中胤禔，滿文讀如"in jy"，"jy"音支，與正韻音同。胤礽（1674-1724），皇后赫舍里氏生，是二阿哥嫡長子，康熙十四年（1675），立為皇太子。「礽」，廣韻音仍。表中「胤礽」，滿文奏摺讀如"in ceng"，實錄避御名諱作"yūn ceng"，"ceng"，音成，不讀仍。

　　允祉（1677-1732），榮妃馬佳氏生，皇三子、三阿哥。「祉」，《辭海》音止，集韻音恥。表中「允祉」，滿文讀如"yūn c'y"，"c'y"，音恥，音同集韻。胤禛（1678-1735），皇后烏雅氏生，皇四子、四阿哥。「禛」，集韻音眞。表中「胤

禎」，滿文讀如"in jen"，"jen"，音眞，音同集韻。允䄔
（1683-1741），貴妃鈕祜祿氏生，皇十子、十阿哥。「䄔」，
集韻音莪。表中「允䄔」，滿文讀如"yūn o"，"o"，音喔，
不讀莪。胤禎（1688-1755），皇后烏雅氏生，皇十四子、十四
阿哥。「禎」，集韻音貞。表中「胤禎」，滿文讀如"in
jeng"，"jeng"，音征，"jeng"與"jen"的讀音，輕重有
別，不能混淆。「胤禎」，又作「允禵」（yūn ti）。胤禑
（1694-1731），密妃王氏生，皇十五子、十五阿哥。「禑」，
五音集韻音吳。表中「允禑」，滿文讀如"yūn u"，"u"音同
五音集韻。表中「邱尙志」，是雍正年間的科道官，「邱」，因
避至聖先師名諱改讀「其」音，不讀「丘」，表中「邱尙志」，
滿文讀如"ki šang jy"，讀音正確。忽略滿文讀音，就無從還原
歷史。從雍正朝起居注冊、實錄所載殿閣宮門名稱，可按滿文意
譯，滿文音譯分別列表如後。

表4　雍正年間殿閣宮門滿文意譯簡表

太和殿	保和殿	中和殿	觀德殿	正大光明匾	隆恩殿	南苑	午門	端門

正陽門	隆恩門	朝陽門	西直門	東直門	地安門	西華門	東華門	大清門
(滿文)	(滿文)	(滿文)	(滿文)	(滿文)	(滿文)	(滿文)	(滿文)	(滿文)

齋宮	協和門	西長安門	阜成門	永定門	崇文門	德勝門	東長安門
(滿文)	(滿文)	(滿文)	(滿文)	(滿文)	(滿文)	(滿文)	(滿文)

資料來源：雍正朝起居注册、《清世宗憲皇帝實錄》。

由前列簡表可知雍正年間（1723-1735），北京殿閣如太和殿（amba hūwaliyambure diyan）、保和殿（enteheme hūwaliyambure diyan）等，宮門如午門（julergi dulimbai duka）、端門（tob duka）等多按漢文詞義譯出滿文，屬於滿文意譯，所譯滿文，與康熙年間譯文相近。其中「東長安門」，滿文讀如"dergi cang an men duka"，《清世宗憲皇帝實錄》滿文本又作"dergi enteheme elhe duka"。「西長安門」，滿文讀如"wargi cang an men duka"，句中"cang an men"，是漢字「長安門」的滿文音譯。漢字「協」，封諡用語，滿文作"uhe"。表中「協和門」，滿文作"uhe hūwaliyambure duka"；《滿漢大辭典》作"uhe i hūwaliyambure duka"，略異。雍正年間，滿文音譯的殿閣宮門，頗爲常見，可據雍正朝起居注冊、實錄所載滿文音譯殿閣宮門列出簡表如後。

表 5　雍正年間殿閣宮門滿文音譯簡表

文華殿	武英殿	紫光閣	西暖閣	東暖閣	大高殿	勤政殿	懋勤殿	乾清宮

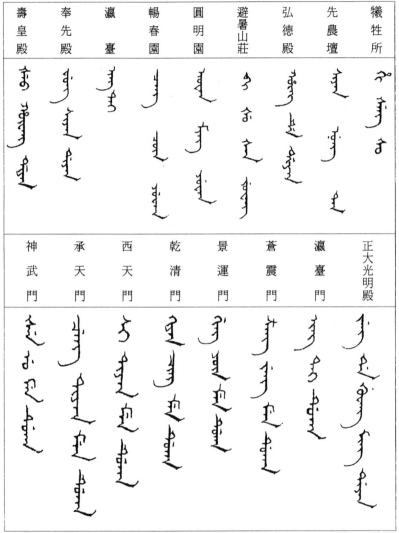

壽皇殿	奉先殿	瀛臺	暢春園	圓明園	避暑山莊	弘德殿	先農壇	犧牲所

神武門	承天門	西天門	乾清門	景運門	蒼震門	瀛臺門	正大光明殿

資料來源：《雍正朝起居注冊》、《清世宗憲皇帝實錄》。

　　簡表中所列「乾清宮」（kiyan cing gung）、「懋勤殿」（moo kin diyan）等殿閣，都是滿文音譯。不諳滿文者，無從分

辨哪些殿閣是滿文意譯，或是滿文音譯。滿文音譯殿閣，不諳漢字的滿人讀滿文，但不解文義。乾清宮正大光明匾，滿文意譯作"tob amba eldengge genggiyen biyan"，而圓明園「正大光明殿」，滿文音譯作"jeng da guwang ming diyan"。殿閣宮門或意譯，或音譯，如何分辨？都是有待進一步探討的問題。

雍正四年（1726）二月初九日，頒賜在京各衙門御書匾額，可據滿漢文實錄列表如後。

表6　雍正年間頒賜在京各衙門御書匾額簡表

宗人府	內務府	吏部	戶部	禮部	兵部	刑部	工部	鑾儀衛	通政司
敦崇孝弟	職思總理	公正持衡	九式經邦	寅清贊化	整肅中樞	明刑弼教	敬飭百工	恪恭輿衛	慎司喉舌

順天府	欽天監	鴻臚寺	國子監	光祿寺	太僕寺	太常寺	九門提督衙門	理藩院	大理寺
肅清畿甸	奉時敬授	肅贊朝儀	文行忠信	敬慎有節	勤字天育	祇肅明禋	風清轡轂	宣化遐方	執法持平

資料來源：《清世宗憲皇帝實錄》，卷41，頁7。

如前列簡表，宗人府匾額「敦崇孝弟」，宗人府掌理宗室、覺羅皇族事務，敦崇孝弟，孝順父母，敬愛兄弟，漢文匾額，深具意義。表中「敦崇孝弟」，「弟」通「悌」，音替。表中滿文據漢字音譯作"dun cung hiyoo di"，屬滿文音譯。表中內務府匾額「職思總理」，滿文音譯作"jy sy dzung li"。又如刑部匾額「明刑弼教」，滿文音譯作"ming hing bi giyoo"。不諳漢語的滿人，不解滿文音譯匾額涵義，漢文匾額，以滿文音譯，其意義如何？確實有待商榷。滿文是一種拼音文字，以滿文拼讀漢字，屬於一種注音，不諳漢字的滿人仍不解各種漢字匾額的涵義。

《清世宗憲皇帝實錄》、雍正朝起居注冊中，含有頗多美術工藝的術語或專用詞彙，對研究雍正年間的文化史，提供了珍貴的史料，對照滿文本實錄，有助於了解各種術語的涵義，以雍正

八年（1730）十月禮部議准帽頂制度爲例，可列簡表如後。

表7　雍正八年（1730）十月，禮部議准帽頂制度簡表

帽頂	朝帽	起花珊瑚	紅寶石	藍寶石	藍色明玻璨	青金石	藍色涅玻璨	水晶
［滿文］	［滿文］	［滿文］	［滿文］	［滿文］	［滿文］	［滿文］	［滿文］	［滿文］

白色明玻璨	硨磲	白色涅玻璨	素金頂	水晶石	起花金頂	起花銀頂	金頂	銀頂
［滿文］	［滿文］	［滿文］	［滿文］	［滿文］	［滿文］	［滿文］	［滿文］	［滿文］

資料來源：《清世宗憲皇帝實錄》，卷99，頁2-3。

　　查閱《活計檔》的紀錄，是研究雍正朝藝術史的基礎工作。目前所見《活計檔》，只有漢文本，未見滿文本《活計檔》，以

致有頗多術語和詞彙，仍須還原滿文，方能理解其涵義。簡表中所列滿漢詞彙對照表，藉助於滿文的繙譯，有助於了解其漢文詞彙的涵義。簡表中「朝帽」，滿文作"doroi mahala"，意即禮帽；「起花珊瑚」，滿文作"ilga foloho šuru"，意即雕刻花紋的珊瑚；「水晶」、「水晶石」，滿文俱作"šui jing"，即水晶的音譯；「硨磲」，滿文讀如"ce gio"，漢字「磲」，音「渠」，滿文音「久」；「素金頂」，滿文作"bisin aisin i jingse"，意即原色無花紋的頂子；「藍色涅玻璃」，滿文作"lamun dushun boli"；「白色涅玻璃」滿文作"šanggiyan dushun boli"，句中「涅」，滿文讀如"dushun"，意即暗的，暗淡的。「玻璃」，是玻璃的同音異譯，有白色明玻璃，也有白色暗玻璃，或藍色暗玻璃。對照滿文，有助於漢字術語或詞彙的理解。

三、形聲相益──活計清檔中常見的音譯詞彙

東漢許慎《說文解字・原序》云：「倉頡初作書，依類象形，故謂之文。其後相形相益，即謂之字。文字者，終古不易，而音聲有時而變。」①漢字具備形聲義的不同特點。滿文由蒙文脫胎而來，以老蒙文字母拼寫女眞語言，滿文就是一種拼音文字，由上而下，由左而右，直行書寫。現存《內務府各作成做活計清檔》，簡稱《活計檔》，是清朝內務府造辦處各作成做活計的紀錄，對研究清朝宮廷藝術提供重要的第一手史料。《活計檔》中有頗多滿文、蒙文、藏文漢字音譯詞彙②，其中滿文音譯漢字的詞彙還原滿文後可以了解各詞彙的意義，對清朝宮廷歷史或美術工藝史的研究，是一種基礎工作。僅就雍正朝《活計檔》各作常見的音譯漢字詞彙列出簡表如下：

表 8　雍正朝《內務府活計檔》滿語漢字音譯簡表

音譯漢字	滿文	羅馬拼音	詞義
阿達哈哈番		adaha hafan	輕車都尉
阿哥		age	哥哥、兄、阿哥、皇子
阿哥里、阿格里、阿各里		ageli	樹包、樹瘤、樹癭、樹瘤
阿林		alin	山
栢唐阿 拜唐阿		baitangga	執事人、小差使、當差人、匠役
拜他拉布勒哈番		baitalabure hafan	騎都尉
巴令		balin	供物、供器
必拉		bira	河
布爾哈		burga	柳、柳條
波羅		boro	青灰的、青的
撥什庫達		bošokūi da	催總、催長
巴圖魯		baturu	勇士、英雄
查查里		cacari	涼棚、布涼棚、幄
厄爾得尼		erdeni	寶貝、寶物、珍寶、額爾德尼
法瑯		falan	琺瑯

噶出哈		gacuha	背式骨、核桃的、空的
格格		gege	姐姐、格格
固塞達 固山達		gūsai da	協領、旗長
和托		hoto	雁翅上的鐵件
活屯		hoton	城
衣巴丹		ibadan	樞梨木
伊車滿洲 衣車滿洲		ice manju	新滿洲
衣都達		idui da	班長
伊爾希達 衣爾希達		ilhi da	苑副，副總管
者爾得、者爾兒得		jerde	赤紅色
開七里、開其里 開七立、開其立		kaiciri	牙籤筒
喀爾哈、哈爾喀 喀爾喀		kalka	盾牌、擋牌、遮擋物、喀爾喀
堪達漢		kandahan	四不像、堪達漢
庫衣達、庫依達		kui da	庫長、庫掌
胡圖克圖		kūtuktu	活佛、有壽之人、呼圖克圖
喀蘭達		kūwaran i da	營總、營長

滿達		mandal	壇、祭壇、曼荼羅
美勒圖、美勒土 梅勒土		meiretu	護肩、墊肩
寧烏他		ningguta	寧古塔
敖七里、敖其里		ocir	佛塔、帽頂子
鄂約		oyo	頂蓋、氈頂、帳頂、帽頂
鄂爾斯、厄羅思		oros	俄羅斯
撒林		sarin	股子皮、粗面皮革
吐爾古忒		turgūt	土爾扈特
圖塞爾根 塗塞爾根 塗色爾根		tusergen	筵席上置放盅碟的高桌
拖沙喇哈番 拖沙哈番		tuwašara hafan	雲騎尉
烏和里達 烏合里達		utheri da	總管、九門提督
烏拉		ula	江、烏拉
烏林達		ulin i da	司庫
烏林人		ulin i niyalma	庫使
穵單		wadan	包袱單、紬布單、蓋布、圍單
雅七法都 雅器法都		yaki fadu	箭罩囊

資料來源：《內務府活計檔》，雍正朝。

　　表中所列滿語音譯漢字是就《活計檔》各作紀錄中常見詞彙逐一列舉，包括各種器物名稱、官銜職稱、山川地名、人物稱謂等等，分別標明滿文，轉寫羅馬拼音，注釋詞義。雍正五年（1727）六月初一日，《活計檔·匣作》記載云：

> 初一日，據圓明園來帖內稱：五月三十日，郎中海望奉旨，蓮花館一號房內兩傍書格上甚空大，陳設古董惟恐沉重。爾等配做書式匣子，其高矮隨書格隔斷形式。匣內或用「阿格里」，或用通草做花卉玩器，或用馬尾織做盛香花藍器皿，欽此。③

　　引文中「阿格里」，雍正三年（1725）六月二十九日〈雜活作〉作「阿各里」。雍正十一年（1733）八月二十一日〈鏇作〉等作「阿哥里」，都是同音異譯，滿文俱讀如 "ageli"，意思是樹包、樹瘤、樹癭、樹癤，就是生在樹上的贅瘤，所以叫做樹瘤，也是在樹上所長的腫瘤。造辦處庫貯的阿格里，多由熱河總管進貢。造辦處聽候諭旨製做玩器，放在書式匣內，以供陳設。茶晶眼鏡圈上可粘阿格里木皮。樹瘤可以磨製數珠，叫做阿格里數珠，有紅綠阿格里數珠。自鳴鐘處首領太監曾經傳雜活作製做阿格里塞子，圓明園首領太監曾經交出阿格里假珊瑚戲帶由皮作製做帶記。圓明園太監也曾交出阿格里胎假松石數珠，此外，茜紅色阿格里水盛由鍍金作配作小匙子，綠色阿格里數珠、紅色阿格里數珠由玉作配做賞用裝嚴辮子。雍正年間，阿格里數珠原由首領鄭忠成做，其應用材料，亦由鄭忠寫押帖向造辦處取用。鄭忠晉陞總管後，由太監楊文傑成做，先後做得鍍金座阿格里紅帽頂，紅色、綠色上用阿格里數珠，紅色、藍色、綠色賞用阿格里

數珠。鏇作製做上用鵝黃辮珊瑚色阿格里數珠，包括紅、綠、黃等色阿格里數珠。

　　雍正元年（1723）三月十八日，《活計檔‧琺瑯作》記載：「怡親王交巴令七件，王諭酌量做，遵此。」④句中「巴令」，是“baling”的漢字音譯，源自蒙古語，意即宗教供物⑤。雍正元年（1723）十二月二十九日，琺瑯作做得銅胎燒琺瑯嵌玻璃火燄珊瑚青金蜜蠟座巴令七件，由怡親王呈覽，奉旨交中正殿。同日，唐英、默爾森額送至中正殿，交旃壇寺掌印大喇嘛吐關呼圖克圖鋪排達默安壽。雍正四年（1726）十二月二十六日，唐英奉怡親王諭做得鑲嵌巴令一分，琺瑯巴令一分，由員外郎海望呈進，奉旨擺在佛堂內。同日，交太監焦進朝供在佛堂內。雍正四年（1726）十二月二十六日，《活計檔‧鑲嵌作》記載：「再佛前供器燒造得法瑯的做幾件，欽此。於次日郎中海望持出鑲嵌巴令一分，奉旨著將鑲嵌巴令安在圓明園佛堂，再照此樣做一分賜怡親王，欽此。於本月二十七日將鑲嵌巴令一分催總馬爾漢送去圓明園安在佛堂內訖。於五年九月二十八日做得鑲嵌巴令一分，催總吳花子持去交王府首領太監李天福收訖。」⑥由引文內容可知「巴令」，就是諭旨中的「供器」。雍正五年（1727）七月三十日，《活計檔‧琺瑯作》記載太監劉希文交出磁碟一件，並傳旨「照此碟尺寸配合做小巴令一分，若燒得新樣法瑯亦好，其巴令上鑲嵌俱要精細。」⑦同年九月十六日，畫得高五寸六分，寬三寸四分巴令樣一張。高四寸，寬二寸六分巴令樣一張。同年十二月二十六日，做得鑲嵌小巴令一分，由郎中海望呈覽，奉旨將小巴令一分供在養心殿佛堂內。雍正十年（1732）十二月二十八日，琺瑯作遵旨做得鑲嵌大巴令一分，琺瑯小巴令一分，各七盤。雍正十一年（1733）五月初一日，做得琺瑯大巴令一分，鑲

嵌小巴令一分。同年十月二十八日，木作記載，辦理軍需事務公豐勝額等奉旨將巴令十四件賞給達賴喇嘛。巴令有琺瑯巴令、鑲嵌巴令、有大巴令，也有小巴令，或安在圓明園佛堂內，或供在養心殿佛堂內，或賞給喇嘛，或賞給呼圖克圖，也賞給怡親王，都要遵旨而行。

雍正八年（1730）十月三十日，海望奉旨：「爾照年希堯進的波羅漆桌樣，將大案、炕桌、琴桌樣畫樣呈覽，交年希堯做些來。」⑧句中「波羅」滿文讀如“boro”，意即灰的、青灰的，亦作涼帽。波羅漆，亦即青漆。雍正十三年（1735）四月十一日，《活計檔》記載，圓明園首領太監薩木哈稱太監高玉交出黑紅漆、攝絲波羅漆波羅十八套，每套十件，傳旨「此波羅漆水甚不好，著造辦處另添做。」⑨句中「波羅漆波羅」，似即青漆涼帽。

雍正元年（1723）二月初一日，《活計檔》記載，首領太監李進玉交出賞用紅布爾哈皮火燵包一件，傳旨照樣多做些，用黃皮帶拴。句中「布爾哈」，滿文讀如“burga”，意即柳或柳條。布爾哈皮，似即柳皮。

雍正八年（1730）十月三十日，《活計檔》記載，「宮殿監副侍蘇培盛傳旨做氈查查里一架，面寬一丈七尺，入深一丈二尺，簷高六尺，欽此。本日，內務府總管海望定得俱係窗戶檔錠黑氈鑲藍布云週圍下身貼砍墻板成造，外門高五尺七寸，寬四尺二寸，記此。於十一月二十四日照尺寸做得氈查查里一架，領催劉關東持進安訖」⑩。引文中「查查里」，滿文讀如“cacari”，意即涼棚，或帷幄，氈查查里，即氈幄。有圍帳的涼棚，滿文讀如“cacari boo”，意即支起涼棚，或安設帷幄。雍正七年（1729）六月二十二日；《清世宗憲皇帝實錄》滿文本記載，

"dergi enteheme elhe dukai tule caha suwayan cacari"，漢文本作「東長安門外所陳黃幄」⑪。雍正九年（1731）二月二十三日，《活計檔‧皮作》記載，太監張玉柱傳旨做查查里一架。隨後量得面寬一丈四尺，進深一丈一尺，於二月二十八日做得黑秋毛毡查查里一架。同年十月初九日，《活計檔‧皮作》記載，栢唐阿蘇爾邁取來葦蓆查查里一座，傳諭將葦蓆拆去不用，將原毡換上粘補妥當，以便往安設。其後，栢唐阿蘇爾邁將葦蓆查查里一座持進，安在乾清宮丹墀⑫。由此記載可知安設在乾清宮丹墀的葦蓆查查里，就是葦蓆帷幄。

　　琺瑯，《五體清文鑑》、《滿和辭典》、《滿漢大辭典》等俱作"falasu"，《宮中檔康熙朝奏摺》中的滿文奏摺硃批作"falan"，法瑯是"falan"的同音異譯，漢字又作「琺藍」。由此可知「琺瑯」應讀作"ㄈㄚ　ㄌㄢ"。雍正九年（1731）三月初二日，《活計檔‧玻璃作》記載，首領太監李統忠傳做象牙起子二十件，不要做薄了，再玻璃筆架做二十件，不要單做噶出哈夫金式樣，或雙桃，或雙如意式挑選好言的做⑬。句中「噶出哈」，滿文讀如"gacuha"，意即背式骨，"gacuha beye"，意即空身，"gacuha giranggi"，意即核桃骨。「夫金」，滿文讀如"fujin"，意即夫人、貴婦，福晉、福金爲同音異譯，噶出哈夫金，似即空身貴婦，玻璃筆架可做雙桃式或雙如意式玻璃筆架。

　　雍正六年（1728）十二月初六日，《活計檔‧砲鎗作》記載，郎中海望奉怡親正諭，將甲庫收貯銅鍍金鎖子甲，並迴紋錦面甲，爾等持來我看。同日，隨命甲庫人員取出甲二副，郎中海望呈怡親王看。怡親王諭，「照銅鍍金鎖子甲樣做一副，內襯天鵝絨緞添做嘎巴和托，其雁翎嘎巴和托等件，俱做鐵的」⑭。引

文中「嘎巴和托」，滿文讀如 "gaba hoto"，亦即雁翅上的鐵件，就是鎧甲上爲保護肩背在肩甲後翅上釘的三片鐵上的鐵件。

雍正元年（1723）九月初五日，《活計檔‧砲鎗作》記載，怡親王交虎槍四十杆。王諭內橄欖木的十七杆，衣巴丹的十五杆，俱見新收拾。再衣巴丹的八杆，另換鎗頭。雍正二年（1724）正月二十四日，收拾得橄欖木虎鎗十七杆，衣巴丹木虎鎗十五杆，並衣巴丹木虎鎗八杆上鎗頭另換新鎗頭八個呈怡親王看。奉王諭「好生收著，此鎗杆若是蟲蛀壞了時即啓我知道，另換鎗杆，遵此」⑮。引文中「衣巴丹」（ibadan），亦即樞梨木。樞，又作「蒕」，即山榆或刺榆，落葉喬木，生長於北地山中，皮厚，木理緻密，可做鎗杆。

雍正四年（1726）十二月二十一日，西洋人郎世寧畫得者爾得小狗畫一張，由郎中海望進呈御覽。雍正五年（1727）正月初六日，《活計檔‧畫作》記載，「太監王太平傳旨西洋人郎士寧畫過的者爾得小狗雖好，但尾上毛甚短，其身亦小些，再著郎士寧照樣畫一張，欽此」⑯。同年二月二十一日，西洋人郎世寧畫得者爾得小狗畫一張，由郎中海望呈進。二月二十九日，郎中海望傳旨著郎世寧將者爾得狗再畫一張。同年閏三月十六日，郎世寧畫得者爾得狗一張，由郎中海望呈進。雍正八年（1730）四月十三日，《活計檔‧畫作》記載，「據圓明園來帖內稱，三月十九日，太監劉希文傳旨照著〔著照〕百福祿兒者爾兒得狗樣，著郎士寧畫，欽此」⑰。引文中「者爾兒得」，亦即「者兒得」，同音異譯，滿文俱讀如 "jerde"，意即赤紅色的，原指馬的毛色特徵而言，如 "jerde morin"，意即赤馬、紅馬或赤兔馬。者爾得小狗，意即赤小狗，或紅小狗，亦即赤紅色的小狗。

雍正元年（1723）三月十四日，《活計檔‧皮作》記載，

「怡親王交開其里十二件，王諭俱換鵝黃辮子，遵此」⑱。同年五月十一日，開其里十二件俱換鵝黃辮子完，由怡親王呈進。引文中「開其里」，滿文讀如"kaiciri"，意即懸於腰間的牙籤筒。開其里、開七里、開其立，都是"kaiciri"的同音異譯。雍正元年（1723）六月二十二日，造辦處皮作記載象牙開其里二件交總管太監張起麟持去。同年九月二十七日，《活計檔・皮作》記載，「太監劉玉、賈進祿交湘妃竹開其里一件，上嵌大小養珠四顆鵝黃辮子。」雍正二年（1724）四月二十日，鑲嵌開其里一件，配在賞用帶上，由總管太監張起麟呈進。雍正三年（1725）十一月初八日，做得湘妃竹開七里二個，由首領程國用持去交太監杜壽。相妃竹開七里即湘妃竹開其里，俱徑五分，堂裡徑三分，外鞔撒林皮，拴長三寸五分，黃縧子二根，長三寸二分。同年十二月初四日，造辦處皮作照尺寸做得班竹開其立筒二件，各長五寸，徑七分，皮套二件，交總管太監張起麟持去。雍正四年（1726）九月二十五日，《活計檔・漆作》記載，「郎中海望持出彩漆象牙開七里一件，奉旨此象牙開七里彩漆甚好，爾等做的象牙活計內有可彩得漆的俱彩漆，欽此」⑲。十月二十六日，做得象牙彩漆開七里四件，太監劉順、高也俊持去，拴在四阿哥弘曆、五阿哥弘晝帶子上。雍正五年（1727）九月二十八日，造辦處鑲嵌作做得象牙鑲嵌壽意開其里一件，拴在九幅全帶上。十月二十九日，做得象牙鑲嵌萬福萬壽開其里一件，拴在珊瑚福壽全帶上⑳。雍正六年（1728）六月二十八日，鑲嵌作收拾得鑲嵌犀角開其里一件，交太監邵進朝持去。十月二十八日，做得鑲嵌暗八仙象牙開其里一件。雍正七年（1729）十一月二十九日，雜活作配做得合牌胎黑退光漆畫洋金安玻璃龕一座，上嵌白玉開其里二件。大學士張廷玉原籍安徽桐城，是誠親王允祕、寶親王弘

曆、和親王弘晝等人的師傅，雍正十一年（1733），張廷玉告假回南，允祕等人遵旨向造辦處取用應送小式物件含有象牙鑲嵌活底開七里、象牙鑲嵌開七里、象牙雕花開七里各一件。

雍正元年（1723）九月二十六日，《活計檔‧雜活作》記載，太監劉玉交出堪達漢蹄子斧式罩套火燫包一件。傳旨：照火燫包樣式做幾件。同年十一月十七日，做得玳瑁堪達漢底子火燫包六件。句中「堪達漢」，圖理琛（1667-1740）著《異域錄》作「堪達韓」，滿文讀如"kandahan"，意即駝鹿，又作「罕達犴」，屬偶蹄類，頭似鹿而非鹿，尾似驢而非驢，背似駝而非駝，蹄似牛而非牛，故名四不像。因堪達漢的蹄像牛，所以用玳瑁堪達漢蹄子樣式做火燫包。

雍正二年（1724）十二月十二日，《活計檔‧鍍金作》記載，副管領滿徹送來銀滿達一件，重一兩五錢二分說怡親王諭將此滿達上金頂子取下來收在造辦處，照此滿達上頂子樣另作金頂一個安上。雍正五年（1727）二月初八日，《活計檔‧琺瑯作》記載，理藩院尚書特古特交到清字即滿文單一張，內開「給達拉喇嘛、班產厄爾得尼法瑯輪杆各一件、花瓶各一對、那爾堂廟內供的七寶、八寶銀滿達一分」。句中「滿達」，滿文讀如"mandal"，意即壇、祭壇，又作曼荼羅。達拉喇嘛，是達賴喇嘛的同音異譯；班產厄爾得尼，是班禪額爾德尼的同音異譯。雍正十二年（1734），造辦處撒花作成做活計包括賞章嘉呼圖克圖嵌珠寶滿達一份，賞喇嘛多爾濟雲布騰鍍金滿達一份。除銀滿達、鍍金滿達外，還有琺瑯滿達。

雍正四年（1726）十月二十七日，《活計檔‧砲鎗作》記載，怡親王將甲庫內收貯的藍面累絲甲一副，並鎖子甲上黑漆皮盔一頂呈覽。奉上諭：「此甲裙長短寬窄俱好，但美勒圖甲褂略

長些，做時俱略收短些。同日，郎中海望奉怡親王諭：現造的盔甲、裙子照試看過的藍緞面累絲甲一樣做，美勒土甲褂各收短五分，甲葉要輕些。雍正六年（1728）十一月二十四日，奉怡親王諭：襯盔帽厚薄五樣做五頂，梅勒土後一根縧子錠短了，再放長些㉑。美勒圖、美勒土、梅勒土，俱同音異譯，滿文讀如"mei-retu"，意即護肩、墊肩。漢字「肩」，滿文讀如"meiren"即源自，"meiren"，意即甲褂護肩或墊肩。

雍正四年（1726）正月初七日，《活計檔‧雜活作》記載，員外郎海望持出敖其里一件，令南匠袁景邵認看，據稱是丹巴噶銅的。雍正五年（1727）二月十八日，領催周維德持出青金銀錠三件、銅敖七里一件，遵照郎中海望指示，暫收在庫內。除銅敖其里外，還有銅鍍金敖其里。敖其里、敖七里，同音異譯，滿文讀如"ocir"，意即佛塔，是指在素珠佛頭上穿帶子用的珊瑚或銅等物。蒙文「敖其里」，意即「帽頂子」。

雍正九年（1731）二月二十三日，《活計檔‧皮作》記載，「據圓明園來帖內稱，內務府總管海望傳：乾清宮東西丹墀下用的黑氈查查里二架上著做鄂約二分。」㉒引文中「鄂約」，滿文讀如"oyo"，意即氈包上的頂，亦即頂蓋、帳頂、房蓋、屋頂，或轎頂、帽頂、帽面子。「查查里」，滿文讀如"cacari"意即涼棚或帷幄。二月二十五日，造辦處皮作將黑氈查查里二架，由栢唐阿巴蘭太送往圓明園。

雍正三年（1725）七月二十五日，《活計檔‧砲鎗作》記載，員外郎海望奉怡親王諭現做的五百杆橄欖木長鎗著瞞撒林皮鎗帽。同年八月二十日，造辦處砲鎗作做得橄欖木長鎗五百杆瞞撒林皮帽。同年十月十七日，圓明園太監杜壽傳做湘妃竹牙籤筒，外鞔撒林皮。句中「撒林」，滿文讀如"sarin"，意即股子

皮，爲馬騾驢等股皮，屬於粗面皮革，可供製靴。《活計檔》常見的撒林皮陳設，包括黑撒林皮彩金罩蓋火燫包。黑撒林皮彩金套署文房、黑撒林皮荷包等等。湘妃竹牙籤筒外鞔撒林皮，即在開其里外蒙上股子皮。瞞，意同鞔，鎗杆瞞撒林皮帽，即鎗杆蒙撒林皮帽。

　　雍正四年（1726）八月十六日，《活計檔・木作》記載，「據圓明園來帖內稱，郎中海望持出杉木罩油圖塞爾根桌一張，奉旨：照此款式面用紫檀木，其邊與下身俱用杉木做紅漆彩金龍膳桌二張，酒膳桌二張，欽此。」㉓雍正五年（1727）正月十五日，《活計檔・木作》記載，「散秩大臣佛倫傳旨，筵宴上用的圖塞爾根桌子兩根太長些，抬桌子人難以行走，著交養心殿造辦處另做一張，比舊桌做短些，外用黃緞套，欽此」㉔。同年正月十八日，做得花梨木圖塞爾根桌一張，長三尺六寸，寬二尺四寸三分，高一尺八寸，水線八分，催總馬爾汗交內管領海成持去。引文中「圖塞爾根」，滿文讀如“tusergen”，意即筵宴上放置盅碟的高桌。雍正六年五月二十二日，《活計檔・木作》記載，「小太監瑞格傳旨：著照五月初九日呈進的紫檀木邊楠木心塗塞爾根桌收窄一寸五分，長高俱照前一樣，再做一張，欽此」㉕。同年五月二十九日，做得長三尺三寸，寬一尺九寸，高一尺四寸八分，糊布裡紫檀木邊楠木心塗塞爾根桌一張，由郎中海望呈進。引文中「塗塞爾根」，即滿文“tusergen”的同音異譯。雍正十年（1732）九月十一日，《活計檔・木作》記載，「據圓明園來帖內稱，本日司庫常保來說：宮殿監副侍李英傳做楠木塗色爾根桌一張，長三尺二寸，寬二尺二寸，高一尺七寸，記此」㉖。同年九月十一日，照尺寸做得楠木塗色爾根桌一張，由司庫常保持進。引文中「塗色爾根」，也是滿文“tusergen”的同音異

譯。

　　雍正十年（1732）六月二十九日，《活計檔》記載，「圓明園來帖內稱，本日領催白世秀來說：總管陳九卿傳圓明園六所用糊黃絹木盤一件，黃杭細空單，見方三尺一塊，黃布空單，見方三幅一塊，記此」㉗。同年七月初二日，照尺寸做得糊黃杭細木盤一件，黃杭細空單一塊，黃布空單一塊。領催白世秀交總管陳九卿收訖。同年七月十六日，圓明園說帖內稱，領催白世秀說總管陳九卿傳圓明園六所用黃杭細空單，見方一幅二塊，領催白世秀交總管陳九卿收訖。引文中「杭細」，滿文讀如"hangsi"，意即杭細綢，亦即杭州產似絹甚薄的絹織品。「空單」，滿文讀如"wadan"，意即包袱單、綢布單、蓋布、細布單、車轎的圍單。黃杭細空單，就是黃色杭細綢布單或包袱單。黃布空單，就是黃色布單，或黃布包袱單。

　　雍正十一年（1733）八月十六日，據圓明園說帖稱，筆帖式寶善說：「內大臣海望奉旨著賞額駙策凌之子成袞扎布、徹巴克扎布等，每人大雅器法都一件，大藥葫蘆一件，烘藥葫蘆一件，欽此。」㉘句中「雅器」，滿文讀如"yaki"，意即罩子，或箭罩兒。「法都」，滿文讀如"fadu"，意即荷包袋、囊、遮縫、荷包。雅器法都（yaki fadu），意即箭罩囊。同年十一月十六日，《活計檔・雜活作》記載，圓外郎滿毗傳作備用紅牛皮雅七法都五件，紅牛皮剛口雅七法都大小十件。句中「雅七法都」，就是"yaki fadu"的同音異譯。雍正十三年（1735）六月初七日，太監高玉、常貴傳旨：「著照賞總兵例預備一份，賞總兵李如柏，欽此」㉙。造辦處按照賞總兵所預備的物件包括黑子兒皮雅其法都一件等等。句中「雅其法都」也是"yaki fadu"的同音異譯，都是箭罩囊的滿文漢字音譯。

　　在《活計檔》各作中常見清朝臣宰類的官銜音譯名稱。雍正
十二年（1734）五月初七日，《活計檔・砲鎗作》記載，圓明園
說帖稱，廣東總督鄂彌達解到銅砲十位，內大臣海望著交砲鎗
處。同年六月十八日，將銅砲三位交廂黃旗托沙哈番唐光稷領
去，銅砲二位交廂白旗阿達哈哈番韓士美領士。句中「托沙哈
番」，又作「托沙喇哈番」，滿文讀如“tuwašara hafan”，是清
初所定五品世職，乾隆元年（1736），定漢名為雲騎尉。「阿達
哈哈番」，滿文讀如“adaha hafan”，意即輕車都尉，三品世
職。

　　雍正元年（1723）正月十四日，《活計檔・記事錄》記載，
「奉怡親王諭，爾等總理造辦錢糧事，各作有栢唐阿、撥什庫等
稽察匠役，督催活計等事。再撥什庫達亦係匠役出身，因手巧常
命他們成造活計」[30]。雍正六年（1728）七月十一日，《活計檔
・雜錄》記載，「郎中海望、員外郎沈崳、唐英等全議得各作所
用買辦材料，每月派官一員，栢唐阿一名掌值月小圓戳子一個，
價符小長方戳子一個」[31]。引文中「栢唐阿」，又作拜唐阿，滿
文讀如“baitangga”，是內務府由匠役出身的小差使，內外衙門
管事無品級人，也是拜唐阿，隨營聽用的各項匠人、醫生等都稱
為拜唐阿。引文中「撥什庫」，滿文讀如“bošokū”，意即領
催。清朝八旗都統衙門所屬的一種職官。八旗每佐領下額設領催
五人，掌管本佐領下文書檔案及支領俸餉。引文中「撥什庫
達」，滿文讀如“bošoku i da”，意思是領催之長，亦即催總，
或催長。

　　雍正八年（1730）九月二十日，《活計檔・畫作》記載，
「內務府總管海望、員外郎滿毗傳：萬壽備用，著拜他拉布勒哈
番唐岱畫萬壽畫一副，記此」[32]。同年十月二十八日，將畫得萬

壽絹畫一張，由內務府總管海望呈進。引文中「拜他拉布勒哈番」，滿文讀如" baitalabure hafan"，意即騎都尉，清初定秩從四品，稱爲外衛指揮副僉事。

雍正元年（1723）十一月二十九日，《活計檔‧弓作》記載，做得隨侍虎鎗四杆，郎中保德呈覽，奉旨著交固山達。同日，郎中保德啓知怡親王，奉諭暫且放著做樣，俟皇上駕幸圓明園時再交與固山達隨侍。句中「固山達」，滿文讀如" gūsai da"，意思是旗長，清朝稱協領，是各省八旗駐防旗兵武職官員，從三品，位在副都統之下，佐領之上，掌分轄所屬章京、馬甲等官兵，操練守衛，以協理防務。雍正六年（1728）十月二十五日，《活計檔‧木作》記載，「固塞達根圖交來上用弓二張，著另上油」。句中「固塞達」就是" gūsai da"的同音異譯。

雍正七年（1729）二月二十二日，《活計檔‧記事錄》記載，郎中海望奉旨：「伊車滿洲等奏稱，用大片樺皮苫房不能漏水，爾向該管處查，若大片樺皮易得，取些來試看。」句中「伊車」，滿文讀如" ice"，意即新的，「伊車滿洲」，即新滿洲。雍正八年（1730）五月十二日，宮殿監副侍李英傳旨賞捕魚的衣車滿洲用平常小些的孔雀翎二個，藍翎四個，俱隨黃銅翎管。句中「衣車滿洲」，就是「伊車滿洲」的同音異譯。

雍正二年（1724）七月十九日，《活計檔‧漆作》記載，衣都達五格送來弓十七張，奉怡親王諭擦油。同年七月二十六日，將弓十七張俱擦油完，交衣都達五格持去。句中「衣都達」，滿文讀如" idui da"，意思是班長。原稱「伊都額眞」（idui ejen），雍正元年（1723），改伊都額眞爲伊都章京（idui janggin），定漢名爲班領。

雍正七年（1729）九月初五日，《活計檔‧自鳴鐘處》記

載，圓明園說帖稱，九月初四日，暢春園衣爾希達烏什哈來說內
務府總管尙志舜傳嚴霜樓陳設自鳴鐘，閒邪存誠處陳設自行處著
收拾。同年九月初七日，領催王吉祥帶領匠役收拾。句中「衣爾
希達」，滿文讀如"ilhi da"，意即苑副，職在苑丞之下，或副
總管，職在總管之下。《活計檔‧漆作》記載，雍正十三年
（1735）閏四月初一日依爾希達孫三格來說頭等侍衛保德交仙香
院供的紅皮蠟一對著畫金龍。句中「依爾希達」，就是"ilhi
da"的同音異譯。

　　雍正元年（1723）十月二十四日，《活計檔‧砲槍作》記
載，黑達子交來樺木乂刀靶子十個說怡親王諭有用處用。同日，
交庫依達衣拉齊收庫。句中「庫依達」，滿文讀如"ku i da"，
意即庫長。又讀如"namun i da"，意即庫掌。雍正七年
（1729）十月初九日，《活計檔‧木作》記載，管理車庫事務內
管領按布理、清泰經格里、馬爾渾，庫衣達克石圖妞兒來說云
云，句中「庫衣達」，就是"ku i da"的同音異譯。

　　雍正五年（1727）十月，《活計檔‧記事錄》記載，是月十
七日，大理石六塊交栢唐阿巴蘭泰持赴圓明園交烏和里達明德收
云云。句中「烏和里達」，滿文讀如"uheri da"，意即苑丞，
或總管，九門提督，亦稱「烏合里達」（uheri da）。雍正六年
（1728）十二月十六日，《活計檔‧木作》記載，「烏合里達三
合來說郎中保德傳著換明園佛樓天燈一分，拉燈黃絨繩一根」[33]。
引文中「烏合里達」，就是"uheri da"的同音異譯。

　　雍正元年（1723）九月十九日，《活計檔‧玉作》記載，廣
儲司銀庫烏林人李花子、普官送來莊親王交玉壺各色玉道冠等
件。雍正二年（1724）七月初九日，玉作收拾得瑪瑙道冠等件。
句中「烏林人」，滿文讀如"ulin i niyalma"，意即庫使，是庫

上當差的小官，掌管財帛等物。同年八月十二日，《活計檔‧玉作》記載，玉作將水晶座黑玻璃仙人二件交銀庫烏林達永保持去。句中「烏林達」，滿文讀如"ulin i da"，意即司庫，就是銀庫上辦事的六、七品小官。

雍正八年（1730）十月初十日，《活計檔‧砲鎗作》記載，頭等侍衛兼喀蘭達哈達納清字呈稱，今年去打虎圍，照舊例領取鳥鎗，句中「喀蘭達」，滿文讀如"kūwaran i da"，意即營總、營長。

《活計檔》中含有皇子等宮中稱謂，譬如雍正十二年（1734）二月初十日，《活計檔‧砲鎗作》記載，內大臣海望將阿哥們用的大交鎗、大綿鎗交由砲鎗作配鎗套。句中「阿哥」，滿文讀如"age"，意思是兄、哥哥，在清朝宮中是皇子的通稱，例如四阿哥，就是皇四子。雍正十年（1732）十二月十九日，《活計檔‧琺瑯作》記載，宮殿監督領侍蘇培盛等傳嵌琺瑯片金手鐲一副。同日，琺瑯作將舊存嵌琺瑯片金纍絲手鐲一副隨錦匣一件，由栢唐阿花善交敬事房太監鄭進忠持去，以備賞理順王十如和碩格格用。句中「格格」，滿文讀如"gege"，意思是姊姊、小姐。清朝制度，親王至入八分輔國公之女，統稱格格。「和碩格格」，滿文讀如"hošoi gege"，是親王之女。

康熙五十二年（1713）四月，康熙皇帝冊封五世班禪喇嘛為班禪額爾德尼，並賜滿、漢、藏文金冊、金印，這是歷世班禪喇嘛正式稱班禪額爾德尼的開始。「班禪」，意即光顯，「額爾德尼」，滿文讀如"erdeni"，源自蒙古語，意即寶貝、珍寶。《活計檔》中的「班產厄爾得尼」，就是「班禪額爾德尼」的同音異譯。「巴圖魯」，滿文讀如"baturu"，意即勇士。

《活計檔》中屢見山川地名的滿文漢字音譯，譬如「阿

林」，滿文讀如"alin"，意即山。「必拉」，又作「畢拉」，滿文讀如"bira"，意即河、川、河流。「活屯」，滿文讀如"hoton"，意即城、城市。「喀爾喀」，原意是盾牌、擋牌，也是清代蒙古的一部，就是車臣汗、土謝圖汗、三音諾顏汗、扎薩克圖汗四部的總稱。喀爾哈、哈爾喀，都是同音異譯。胡圖克圖，又作呼圖克圖，源自蒙古語，滿文讀如"kūtuktu"，意即有壽之人，是清朝對藏傳佛教活佛的封號。「寧烏他」，滿文讀如"ningguta"，即寧古塔的同音異譯。「烏拉」，滿文讀如"ula"，意即江，烏拉城在吉林，「吉林烏拉」，滿文讀如"girin ula"，即吉林，是地名。《活計檔・輿圖處》屢見「依里」，是蒙古語「伊勒」的轉音，滿文讀如"ili"，意即光明顯達。乾隆年間，清軍平定準噶爾後，改稱伊犁，以示犁庭掃穴之意。雍正十一年（一七三三）二月十三日，《活計檔・砲鎗作》記載，郎中張文斌交鄂爾斯國自來火花鐵鳥鎗、自來火素鐵鳥鎗各一杆，傳旨交造辦處。雍正十年（一七三二）四月初九日，《活計檔・輿圖處》記載，柏唐阿赫慎回稱，輿圖處庫貯都統滿泰所進吐爾古忒、厄羅思輿圖一張，並無底稿，欲照樣畫一張存庫等語。句中「鄂爾斯」、「厄羅思」，同音異譯，滿文讀如"oros"，即俄羅斯。「吐爾古忒」，滿文讀如"turgūt"，音譯又作土爾扈特，即指漠西蒙古。由於《活計檔》中的滿語漢字音譯詞彙屢見不鮮，為便於查閱《活計檔》，可以將各類音譯詞彙製作成滿漢文對照表，或手冊，這是一種具有意義的學術工作。

四、滿漢兼譯──八旗佐領滿漢名號的規範

佐領是清朝八旗組織的基層編制單位，雍正年間，內閣遵旨擬定八旗佐領名號，包括上一字名號八字，下一字名號二百字，

都是嘉吉滿字，兼譯漢字㉞。其中上一字名號包括保、合、泰、和、萬、國、咸、寧八字，下一字名號包括道、德、仁、義、禮、智、忠、信、誠、實、寬、厚、剛、健、量、翊、銳、哲、融、通、醇、良、淑、敬、安、舒、凝、莊、蔚、毅、潔、廉、敏、果、睿、亨、勤、愼、雄、英、壯、偉、強、傑、武、耀、勇、略、俊、秀、羨、嘉、詳、理、巽、順、謙、睦、淳、愨、欽、恕、端、簡、恭、儉、方、賢、肅、典、寥、誼、慈、愛、懿、美、丰、采、涵、彥、愷、綿、勳、聞、勁、濟、履、禧、充、彙、植、材、饒、殷、聲、燦、顯、旂、述、擴、興、隆、成、全、阜、定、鈞、遴、選、匡、襄、育、靖、凱、績、給、濬、升、恒、潤、演、亮、敷、啓、導、頤、固、治、勝、茂、滋、洪、巍、昌、幬、獎、勵、盈、庶、容、輯、篤、撫、護、衛、模、範、憲、令、綱、紀、謨、烈、矩、儀、政、訓、屏、翰、練、鞏、統、源、福、祿、符、瑞、平、恬、富、蕃、豐、裕、恩、惠、資、澤、譽、益、約、慶、寵、威、宣、彝、操、藝、衍、整、粹、喻、豫、輝、穆、永、昭、著、均、齊二百字，將上一字與下一字配合，就成八旗佐領名號。內閣所擬上、下字嘉吉名號，欽定後即交與兵部通行八旗滿洲、蒙古、漢軍包衣佐領、察哈爾佐領，令其遵行。至於各省駐防八旗佐領，俱照內閣擬定嘉名次序，上加駐防地名，一體遵行。可將八旗佐領名號上、下字分別列出簡表如後。

表9　八旗佐領名號上一字簡表

滿文	羅馬拼音	漢字	旗別	羅馬拼音	漢字	滿漢大辭典
𡵲	uhe	合	正黃旗	gulu suwayan	正黃旗	共同融洽的協

	enteheme	保		kubuhe suwayan	鑲黃旗	永久 長久 常
	amba	泰		gulu šanggiyan	正白旗	大 巨大的 龐大的
	tumen	萬		kubuhe šanggiyan	鑲白旗	萬
	hūwaliyaka	和		gulu fulgiyan	正紅旗	和
	gurun	國		kubuhe fulgiyan	鑲紅旗	國 朝 部落
	yooni	咸		gulu lamun	正藍旗	全 整 盡數
	necin	寧		kubuhe lamun	鑲藍旗	平的 安謐的 安定的

資料來源：《宮中檔雍正朝奏摺》第三十二輯，臺北，國立故宮博物院。

表 10　八旗佐領名號下一字簡表

滿文	羅馬拼音	漢字	滿漢大辭典
	doro	道	道、道理、禮儀、規矩、規則、政權、政體
	erdemu	德	德、德行、才、才能、技藝、技術、專長、特長
	gosin	仁	仁、仁愛、仁慈
	jurgan	義	部、排、行、義、友誼、諦、意義、汛地、行伍
	dorolon	禮	禮、禮儀、典禮、儀式、履
	mergen	智	聰明的、賢哲的、巧的、能幹的、睿、賢人
	tondo	忠	忠、直的、忠厚的、公正的、正直的
	akdun	信	堅固的、結實的、信任、信善、可靠的、信
	unenggi	誠	誠、果眞、確實、果然、誠然、眞的、確實的
	yargiyan	實	實、眞的、眞實的、實在的、確實的、一定
	onco	寬	寬、寬闊的、廣闊的、寬宏大量的、寬度
	jiramin	厚	厚、惇、厚的、深厚的、濃厚的、豐厚的
	mangga	剛	剛、硬的、難的、苦的、善於、喜愛、剛強
	kulu	健	健、硬實的、硬朗的、健壯的
	funiyagan	量	度量、志氣
	lergiyen	宏	弘、巨大的、宏大的、寬廣的、開闊的

	kicen	翊	課、課程、功課、課文、用功、勤勉、功夫
	fafuri	銳	勉、急躁的、勇健的、勇銳的
	ulhisu	哲	敏、聰明的、穎悟的、睿敏的、懂事的
	šungke	融	心內明通的、意會的、文理通達的、俊美的
	hafuka	通	通、通達、通曉、透、透過、貫串、流傳、傳入
	nemgiyen	醇	婉、溫和的、溫良的、溫雅的
	nesuken	良	康、溫、溫良的、安祥的、安靜的
	nemeyen	淑	婉、淑、柔順的、柔和的、柔婉的、柔嫩的
	gingguji	敬	恪、恭、敬謹的、恭敬的、謹慎的
	elehun	安	恬、寧、心寬的、心胸開闊的、從容的
	sulfa	舒	舒、舒適的、舒展的、安然的、自然的
	ujen	凝	鄭、重的、嚴重的、繁重的、重大的
	jingji	莊	惇、有分量的、穩重的、持重的、富態的
	fisin	蔚	密的、細密的、穩重的、敦厚的、精細的
	fili	毅	毅、堅硬的、堅實的、實的、實心的
	bolgo	潔	淳、清、潔淨的、廉潔的、清秀的
	hanja	廉	廉、廉潔、潔淨的、純正的、清廉的

	dacun	敏	銳利的、敏銳的、敏捷的、果斷的
	kengse	果	果斷地、毅然地、直截了當地
	genggiyen	睿	明、明亮的、清澈的、晴朗的、明白的
	hafu	亨	通、穿、透
	kicebe	勤	勤、謹慎的、小心的、努力的、勤勉的
	olhoba	慎	慎、謹慎的、慎重的、審慎的、小心的
	etuhun	雄	強的、高強的、強壯的、壯實的、高
	kiyangkiyan	英	毅、強壯的、強健的、健壯的
	ciksin	壯	強壯的、健壯的、壯年的、少壯的
	bekitu	偉	堅固的、牢固的、結實的、壯實的
	etenggi	強	好強的、專橫的、強盛的、蠻橫的
	hūsungge	傑	有力的、有勁的、強大的、強壯的、強烈的
	horonggo	武	武、威武的、威風的、嚴厲的
	eldengge	耀	有光的、光亮的、光彩的、光華的、發光的
	baturu	勇	勇、勇士、英雄、勇敢的、英勇的、勇武的

	bodohonggo	略	慧、有謀略的、有計謀的
	yebken	俊	俊、英俊的、俊雅的、才智過人的
	giltukan	秀	俊、俊秀的、俊美的、清秀的
	buyecuke	羨	可愛的、美好的
	saišacuka	嘉	應當嘉獎的、應予表揚的、值得獎勵的
	getuken	詳	清楚的、清晰的、明白的、詳細的
	giyangga	理	理、貞、有理的、合理的、正確的、對的
	ijishun	巽	順、溫順的、順利的、順心的、溫和的
	dahashūn	順	順、順遂的、順從的、順的、順帖的
	gocishūn	謙	謙、謙虛的，謙遜的，虛心的
	hebengge	睦	愉、翕、和順的、順從的、情意相合的
	nomhon	淳	良、老實的、溫順的、馴良的、馴順的
	yargiyangga	愨	誠、真實的、確實的、實在的、真的
	ginggun	欽	敬、恭、恭敬的、恭謹的、細心的

	giljangga	恕	能寬恕的
	doronggo	端	禮、端莊的、有禮的、有理的、履
	boljonggo	簡	恂、簡約、約定的、約會的
	gungnecuka	恭	恭、恭敬的、尊敬的、恭維的
	kemungge	儉	簡、省簡的、有節度的、有限度的
	hošonggo	方	端、端莊的、莊重的、規矩的、方的
	erdemungge	賢	德、賢、賢德的、技術高的、有專長的
	fafungga	肅	肅、英、嚴肅的、禁止的、犯禁的
	koolingga	典	有禮法的、有規矩的、有規則的
	jurgangga	宜	義、有義氣的
	jalangga	誼	節、有節的、有氣節的、有骨氣的、貞節的
	jilangga	慈	慈善的、慈悲的、仁慈的、善心的
	gosingga	愛	仁愛的、仁慈的、恩慈的

(滿文)	fujurungga	懿	懿、懿美、有文采、風姿、莊重、魁偉
(滿文)	yangsangga	美	美觀的、漂亮的、有文采的樣子、斐然
(滿文)	arbungga	丰	有體面的、形象好的、地勢好的
(滿文)	fiyangga	采	有姿色的、漂亮的、軒昂的、儀表堂堂的
(滿文)	funiyanggangga	涵	有度量的
(滿文)	yebcungge	彥	美麗的、好看的、風雅的
(滿文)	kesingge	愷	有恩的、有造化的、有福分的
(滿文)	jalgangga	綿	有壽命的
(滿文)	gungge	勳	功、功績、功勞、功勳
(滿文)	gebungge	聞	聞名的、有名的、有名聲的、著名的
(滿文)	niyancangga	勁	有耐性的、勇銳的、硬挺骨立的
(滿文)	tusangga	濟	益、裏、有益的、有用的、有好處的
(滿文)	hūturingga	履	禧、有福的、有福分的、幸福的

	fengšengge	禧	慶、衍禧、有福祉的、有造化的、有福分的
	isingga	充	足夠的
	yohingga	彙	全編、全章、全套、成套
	ilingga	植	站立的、立住的
	baitangga	材	當差人、執事人、有用的、拜唐阿
	kumungge	饒	活躍的、熱烈的、熱鬧的、熱鬧有趣的
	simengge	殷	津津有味的、有興趣的、有滋養的
	urkingge	聲	有響聲的、響亮的、喧嘩的
	uldengge	燦	光、有光的、光明的、光輝的
	iletulehe	顯	顯示、顯露、昭章、表示、表明
	temgetulehe	旌	憲、賞善罰奸曰憲
	fisembuhe	述	述說、傳述、敘述、放寬

	badarambuha	擴	擴大、擴散、擴充、擴展、發揚
	yendehe	興	興、興盛、興隆、興旺、旺盛
	mukdeke	隆	興、興起、興旺、興盛、發祥
	šanggaha	成	成功、成就、完成、完結
	yongkiyaha	全	全、全備、完全、齊全、具備
	ciktaraka	阜	變富、富裕起來、財富增名
	toktoho	定	安定、平定、固定、定型、穩定、決定
	teksilehe	鈞	均拉、拉平、拉正、整齊、整理
	siliha	遴	選、精選、挑選、揀選
	silgaha	選	精選、挑選、揀選
	tuwancikiyaha	匡	匡正、撥正、糾正、矯正、箴規
	aisilaha	襄	輔助、幫助、援助、資助、捐獻、協齊

	hūwašabuha	育	養育、培育、教育、培養、撫養
	toktobuha	靖	平定、平息、確定、奠定、立定、制訂
	mutebuhe	凱	作成、成功、完成、辦成、實現
	faššaha	績	效力、效勞、勞績、致力、努力
	tesubuhe	給	足夠、充足、足、夠
	hafumbuha	濬	疏通、挑浚、疏通、貫通、穿過
	mukdembuhe	升	振興、升、升起、上升、興起
	jalumbuha	恒	使滿、裝滿、填滿、倒滿、使滿足
	simebuhe	潤	浸潤、滋潤、滲浸、浸透
	urebuhe	演	操演、操練、演放、練習、溫習
	getukelehe	亮	弄明白、弄清
	neigenjehe	敷	均勻、平均、搭配

	neibuhe	啓	開啓、開通、開化、打開、開朗
	yarhūdaha	導	引導、引領、領導、率領、牽引
	ergembuhe	頤	休養、休息
	bekilehe	固	堅固、加固、鞏固、堅守、防守
	dasaha	治	治、治理、修理、修改、修建、醫治
	mutehe	勝	能、成、能成、能夠、能做
	badaraka	茂	繁衍、滋生、蕃息、滋蔓、昌盛
	fuseke	滋	滋生、繁殖、生殖
	desereke	洪	洪、泛溢、滋蔓、蔓延
	colgoroko	巍	超、超群的、卓異的、崇峻
	dekjike	昌	昌盛、興盛、旺盛、起火
	elbehe	幬	苫、覆蓋、掩蓋、遮蓋
	huwekiyebure	獎	獎勵、鼓勵、勸勵、表揚

	yendebure	勵	激勵、振興、激發、發長、繁榮
	bayambure	盈	使富、致富、使富足、使豐富
	fusembure	庶	滋生、生息、繁殖
	baktambure	容	包含、容納、收容、納入
	iktambure	輯	堆積、累積
	jiramilara	篤	厚待、加厚、加深、增強、重視
	bilure	撫	撫、安撫、撫養、摸、撫摩
	fiyanjilara	護	護後尾、斷後、殿
	dalire	衛	護衛、擋、禦、捍禦、遮蔽
	durun	模	相貌、容貌、儀表、模樣、標準
	tuwakū	範	榜樣、外表、外觀、外貌
	fafun	憲	法、法度、法律、法令、禁令、法規
	šajin	令	法、法度、禁約、教、法門
	hešen	綱	綱、綱要、邊、界、綱繩

	hergin	紀	紀、網邊、綱紀
	bodogon	謨	謀略、策略、計謀、想法、見解
	faššan	烈	功業、功績、功勳、業績、勤奮
	kemun	矩	度、尺寸、規格、標準、準則、規則
	yoso	儀	道統、體統、道理、道德
	dasan	政	政治、國政、政
	tacihiyan	訓	訓、訓誨、訓戒、教、教義、學說、風尚
	fiyanji	屏	屏障、保障、怗、後衛、護後尾
	dalikū	翰	屏風、屏障、壁障、遮蔽物、掩蔽物
	silin	練	精銳的、精選的、精悍的、拔尖的
	beki	鞏	堅固的、牢固的、堅實的、結實的
	šošohon	統	綜合、總綱、綱要、總數、結果
	fulehe	源	根源、根、根本、根基、基礎
	hūturi	福	福、福氣、福分、禧
	fengšen	祿	福祿、福祉、福分、祺、慶

	sabingga	符	瑞、瑞祥的
	ferguwecun	瑞	瑞、祥瑞、吉祥、奇觀、奇妙
	taifin	平	太平的、平安的、和平的、熙
	sebjen	恬	快樂、歡樂、快活、欣喜
	bayan	富	富、富裕的、富饒的、殷實的
	wenjehun	蕃	熱鬧、歡樂、快活、快樂
	elgiyen	豐	裕、富裕的、富庶的、寬大的
	tumin	裕	深的、濃的、稠的、豐盛的
	kesi	恩	恩、恩典、福、福分、造化
	fulehun	惠	惠、恩惠
	tusa	資	益處、利益、效果、功用、資助
	simen	澤	營養、滋養、養分、津液
	maktacun	譽	稱頌、讚頌、頌歌、頌詞
	niyececun	益	裨益
	malhūn	約	儉、節省的、節儉的、勤儉的

	urgun	慶	怡、喜、快樂、喜悅
	doshon	寵	寵、寵愛、酷愛
	horon	威	威、勢、武、威力、勢力、武力、毒
	algika	宣	傳揚、揚名、馳名
	ciktan	彝	倫、彝
	tuwakiyan	操	品行、操守、守、看守
	muten	藝	藝、能力、才能、本事、本領、技能
	fusen	衍	孳生、繁殖、增殖
	gulhun	整	整的、全的、完整的、整個的
	tomorhon	粹	清楚的、穩重的、端莊的
	ulhicun	喻	靈性、悟性、省悟力
	erke	豫	豫、雄壯的、剛毅的、剛強的
	ulden	輝	光、晨光
	šumin	穆	深的、深奧的、高深的、深遠的
	golmin	永	長的
	gehun	昭	明亮的、明朗的、豁亮的

	iletu	著	顯、明顯的、公然的、大方
	neigen	均	均等的、扱勻的、平均的、勻稱的
	teksin	齊	齊、平的、直的、整齊的、均衡的

資料來源：《宮中檔雍正朝奏摺》第三十二輯，臺北，國立故宮博物院；安雙成主編，《滿漢大辭典》，瀋陽：遼寧民族出版社。

　　由前列簡表可知八旗佐領名號的由來，各旗佐領名號是按照內閣擬定嘉名，將上一字與下一字依照旗分配合而編製名號。如前表所列，正黃旗上一字為「合」（uhe），將「合」與下一字「道」相配合，就是合道佐領（uhe doro niru）；鑲黃旗上一字為「保」（enteheme），將「保」與下一字「道」相配合，就是保道佐領（enteheme doro niru）；正白旗上一字為「泰」（amba），將「泰」與下一字「道」相配合，就是泰道佐領（amba doro niru）；鑲白旗上一字為「萬」（tumen），將「萬」與下一字「道」相配合，就是萬道佐領（tumen doro niru）；正紅旗上一字為「和」（hūwaliyaka），將「和」與下一字「道」相配合，就是和道佐領（hūwaliyaka doro niru）；鑲紅旗上一字為「國」（gurun），將「國」與下一字「道」相配合，就是國道佐領（gurun i doro niru）；正藍旗上一字為「咸」（yooni），將「咸」與下一字「道」相配合，就是咸道佐領（yooni doro niru）；鑲藍旗上一字為「寧」（necin），將「寧」與下一字「道」相配合，就是寧道佐領（necin doro niru）。其餘依次為合德佐領（uhe erdemu niru）、保德佐領（entecheme erdemu niru）、泰德佐領（amba erdemu niru）、萬德佐領（tumen erdemu niru）、和德佐領（hūwaliyaka erdemu

niru）、國德佐領（gurun i erdemu niru）、咸德佐領（yooni er-
demu niru）、寧德佐領（necin erdemu niru）。上一字八個，分
別與下一字二百個依次配合，探討雍正年間（1723-1735）佐領
名號命名，是探討八旗佐領問題不可忽視的史料。

　　內閣大學士尹泰等所擬八旗佐領名號，將漢字兼譯清字即滿
文，對探討雍正朝的滿文，提供了相當重要的語文資料，漢字與
滿文的對譯，成為一種整齊一致的規範詞彙。從八旗佐領名號上
一字簡表中可知滿文"uhe"，《滿漢大辭典》作「共同」、
「融洽的」、「協」等，內閣所譯漢字作「合」，文意相近。查
閱《五體清文鑑》，"uhe"，漢字作「同」，頗有出入。簡表
中"enteheme"，意即永久、長久、長遠，鑲黃旗佐領名號上一
字譯漢作「保」，不見於一般辭書。簡表中"amba"，意思是
大小的「大」，正白旗佐領名號上一字漢譯作「泰」，亦不見於
一般辭書。漢字「泰」，《五體清文鑑》滿文讀如"hafun"。
正白旗佐領名號"amba doro niru"，不能按照字面意思譯成「大
道佐領」，正確的漢譯應做「泰道佐領」。漢字「保」，《五體
清文鑑》滿文讀如"akdulambi"。鑲黃旗佐領名號"eteheme
doro niru"，不能按照一般辭書譯成「永道佐領」，正確的漢譯
應作「保道佐領」。

　　八旗佐領名號下一字簡表，是依據內閣大學士尹泰等所擬滿
漢二百嘉名製作成表，標列滿文、漢字、轉寫羅馬拼音，並據
《滿漢大辭典》列舉常用詞義。表中所列滿文，含有頗多封諡用
語，譬如"doro"，封諡用語漢字作「道」，以德化民曰道。
"erdemu"，封諡用語漢字作「德」，生安允迪曰德，又諫諍不
威亦曰德。"gosin"，封諡用語漢字作「仁」，如天好生曰仁。
"dorolon"，封諡用語漢字作「禮」，又作「履」，納民軌物曰

禮。"mergen"，封諡用語漢字作「睿」，此作「智」。"ton-do"，封諡用語漢字作「忠」，廉方公正曰忠，危身奉上亦曰忠。"akdun"，封諡用語漢字作「信」，出言可復曰信，政令劃一亦曰信。"unenggi"，封諡用語漢字作「誠」，推心御物曰誠。"onco"，封諡用語漢字作「寬」，御衆不迫曰寬。"jiramin"，封諡用語漢字作「厚」，又作「惇」，思慮不爽曰厚。"mangga"，封諡用語漢字作「剛」，政刑明斷曰剛。宏，又作「弘」。滿文"lergiyen"，封諡用語漢字作「弘」。"fafuri"，封諡用語漢字作「勉」，簡表中作「銳」，異。"ulhisu"，封諡用語漢字作「敏」，簡表中作「哲」，異。"nemgiyen"封諡用語漢字作「婉」，又作「溫」，此作「醇」，異。"nesuken"，封諡用語漢字作「康」，又作「溫」，德性和厚曰溫，簡表中作「良」，異。"nemeyen"，封諡用語漢字作「婉」，又作「淑」，慮善從宜曰淑。"gin-gguji"，封諡用語漢字作「恪」，又作「恭」，溫恭不怠曰恪，簡表中作「敬」，異。"elehun"，封諡用語漢字作「恬」，又作「寧」，簡表中作「安」，異。按封諡用語「安」，滿文讀如"elhe"，動容中禮曰安。"sulfa"，封諡用語漢字作「舒」。"ujen"，封諡用語漢字作「鄭」，例如「鄭親王」，滿文讀如"ujen cin wang"，簡表中"ujen"，兼譯漢字作「凝」，異。"jingji"，《滿文原檔》記載布木布泰（bumbutai）受封爲永福宮莊妃，「莊」，滿文讀如"jingji"，簡表中"jingji"，兼譯漢字作「莊」，滿漢文相符，"jingji"封號漢字作「莊」，諡號漢字作「懻」，又作「端重」。"bolgo"，封諡用語漢字作「淳」，又作「清」，簡表中作「潔」。"hanja"，封諡用語漢字作「廉」，簡表同。"kengse"，封諡用語漢字作「果」，

簡表同。"genggiyen"，封諡用語漢字作「明」，任賢致遠、知人善任、遠慮防微、至誠先覺、照臨四方、俱曰明，簡表中作「睿」，異。"hafu"，封諡用語漢字作「通」，行善無滯曰通，簡表作「亨」。"kicebe"，封諡用語漢字作「勤」，能修內職曰勤，簡表同。"olhoba"，封諡用語漢字作「慎」，謹飭自持曰慎，簡表同。"kiyangkiyan"，封諡用語漢字作「毅」，英明有執，健行合天，俱曰毅，簡表作「英」，異。"horonggo"，封諡用語漢字作「武」，德威遐暢、刑民克服、克定禍亂，俱曰武，簡表同。由此可知，雍正年間，內閣大學士尹泰等人所擬定的八旗佐領名號下一字共二百個嘉吉滿漢字，含有頗多封諡用語，對研究清朝封諡制度提供了頗多珍貴的滿漢文資料。

　　就滿漢文字的詞義而言，八旗佐領名號所擬定的滿字，兼譯漢字，都屬於一種規範字，將選定的滿字，對應滿字詞義而選定詞義相同或相近的漢字同時並列，這種規範工作是值得重視的。簡表中"hūturingga"，漢字作「履」，不見於一般滿漢辭書。滿文"hūturingga"，封諡用語漢字作「禧」。封諡用語漢字作「履」，滿文讀如"dorolon"。簡表中"baitangga"，漢字音譯作「拜唐阿」，又作「栢唐阿」，意即當差人，或執事人。滿文"baitangga moo"，漢譯作「材木」，簡表中"baitangga"，兼譯漢字「材」，可補一般辭書的不足。簡表中"tomorhon"，意即清楚，簡表中兼譯漢字作「粹」，不見於一般辭書。

　　乾隆年間以降，對漢滿文義的規範，更加全面性，斟酌字義，辨異審同，不遺餘力。簡表中"šumin"，兼譯漢字作「穆」。檢查滿文辭書，"šumin"，意即「深」，不作「穆」。漢字「穆」，《五體清文鑑》作"cibsonggo"，《滿漢大辭典》同，"cibsonggo"，漢字作「穆」，爲乾隆十四年

（1749）十二月新定㉟，封諡用語中德容靜深曰穆，又布德執義曰穆。例如 "cibsonggo giyūn wang"，漢譯作「穆郡王」。探討雍正年間的滿文，必須掌握雍正年間的第一手史料，這是還原雍正朝歷史文化不可忽視的問題。

五、滿漢合璧——滿漢合璧奏摺的校注

國立故宮博物院典藏宮中檔案，除漢文諭摺、滿文諭摺外，還有滿漢合璧奏摺，亦即滿漢對譯的奏摺。此類奏摺主要為清朝中央政府各部院衙門滿漢大臣公同會銜具奏的文書，漢文部分在右，其書寫形式由上而下，由右而左，直行書寫；滿文部分在左，其書寫形式由上而下，由左而右，直行書寫。大致而言，這類奏摺的內容，是以滿漢文對譯的。

現藏宮中檔案內，最早的滿漢合璧奏摺始自康熙五十七年（1718）八月初四日戶部尚書兼管錢法事務趙申喬等「奏明購買馬匹數目並用過銀兩」一摺，由趙申喬與左侍郎傅爾笏訥、右侍郎王景曾會銜具奏。原摺滿文部分末幅奉清聖祖康熙皇帝硃批「saha」，意即「知道了」。清世宗雍正皇帝即位後，滿漢合璧奏摺成為常見的文書，件數相當可觀，探討雍正朝的歷史，不能忽視滿漢合璧奏摺。

滿漢合璧奏摺奉硃批，多在滿文部分以滿文批諭。康熙六十一年（1722）十二月十七日，刑部尚書托賴（toolai）等「為額森自縊一案請旨摺」，是滿漢合璧奏摺，在滿文部分奉硃批："giyandu sa be jafafi ciralame beide"，意即「著緝拏監督等嚴審」。雍正元年（1723）二月初二日，和碩康親王沖安（hošoi nesuken cin wang cunggan）等「為會議前往陵寢儀禮摺」，也是滿漢合璧摺，在滿文部分奉硃批："eiten baita be damu mafa ama i yabuha dasan be songkoloci sain，taihūwang taiheo mama i baita de han ama beye beneme genehe bihe，hūwang taiheo mama i baita de han ama beye labdu elhe akū bime bethe nimeme，kemuni beneme geneki seme，geren wang ambasa aika ja de baime ilibuhao, mini beye mini han ama i dz gung be beneme geneme toktoho，wang ambasa jai ume marame wesimbure，jai wesimbuci，wesimbure baita ulara urse ume alime gaire.」意即「凡事惟當遵奉祖考已行典禮爲宜，前曾祖母太皇太后之事，皇考親送啓行，祖母皇太后之事，皇考聖躬違和，兼有足疾，尚欲送行，諸王大臣豈易請止乎？親送皇考梓宮，朕意已定，王大臣勿再強奏，倘再奏，奏事傳遞人員勿接受」。

雍正元年（1723）二月十六日，總理事務吏部尚書隆科多（longkodo）等「爲八旗考試簡拔補用摺」滿文部分奉滿文硃批："gisurehe songko obu，jai jergi ilgaga urse be emu aniya ome，ineku simne，ere sidende geli tacifi uju jergi de isinaci，uthai uju jergi de dosimbufi baitala."意即「依議，取在貳等之人，著以一年仍加考試，其間又再學習，若至頭等時，即令入頭等用」。

雍正元年（1723）二月二十二日，總理事務吏部尚書隆科多等「爲太醫院使援例請廕摺」滿文部分奉滿文硃批："lio šeng fang lin dzu ceng de yooni ilaci jergi yen šeng šangname bu"意即「劉聲芳、林祖成著俱賞給三品廕生」。

雍正元年（1723）二月二十四日，「爲請簡補陝甘藩臬員缺摺」，滿文部分奉滿文硃批："si an i bujengsy cuwan dung dooli hu ki heng be sinda，si an i ancasy yungtai be nakabufi jy fu wang ging h'ao be sinda，gung cang bujengsy fu de be sinda，ancasy oron de jyfu lio si ki be sinda，hu ki heng ni oronde gin de ioi be sinda，

duin jyfu i oronde joo ši ming šen ting li je hung gin ki hiowen be sin-
da，oron be niyan geng yoo de fonjifi teisulebume jori."意即「著
授川東道胡期恒爲西安布政司，西安按察司永泰革職，授知府王
景灝，授傅德爲鞏昌布政司，擦察司缺授知府劉世奇，胡期恒之
缺授金德佑，四知府之缺授趙世明、沈廷正、李哲弘、金奇璿，
各缺詢問年羹堯相應指示」。

　　雍正元年（1723）二月二十五日，刑部尚書宗室佛格
（foge）等「爲枷號人犯請旨釋放摺」，滿文部分奉滿文硃批：
"tanggū šusiha tantafi sinda."意即「著打一百鞭後釋放」。同
日，佛格等「爲軍前逃回人犯請旨摺」滿文部分奉滿文硃批：
"coohai baita wajiha erinde hese baifi sinda，ceni ejete baime sin-
dareo serengge bici sinda，urunakū yargiyalafi akdun be gaisu，
amagan inenggi ceni ejete de gisun bici ojorakū."意即「俟軍機完
日請旨釋放，伊等各主墾求釋放者，即行釋放，務必驗實取結，
日後伊等各主不可有話說」。

　　雍正元年（1723）三月初一日，總理事務吏部尚書隆科多等
「爲少詹事員缺請旨補授摺」，滿文部分奉滿文硃批："jan ši
fu bithei yamun i hafasa jin ši ci tucike urse be baitalaci acambi，
gisurefi wesimbu，toolai be coohai hafan de baitala."意即「詹事
府翰林院等官著進士出身各員補授，著議奏，托賴以武職用」。

　　雍正元年（1723）正月初十日，吏部奉上諭：貴州大定州知
州蘇霖泓，慈利縣知縣祖秉圭調來引見。吏部遵旨行文各督撫，
祖秉圭入京引見後，在滿文引見摺子上奉滿文硃批："dzu bing
gui tuwafi niyalma labdu getuken，hafan i jurgan，boigon i jurgan
de(i)aisilakū oronde uthai batitala."意即「看得祖秉圭人甚明白，
著以吏部、戶部員外郎即用。」祖秉圭是正白旗漢軍祖秉衡佐領

下歲貢，年四十歲。因吏部無正白旗員外郎缺，戶部並無漢軍員外郎，惟兵刑二部有正白旗漢軍旗分員外郎，祖秉圭或補授吏部、戶部額外員外郎，或俟兵刑二部正白旗漢軍員外郎缺出補用，具摺請旨。雍正皇帝在滿漢合璧奏摺滿文部分以滿文批諭云「著補授戶部額外員外郎，與陞調現任人員一體論俸」。滿漢合璧奏摺，漢文部分多未奉批諭，滿文部分所奉滿文批諭有助於了解中央政府決策過程。滿漢合璧奏摺具奏部院包括刑部、吏部、禮部、工部、兵部、戶部、都察院及監察御史等等，可以說明滿漢合璧奏摺是各部院處理政務具摺請旨並奉硃批的文書，探討清朝歷史或文書制度不能忽視滿漢合璧奏摺的史料價值。

滿漢合璧奏摺所奉硃批，多在滿文部分以滿文批諭，間有以滿漢字分別批諭者。譬如雍正元年（1723）七月初二日，都察院都御史徐元夢等「為參賀有章請交部治罪摺」，原摺是滿漢合璧奏摺，在滿文部分奉滿文硃批 "ho i jang ni hacilame weismbuhe jedz be tuwafi jai hese wasimbumbi." 意即「朕覽賀有章條奏後再降旨」。原摺漢文部分奉漢文硃批「此參奏不是了，賀有章奉皇考旨招募番民探聽地方情形，並未命限有無部文，又不曾交與地方官，原因其奏之當，命其從容私自察訪，或有益於事之聖意也。今賀有章驚聞龍馭上殯，匍富回京，情在可嘉，何罪之有？況覽其前奏，一片忠君愛國之誠，觀之令人凜然，朕一二日內面見此人，如未老朽，朕還要用此人，此本發回勿庸議」。滿漢文硃批內容文意不同。

滿漢合璧奏摺的內容，雖然是以滿漢文分別對譯，但因滿文和漢文是兩種語文，其譯文詞意，間有出入。例如雍正元年（1723）二月十六日，總理事務吏部尚書隆科多等「為八旗考試簡拔補用摺」，漢文部分中「八旗滿洲、漢軍考試人員肆百柒拾

貳名」等句，滿文部分作“jakūn gūsai manju ujen coohai ubali-yabure jung šu bithesi de simnere duin tanggū nadanju juwe ni-yalma.”意即「八旗滿洲、漢軍繙譯中書，筆帖式考試人員肆百柒拾貳名」，漢文部分刪略「繙譯中書、筆帖式」等字樣。

雍正元年（1723）六月十二日，巡查運糧事務監察御史鄂其善（okišan）等「為報糧米起運設臺運摺」，原摺漢文部分中「臣等於六月十二日抵山西大同府」等句，滿文作“amban be，hecen ci jurafi，ninggun biyai juwan juwe de，sansi harangga daitung fu de isinjiha manggi.”意即「臣等自京城起程，於六月十二日抵山西所屬大同府後」，漢文部分刪略「自京城起程」等字樣。

雍正元年（1723）七月初三日，刑部尚書宗室佛格等「為參奸商遲誤各倉工程摺」，原摺漢文部分中「倉場總督陳守創」等句，滿文部分作“tsang cang ni ashan i amban cen šeo cuang.”意即「倉場侍郎陳守創」；原摺漢文「把我帶到李總督處批准了」等句，滿文作“mimbe ashan i amban li ing gui i jakade gamafi pil-ehe manggi”意即「把我帶到侍郎李瑛貴處批准了」，內容頗有出入。

雍正元年（1723）八月初一日，多羅貝勒阿布蘭（abulan）等「為擾亂漕政人員議罪摺」，原摺漢文「正己率屬，辦理倉場事務」等句，原摺滿文作“bele jeku i baita i holbobuhangge amba oyonggo babe erindari gūnin de tebufi，eiten tusangga baita be kiceci acambi，elemangga syi hafan heo guwe ju i jergi buya urse de afa-bufi，kooli ci encu jekui cuwan i ki ding sade ton ci fulu menggun jiha gaime，ki ding, ging gi sabe jocibume，tsang de dosimbure bele be juwe ilan biya sitabure de isibufi，ne sucungga isinjiha šandung ni jeku bele i cuwan ci fulu gaire kooli be neifi，siran siran i giyan akū i gaifi."意即「米穀之事,關係重大,應時時留心,勤於一切有益之事,反委司官侯國柱等微員,違例勒索糧船旗丁銀錢,為害旗丁、經紀,以致將進倉米石遲延二三月,今首開山東米石糧船勒索之例,陸續無理斂錢」。滿漢文意,詳略不同。

滿漢合璧奏摺的內容,既以滿漢文對譯,可以藉助於滿文進一步深入了解漢文的詞義。康熙六十一年(1722)十二月十七日,刑部尚書兼鑲紅旗漢軍都統托賴「為額森自縊一案請旨摺」,是滿漢合璧奏摺,在漢文部分中「據密雲縣知縣薛天培申稱,遵部文,卑職即帶領件作會同石匣副將,眼同店主、地方、額森親隨家人,驗看額森身屍,脖項有帶痕一道,八字不交,委係自縊身死」。句中「地方」,滿文讀如 "falgai da",意即甲長、總甲、排甲、地保、圩長。句中「八字不交」,滿文讀如 "juwe ujan acanahakūbi",意即兩頭或兩端未接合,即指脖項上的帶痕兩端未接合,並非被勒斃,不是他殺,而是自縊身死。

雍正元年(1723)二月二十二日,總理事務吏部尚書隆科多等「為太醫院使援例請廳摺」,原摺漢文中「俸食一品,兼賜四轎」,句中「四轎」,滿文讀如 "duin niyalma tukiyere kiyoo",意即四人抬的轎,不是四座轎。同年二月二十五日,刑部尚書佛格等「為枷號人犯請旨釋放摺」,原摺漢文部分中「鑲黃旗鷹上人索柱」,句中「鷹上人」,滿文作 "giyahūn i ba-itangga",意即鷹上拜唐阿,也就是在養鷹處當差的執事人。

雍正元年(1723)正月初十日,奉上諭中「原任京口固山大祖光璽」,句中「固山大」,滿文作 "gūsai da",意思是旗長,即協領,各省駐防旗兵的長官,職在副都統下佐領之上。同年三月二十三日,管理禮部事務多羅嘉郡王允祹等「為請欽點鄉試外簾官員摺」,原摺漢文中「三等侍衛崇達」,句中「崇

達」，滿文讀如"juwan i da"，意思是什長，清朝官制作「護軍校」，又作「旗長」，音譯又做「專達」。

漢語中的「穩婆」，滿文讀如"feye tuwara hehe"，意即驗傷或驗屍的女衙役。「仵作」，滿文讀如"feyesi"，《六部成語》（ninggun jurgani toktoho gisun）作"giran tuwara niyalma"，意即檢驗死傷的卑役。滿漢合璧奏摺中「仵作」，滿文音譯作"udzo"。仵作等「填註屍格」，滿文多譯作"giran tuwaha bithe de jukime arambi"。雍正二年（1726）二月十三日，刑部尚書阿爾松阿等「爲查私帶人參案請旨摺」，原摺滿文作"giran feye tuwaha nirugan dangse arambi"㊱。山海關，滿文辭書作"šanaha furdan"，舊作"šanahai duka"。原摺滿文作"šanaha duka"。漢語「榛子鎮」，讀如"jen dz jen"，原摺滿文讀如"jan dz jeng"。原摺漢文中「披甲馬大布是我一早差他前頭去跴店去了」，句中「跴店」，跴，音同踩，即踐踏，「跴店」原摺滿文讀如"diyan be tuwanabume"，意即使人去看店。

雍正二年（1726）八月二十七日，管理工部事務和碩廉親王允禩（yūn sy）等「爲參徐元夢等失查庫藏摺」，原摺漢文「簾子、門神二庫，歷年久遠，墙垣頭停，俱致坍塌。」，句中「頭停」，滿文趁如"oyo"，意即頂蓋、房蓋、屋頂、帳頂、轎頂等。

雍正四年（1726）七月初十日，總管內務府事務和碩莊親王允祿（yūn lu）等「爲請添設番役摺」，原摺漢文中「包衣人等」，滿文作"booi nirui urse"，意即內府佐領人等；漢文「包衣奴才」，滿文作"booi nirui ahasi"，意即內府佐領奴才。漢文「提督衙門」，滿文作"uheri da yamun"，"uheri da"，意即總管，或提督，此作「九門提督衙門」解。原摺漢文「新舊蠻

子」，滿文作"ice fe nikan"，意即新舊漢人。漢文「壯丁」，滿文作"ton i haha"，可補辭書的不足。

雍正十三年（1735）十一月十一日，總理事務管吏部戶部尚書張廷玉等「為新設官莊請旨摺」，原摺漢文「吉臨吼喇」，滿文作"girin i ula"，漢字音譯作吉林烏拉，即吉林，又稱船廠，「吉臨吼喇」，為同音異譯。同年十一月十五日，張廷玉等「為添設貼寫筆帖式請旨摺」，原摺漢文「賞給貼寫筆帖式拾貳名令其專繕清本」，句中「清本」，滿文作"manju hergen i ben"，意即滿字本章，或清字本章。同年十二月十七日，署理工部尚書來保（laiboo）等「為撥給盔甲旗纛請旨摺」，原摺漢文「堂屋裡帳房」，滿文作"tanggūli maikan"，意即明間、正房，就是堂屋，或帳房。滿文"tanggūli"是漢字「堂屋」的音譯。滿文"maikan"，意即帳篷、帳房，或大帳幕。比較滿漢文的內容，從滿文詞義中了解滿漢合璧奏摺的史料價值，具有重要的意義。

民國七十三年（1984）十月，《雍正朝滿漢合璧奏摺校注‧序》已經指出滿漢合璧奏摺中的滿漢文雖然是互相對譯，但其詞義頗有出入。因此，滿漢合璧奏摺的校注工作，仍有其重要性。不改動奏摺原文，凡有出入之處，俱作注釋，對使用檔案者，頗為方便。一九九八年十二月，北京中國第一歷史檔案館譯編《雍正朝滿文硃批奏摺全譯》，上、下二冊，由合肥黃山書社出版，對雍正朝歷史研究提供了重要的第一手史料。書中滿漢合璧奏摺的滿文部分，也依據滿文的內容譯出漢文，譯文較接近滿文的記載，其學術貢獻，應予肯定。其中雍正元年（1723）二月初二日和碩康親王沖安等「為會議前往陵寢儀禮摺」，原摺是滿漢合璧奏摺，現藏臺北國立故宮博物院。為便於比較說明，先將滿文影印，並轉寫羅馬拼音，然後將原摺漢文內容照錄於下頁。

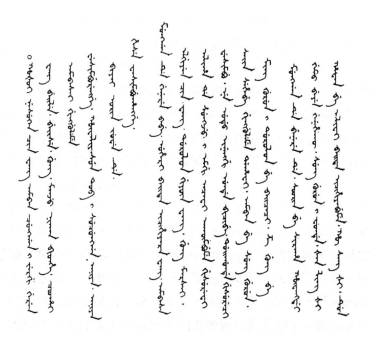

hošoi nesuken cin wang amban cunggan i jergi geren ang beile beise
gung manju nikan bithe coohai ambasai gingguleme wesimburengge,
hūwaliyasun tob i sucungga aniya aniya biyai orin juwe de hese was-
imbuhangge, munggan de genere babe uheri baita icihiyara wang am-
basa elgiyen cin wang dorolon giyūn wang gung marsai, aliha da sun-
gju i emgi acafi akūmbume gisurefi wesimbu, ne udu inenggi unde bi-
cibe doigonde gisureci sain sehebe gingguleme dahafi, amban be sung
gurun ming gurun i dorolon be baicaci, dz gung be munggan de benere
de soorin be siraha hūwangdi gemu beye genehekū, sung gurun i fon-
de, šan ling ši hafan be alifi baita icihiyabume, hū sang ši, dun

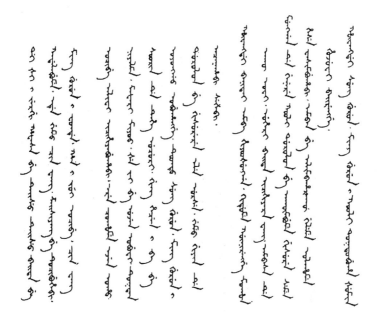

di ši i jergi hafasa be teisu teisu baita be kadalabume, ede gemu cin wang dzaisiyang be tucibuhebi, ming gurun i fonde, han i jui ocibe, cin wang ocibe alifi icihiyabuhabi, ere cohmoe ejen oho niyalma mafari miyoo še ji be ujen obufi, tuktan soorin de tehe ucuri ging hecen i ba be oyonggo obuhangge, tuttu sung gurun, ming gurun i dorolon be gisurere ele urse gemu giyan de acanahabi sehebi, hūwangdi banitai anba hiyoosungga kidume gūnirengge mohon akū ofi, uheri baita icihiyara wang ambasa de munggan de genere kooli dorolon be akūmbume gisure seme hese wasimbuhabi, amban be alimbaharakū geleme olhome hujufi bairengge, huwangdi sung gurun, ming gurun i kooli toktobuha šumin

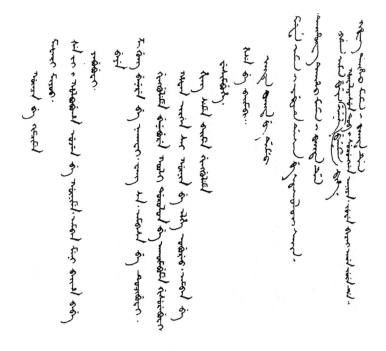

gūnin be kimcime mafari miyoo, še ji i holbobuha ujen be gūnime,
amban meni baiha babe yabubufi, beye dz gung benere be nakafi,
wang sa ambasa be tucibufi, gingguleme benebure booli dorolon be
akūmbume gisurebufi, hafan irgen sai gūnin be elhe obureo, amban be
hing seme baime gingguleme wesimbuhe, hese be baimbi.
hūwaliyasun tob i sucungga aniya juwe biyai ice juwe de. (fulgiyan fi:
eiten baita be damu mafa ama i yabuha dasan be songkoloci sain,
taihūwang taiheo mama i baita de han ama beye beneme genehe bihe,
hūwang taiheo mama i baita de

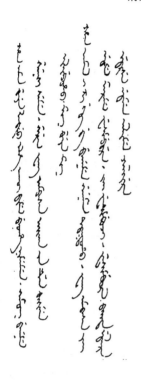

han ama beye labdu elhe akū bime bethe nimeme, kemuni beneme geneki seme, geren wang ambasa aika ja de baime ilibuhao, mini beye mini han ama i dz gung be beneme geneme toktoho, wang ambasa jai ume marame wesimbure, jai wesimbuci, wesimbure baita ulara urse ume alime gaire.)

「和碩康親王臣沖安等諸王貝勒貝子公滿漢大臣等謹奏，雍正元年正月二十二日，奉旨：前往陵寢之處，著總理事務王大臣會同裕親王、嘉郡王、公馬爾賽、大學士嵩柱詳議具奏。今雖日期尚遠，豫先議定方好，欽此。臣等查得宋明之禮，梓宮至山陵，嗣帝皆不親送。宋時以山陵使主其事，以護喪、頓遞等使分其役，各以親王宰相充之。明時以皇子或親王主之。揆其所以，人君以宗廟社稷爲重，臨御之初，京師爲要。故宋明諸議禮者，咸以爲當。我皇上大孝性成，思慕無已，命總理事王大臣等詳議前往陵寢儀禮，臣等不勝惶悚，伏祈皇上思宋明定制之深意，念宗廟、社稷之重任，俯允臣等所請，不親送梓宮，令議諸王大臣恭送儀制，以慰臣民之心，臣等懇切謹奏請旨。雍正元年二月初二日。」㊲

原摺漢文部分未奉硃批，雍正皇帝以硃筆在滿文部分尾幅批諭。《雍正朝滿文硃批奏摺全譯》譯漢內容如下：

和碩康親王崇安等諸王、貝勒、貝子、公、滿漢文武大臣等謹奏。雍正元年正月二十二日奉上諭：總理陵寢事務王大臣等會同康親王、履郡王、公馬爾賽、大學士嵩祝詳議具奏。現今雖日子尚早，然預先會議好。欽此欽遵。臣等查宋、明之禮，將梓宮送往山陵時，嗣帝皆不親送。宋時由山陵使官員承辦其事，由護喪使、頓地使等官員分司其事，此事俱由親王、宰相充之。明時不論皇子、親王，俱主此事。此實爲主子念宗廟、社稷之重任，於初登基之際，以京城地方爲重。故凡議宋、明之禮者，皆言合禮。皇帝天生大孝，思念無窮，諭總理王大臣等盡議前往山陵之例、禮，臣等不勝悚惶。伏思，皇帝深求宋、明二朝制定律例深意，念宗廟、社稷所關甚重，請准臣等所請，停

止親送梓宮，派出王大臣等，詳議恭送之例、禮，以安官
民之心。臣等謹謁誠具奏，請旨。

硃批：凡事當遵奉祖考已行典禮，方為盡善。前曾祖母太
皇太后發引時，皇考親自恭送，至祖母皇太后發引時，皇
考聖躬違和，兼有足疾，尚且親送梓宮，諸王大臣豈能勸
止乎？朕親送皇考梓宮已定，王大臣等勿再強奏。倘再具
奏，轉奏之人勿接。㊳

　　引文內容是根據沖安等「為會議前往陵寢儀禮摺」的滿文，
並參照《清世宗憲皇帝實錄》所載內容譯出漢文。照錄實錄記載
如下：

前往陵寢之處，著總理事務王大臣，會同裕親王、履郡
王、公馬爾賽、大學士嵩祝，詳議具奏。尋議，宋明之
禮，梓宮至山陵，嗣帝皆不親送，宋時以親王宰相充之，
明時或以皇子親王主之，祈皇上思宋明定制之深意，念宗
廟、社稷之重任，以慰臣民之心。得旨，凡事當遵奉祖考
已行典禮，方為盡善。前曾祖母太皇太后發引時，皇考親
自恭送，至祖母皇太后發引時，皇考聖躬違和，兼有足
疾，尚且親送梓宮啟行，諸王大臣豈能勸止乎？親送皇考
梓宮至山陵，朕意已定，大臣等勿再強奏㊴。

　　雍正十三年（1735）十二月，命鄂爾泰為監修總裁官，纂修
《清世宗憲皇帝實錄》，乾隆六年（1741）十二月，實錄纂修告
成，畫一義例，兼譯滿文。和碩康親王，滿漢合璧奏摺作「沖
安」，全譯本作「崇安」；原摺「總理事務王大臣」，實錄同，
全譯本作「總理陵寢事務王大臣」，訛誤；原摺滿文"elgiyen
cin wang"，原摺漢文作「裕親王」。"elgiyen"，漢字譯作
「裕」，仁聖佑啟曰裕，為封諡用語，滿漢文相合，全譯本作

「康親王」，疑誤；原摺滿文"dorolon giyūn wnag"，原摺漢文作「嘉郡王」，實錄作「履郡王」，全譯本同。按滿文"dorolon"，漢字或譯作「禮」，或譯作「履」，俱為封諡用語，但"dorolon giyūn wnag"，在雍正年間，應作「嘉郡王」，滿漢合璧奏摺作「嘉郡王」，確實有所本，乾隆初年，實錄館纂修人員並未詳察，以致漢文誤作「履群王」。雍正朝上諭檔記載如下：

> 雍正元年正月二十二日，諭履群王：爾號履字，若論清字多羅倫字樣甚好，但漢字履字與理字同意，況字面亦不甚好，朕今與爾改為嘉字，其清字仍為多羅倫⑩。

康熙六十一年（1722）十二月十一日，皇十二子允祹（1684-1763）受封為多羅履郡王。引文中「履」字，滿文讀如「多羅倫」（dorolon），滿文字樣雖好，但漢字「履」字面不甚好，況且滿人讀「履」、「理」字同音，如理學家熊賜履，滿文讀如"hiong sy li"，履與理同音，與廢皇太子允礽（yūn ceng 1674-1724）封號理親王相近。因此，將「履」改為「嘉」字，滿文仍作"dorolon"。由此可知雍正元年（1723）二月初二日，和碩康親王沖安等具摺時，履郡王已奉旨改為嘉郡王。就允祹封號而言，"dorolon giyūn wang"，漢字應作「嘉郡王」，全譯本因襲實錄作「履郡王」，是顯然的錯誤。原摺滿文"dun di ši"，原摺漢文作「頓遞使」，全譯本作「頓地使」，疑誤。滿文硃批"han ama beye labdu elhe akūbime bethe nimeme, kemuni beneme geneki seme"，實錄漢文作「皇考聖躬違和，兼有足疾，尚且親送梓宮啓行」。全譯本作「皇考聖躬違和，兼有足疾，尚且親送梓宮」，文字雷同。滿文"kemuni beneme geneki seme"，漢譯當作「尚欲送行」，文意不同。全譯本漢文繙譯，有待商榷之處，確實不勝枚舉。

六、廣咨博採──雍正朝滿文條陳奏摺的史料價值

國立故宮博物院現藏宮中檔案，除部分上諭、廷寄、清單、附圖、夾片外最主要的就是清朝臣工繳回宮中懋勤殿等處的御批奏摺。按照奏摺書寫文字的不同，可以分為漢字摺、滿字摺及滿漢合璧摺等。按照奏摺內容性質的差異則可分為請安摺、謝恩摺、奏事摺及條陳摺等。臣工凡有建白，即可具摺條陳，此類奏摺就是所謂條陳奏摺（hacilame wesimbure jedz）。雍正十三年（1735）八月二十三日，清世宗雍正皇帝崩殂，清高宗乾隆皇帝御極後，為欲周知庶務，於同年九月十九日頒降諭旨，命在京滿漢文武諸臣輪班條奏。其諭旨內容云：

> 帝王御宇，必周知庶務，洞悉民依，方能措置咸宜，敷施悉協，是以明目達聰，廣咨博採，俾上無不知之隱，下無不達之情，乃治平天下之要道也。我皇考聖明天縱，生知安行，智周道濟，昭晰靡遺，然猶虛衷延訪，公聽並觀，時令在廷臣工條奏事件。凡有敷陳當理，裨益庶政者，立見施行，並加獎敘。十三年以來，政治澄清，蕩平正直，貽天下萬世以久安長治之庥。蓋所取於集思廣益者，非淺鮮也。以朕藐躬何敢上擬皇考上盛德於萬一，且自幼讀書宮中，從未與聞外事，耳目未及之處甚多，允宜恪遵皇考開誠布公之舊典，令在京滿漢文武諸臣，仍照舊例，輪班條奏，其各抒所見，深籌國計民生之要務，詳酌人心風俗之攸宜，毋欺毋隱，小心慎密，不得互相商榷，及私為指授，如此，則朕採擇有資，既可為萬幾之助，而條奏之人，其識見心胸，朕亦可觀其大略矣。再翰林讀講以下，編檢以上，從前曾蒙皇考特旨，令其條奏，不在輪班之

列，今若確有所見，亦准隨時封奏㊶。

臣工條奏，廣咨博採，集思廣益，可爲皇帝萬幾之助。條陳奏摺進呈御覽後，多發交總理事務王大臣議奏。國立故宮博物院現存滿文條陳奏摺計一一八件，漢文條陳奏摺計一七九件，滿漢合璧條陳奏摺計一件，合計二九八件。具摺人包括各部院衙門一百九十餘位官員，以八旗武職人員居多，條奏的內容多以旗務問題爲主。其他人員條陳的內容，涉及行政、司法、賦役、文教、吏治等範圍。葉高樹撰〈各抒所見－雍正十三年滿、漢文「條陳奏摺」的分析〉一文已指出，條陳奏摺中不乏對雍正朝諸多改革措施的檢討；又爲除弊興利，所言亦對乾隆初年的政策走向產生影響，故爲雍、乾之交極具歷史意義的文獻㊷。本文僅以滿文條陳奏摺舉例說明其史料價值。

清朝入關後，八旗習俗日益澆漓，成爲旗務不容忽視的問題。雍正十三年（1735）十一月初五日，稽查宗人府衙門事務、監察御史、奉恩將軍宗室都隆額（dzung žin fu yamun i baita be baicara baicame tuwara hafan kesi be tuwakiyara janggin uksun durungge）條陳旗人習俗澆漓，奏請居喪期間，嚴禁嫁禁。原摺爲滿文條陳奏摺，先將滿文原摺影印如後，並轉寫羅馬拼音，譯出漢文。

wesimburengge

dzung žin fu yamun i baita be baicara baicame tuwara hafan, kesi be tuwakiyara janggin amban uksun durungge i gingguleme wesimburengge, majige saha babe gigguleme tucibufi genggiyen i bulekušere be baire jalin, baicaci toktobuha kooli de, sinagan de sargan jui bure, urun gaijara be fafulahangge, ere cohome hiyoošun i doro be wesihuleme, niyalmai ciktan be tob obume, an kooli be tuwancihiyarangge yargiyan i umesi sain kooli, te tuwaci gūsai niyalma irgen i dorgi silkabuha tacin ishunde banjinafi, ama eme nimeme arbun olhocuka ujelehe turgunde, juse de urun gisureme toktobufi gaire undengge be sinagan i baita de teisulefi gaime banjinarakū seme udu inenggi dorgide ekšeme sain inenggi sonjofi amcame urun gaijarangge be. geli dabanahangge, ama eme akū ofi, tetun de tebure onggolo sinagan i baita be taka amala obufi, neneme urun gaijarangge inu be. ere tacin daci nikan ujen coohai urse ci deribuhengge, te manju sa inu alhūdame yaburengge bi. amban bi hujufi gūnici ama eme nimeme ujeleci, jing jui oho niyalmai guscume fathašame elhe baharakū niyaman fintara erin akū oho manggi, giyan i ele ureme akame gosiholoro unenggi be akūmbuci acambe, elemangga sinagan i baita be amala obufi, gosiholoro be onggofi, urgun baita be deribume yabuci, yargiyan i ciktan giyan be cashūlaha, an kooli de ambula holbobuha be dahame. bairengge, ejen hese wasimbufi jakūn gūsade bireme selgiyefi yaya ama eme i sinagan i ucuri sargan jui bure urun gaijara be ciralame fafulabureo, aikabade kemuni nenehe songkoi jurceme yaburengge bici, sargan gaiha niyalma, jai alifi sargan isibuha jala ofi, yabuha niyalma be suwaliyame fafun i bithei songkoi weilen arabume ohode, hiyoošun i doro be ele iletulebumbime, an kooli inu gulu jiramin ombi. amban mini mentuhun i majige saha babe ginggguleme tucibume wesimbuhe, yabubuci ojoro ojorakū be enduringge genggiyen i bulekušereo, ginggguleme wesimbuhe. hūwaliyasun tob i juwan ilaci aniya omšon biyai ice sunja.

〔durungge i ere wesimbuhe be hese arafi yabubuha〕

奏

　　稽查宗人府事務、監察御史、奉恩將軍臣宗室都隆額謹奏，為謹陳管見仰祈明鑒事。查得定例居喪期間禁止嫁女娶媳者，此乃特崇孝道端正人倫，以匡風俗者，實屬極佳之例。如今看得旗民內積習互生，因父母病情嚴重，為子定親尚未迎娶者，因遭喪事不便迎娶而有於數日內匆促擇定吉日，趕忙娶媳者。又有過之者，因父母亡故，將殯殮之喪事暫且延後，而先行娶媳者亦有。此習俗原本始自漢軍兵丁，今滿洲等亦有效法者。臣伏思父母病重，正值為人子抱鬱不安內心哀痛之時，亡故後，理應益加悲傷竭盡哀悼之忱，反將喪事延後，忘卻哀悼，舉行喜事，實悖倫理。因於風俗大有關係，祈請皇上降旨，通諭八旗。凡父母丁憂之際，嚴禁嫁女娶媳。倘有仍照前違犯者，將娶妻之人及媒人、行人，一併按律治罪，如此則益加彰顯孝道，且風俗亦可純厚。臣敬謹陳奏愚昧管見，是否可行，伏祈聖明洞鑒，謹奏。雍正十三年十一月初五日。〔附簽〕都隆額此奏已繕旨准行。

　　都隆額原摺指出旗人與民人風俗不純，因父母病篤，慮喪服之後不能成婚，而於數日內擇定吉日趕辦喜事。更有甚者，父母亡故後，有先辦喜事，後辦喪事者。因此，都隆額奏請通飭八旗

於喪事期間，嚴禁嫁娶。巡視東城翰林院侍讀學士兼掌京畿道事監察御史石介亦具摺指出，直隸地方紳衿居民多有當父母或祖父母旣歿之後，未卜送葬時日，預選婚娶良辰。孝裔新婦俱穿著吉服，成夫婦禮，稱爲孝裡服㊸。同年十一月初十日，乾隆皇帝頒諭飭令居喪禁止嫁娶，自齒朝之士，下逮門內生監。三年之喪，終喪不得嫁娶，違者奪爵褫服。探討旗人習俗的變化，都隆額等滿文奏摺提供了珍貴的第一手史料。

　　清初滿洲老人相傳滿洲兵丁若滿三百則所向無敵，其主要原因就是由於滿洲兵丁長於騎射。平日練習騎射，命中率極高，其騎射出眾者，則賞給銀兩，以示獎勵。但因承平日久，年少旗人多忘根本。雍正十三年（1735）十一月初八日，內閣侍讀學士佟濟（dorgi yamun i adaha bithei da tungji）繕寫滿文奏摺指出，"aha bi kimcime gūnici manju se i doro gabtara niyamniyara ci oyonggo ningge akū，gabtara niyamniyara de da tolome goibure be elei weshhun obuhabi. te i forgon i bayara，gabsihiyan，uksin be tuwaci，damu beri mangga kacilan amba，durun sain be nemšere gojime，da tolome aihan，mahala goibure be baita oburakū，fe doro ci jurcehe gese." 意即「奴才詳思，滿洲等之道無比騎射更重要者，而騎射係以箭箭射中爲尤貴。觀現今護軍、前鋒、披甲、惟圖弓硬、箭大、樣好，而將箭箭中靶、中帽不以爲事，似有違舊道。」原摺又指出，"te i coohai urse niyamniyara de umai beyei morin be yalurakū，urui turihe morin be yalufi niyamniyara be tacimbi. turihe morin gemu an i ucuri balai tacibuhangge ofi，uju marime uthai feksimbi." 意即「今之兵丁騎射時，並不乘騎自己馬匹，每每乘騎所租馬匹學習騎射。因所租馬匹皆係平日肆意訓練者，是以回頭就跑」㊹。由於護軍、前鋒、披甲承平日久，疏於

騎射，因此，佟濟奏請降旨飭令八旗都統、前鋒統領、護軍統領等重視騎射，嚴格訓練。同年十一月二十八日，大理寺少卿巴德保（dai lii sy yamun i ilhi hafan badeboo）具摺亦指出，滿洲士兵多忘根本，不重視騎射，命中率不高，輪班射箭時，箭靶使用二、三次，仍未擊碎箭靶，而完整的帶回，箭靶尚且射不中，如何擊敗敵人⑤？佟濟、巴德保所陳述的現象，或許是特例，惟研究八旗騎射問題而言，確實提供了重要的史料。

　　從滿漢文條陳奏摺所反映的現象，八旗漢軍（ujen cooha）的「漢習」，成為交相指摘的負面問題。八旗滿洲固然深染漢習，蒙古亦然。雍正十三年（1735）十一月十三日，內閣侍讀學士舒魯克（suluk）具摺指出，"te tuwaci，ging hecen de banjiha asigata juse，fe sakdasa be amcahakū ofi monggo gisun bahanarangge umesi komso ohobi."意思是說「如今看起來，京城成長的少年子弟，已不及老人們，會蒙古語者已極少」⑥。騎射、清語是旗人的根本，漢軍的騎射固然廢弛，其清語能力的低落，更是每下愈況。雍正十三年（1735）十月二十八日，掌河南道監察御史協理正藍旗漢軍旗務明德於「敬陳管見以廣教育」一摺已指出，「伏查八旗漢軍官員，自參、佐領及驍騎校等員，不能清語者居多，即有一、二能於清語，未免字韻、音聲總與滿音不洽，往往有辦事諳練，效力年久者，本身行走之處，竟不能問答清語。祇緣失學未獲訓誘講論之所致」⑦。八旗漢軍辦事行走之處，須以清語問答，但漢軍參領、佐領、驍騎校等官員於本身行走之處，竟不能問答清語。即使有一、二人會清語，其字韻、音聲，總與滿音不洽。同年十一月十四日，正紅漢軍旗副都統巴什（baši）具摺指出，"aha baši bi hujufi gūnici，enduringge ejen ujen coohai gūsai urse be manju gisun tacikini seme dahūn dahūn i hese wasimbuhangge，cohome ujen coohai gūsai urse be manjusai doro be tacikini alhūdakini sere ten i gūnin，neneme jakūn ujen coohai gūsai eiten wesimbure jedz，niowanggiyan uju de gemu manju hergen arambihe，amala wesimbure jedz，niowanggiyan uju de gemu nikan hergen arabuhabi. aha baši mini mentuhun gūnin de，te jakūn ujen coohai gūsai eiten wesimbure jedz，niowanggiyan uju，kemuni nikan hergen arabure oci，aniya goidaha manggi，ujen coohai gūsai urse，ulhiyen ulhiyen i manju gisun，manju hergen tacirengge tongga de isinabime，manjusai doro be tacire alhūdara de isinarakū ombi." 意思是說「奴才巴什伏思，聖主屢諭漢軍旗人學習滿語者，特令漢軍旗人學習、效法滿洲之禮之至意。先前八漢軍旗所有奏摺、綠頭牌皆書寫滿字，其後奏摺、綠頭牌，皆書寫漢字。奴才巴什愚意，今八漢軍旗所有奏摺、綠頭牌，若仍書寫漢字，年久之後，以至於漢軍旗人學習滿語、滿字者逐漸稀少，且不學習效法滿洲之禮。」[48]因此，巴什奏請飭令八漢軍旗所有奏摺、綠頭牌仍照舊例書寫滿字，一方面使漢軍旗人各自得以學習滿語，效法滿洲之禮，一方面八旗奏事亦可畫一。探討八旗漢軍，巴什等人的奏摺，都可以提供一定的參考價值。

　　雍正十三年（1735）滿文條陳奏摺具有極高的史料價值，值得研究者重視。一九九八年十二月，北京中國第一歷史檔案館利用臺北國立故宮博物館院出版的《宮中檔雍正朝奏摺》及該館所藏宮中檔案彙集譯出漢文出版《雍正朝滿文硃批奏摺全譯》上、下二冊，對不諳滿文者，確實提供了極大的便利。其中雖有少數摺件漏譯漢文，大致而言，將兩岸現存滿文奏摺彙集譯漢，對集中史料，作出了重要的貢獻，對研究雍正朝歷史提供了許多珍貴的史料。美中不足之處，是全譯本未附滿文，或轉寫羅馬拼音，

無從核對滿文原摺，其譯文可信度，確實有待商榷。

七、正大光明——康熙皇帝滿漢文遺詔的分析

康熙六十一年（1722）十一月十三日，康熙皇帝崩殂，皇四子胤禛入承大統，改翌年為雍正元年（1723）。雍正皇帝鑒於皇帝建儲的失敗，皇太子再立再廢，諸皇子各樹朋黨，互相傾陷，為永杜皇位紛爭，於是創立儲位密建法。雍正元年八月十七日，雍正皇帝密書皇四子弘曆之名，緘藏於匣內，置於乾清宮正中順治皇帝御書正大光明匾額之後。弘曆正式立為皇太子，但祕而不宣，儲位密建法，可以說是解決皇位爭繼問題的有效方法。

自從康熙皇帝崩殂，雍正皇帝入承大統後，即出現矯詔篡位的傳說。傳說中的遺詔是皇位傳十四子，經隆科多之手，把它竄改成為傳于四子。因此，皇四子胤禛就當上了皇帝。究竟是傳位詔書？或是遺詔？遺詔究竟放在哪裡？到目前為止，未見傳位詔書。放在乾清宮正大光明匾額後面的是雍正元年八月十七日預立弘曆為皇太子的傳位詔書，不是康熙皇帝遺詔。按照制度，遺詔是由繼位新君公佈，還要頒發各屬邦，遺詔滿漢兼書。內閣大庫明清檔案中含有康熙皇帝滿漢文遺詔，《清聖祖仁皇帝實錄》滿、漢文本詳載遺詔內容，出入不大。例如「實賴天地、宗社之默佑」，句中「佑」，實錄作「祐」；「非朕涼德之所至也」，句中「至」，實錄作「致」；「元末陳友諒等蜂起」，句中「蜂」，實錄作「蠭」；「不施采繢」，句中「繢」，實錄作「繪」；「布告中外」，實錄作「布告天下」，其餘文字，並無出入。朝鮮《景宗大王實錄》景宗二年（1722）十二月十一日，詳載康熙皇帝遺詔，內容相同，惟文字出入頗大，例如「致治於未亂」，景宗實錄作「圖治於未亂」；「年屆七旬」，景宗實錄

作「年屆七十」；「默佑」，景宗實錄作「默祐」；「不敢逆料」，景宗實錄作「不能逆料」；「今已六十一年矣」，景宗實錄作「今至六十一年矣」等等㊽，不勝枚舉。至於滿、漢文的內容，可轉寫羅馬拼音如後。

duici age □□ ilan mudan dosifi elhe be baiha, indahūn erinde, dele, tehe gung de ur-ihe.

delhentume wasimbuha joo bithei gisun, julgeci ebsi, di wang sa, abkai fejergi be dasara de, abka be ginggulere, mafari be alhūdara be, ujui kicen obuhakūngge akū, abka be ginggulere, mafari be alhūudara, yargiyan be yabumbihede, gorokingge be gosime, hancikingge be taci-bume, eiten ergengge be er-embume

皇四子□□三次進見問安。戌刻，上崩於寢宮。遺詔曰：從來帝王之治天下，未嘗不以敬天法祖爲首務，敬天法祖之實，在柔遠能邇，休養蒼生，

ujime, duin mederi i aisi be
uherilere be, aisi obume, ab-
kai fejergi i mujilen be emu
obure be mujilen obure, gur-
un be tuksicuke ojoro ongg-
olo karmama, dasan be facuh-
ūn fachūn i onggolo toktob-
ure, inenggi dobori akū hing
seme kiceme, amgacibe gete-
cibe šolo tuciburakū goro go-
idara gurun i bodogon be
sithūre ohode, ainci hamin-
ambi dere, te mini se nadanju
se oho, soorin de ninju emu
anjya tehengge, yargiyan i
abka na, mafari miyoo, še ji
dorgideri　　　　wehiyehengge,
umai mini

共四海之利爲利，一天下之
心爲心，保邦於未危，致治
於未亂，夙夜孜孜，寤寐不
遑，爲久遠之國計庶乎近
之。今朕年屆七旬，在位六
十一年，實賴天地宗社之默
祐，

nekeliyen erdemu beyei
mutebuhengge waka, sud-
uri bithe be aname tuwaci,
hūwang di i niowanggi-
yan singgeri aniya ci ebsi,
duin minggan ilan tanggū
susai aniya funcehe, uheri
ilan tanggū emu han, erei
dorgide mini adali goid-
ame soorin de tehengge
umesi komso, bi soorin de
tefi, orici aniya de isinaha
manggi, ainahai gūsici
aniya de isinara, gūsici
aniya de isinaha manggi,
ainahai dehici aniya de
isinara seme gūniha bihe,
te ninju emuci aniya oho,
šu ging ni hung fan i fiye-
len de, uju de

非朕涼德之所致也。歷
觀史冊，自黃帝甲子，
迄今四千三百五十餘
年，共三百一帝，如朕
在位之久者甚少。朕臨
御至二十年時，不敢逆
料至三十年。三十年
時，不敢逆料至四十
年，今已六十一年矣。
尚書洪範所載，一曰

jalafun, jai de bayan, ilaci de taifin elhe, duici de er-demu de amuran, sunjaci de jalgan i sain i dubembi sehebi, sunja hūturi de ja-lgan i sain i dubere be, sunjaci de obuhangge, co-home bahara mangga tur-gun, te bi nadanju se ohobi, bayan seci duin mederi bi, juse omosi emu tanggū susai funcembi, abkai fejergi taifin sebjen i banjimbi, mini hūturi inu jiramin　seci　ombikai, uthai boljoci ojorakū baita bihe seme gūnin de inu umesi elehun, bi soorin de teheci ebsi, udu

壽，二曰富，三曰康
寧，四曰攸好德，五曰
考終命。五福以考終命
列為第五者，誠以其難
得 故 也。今朕年已登
者，富有四海，子孫百
五十餘人，天下安樂，
朕之福亦云厚矣。即或
有不虞，心亦泰然，念
自御極以來，

gelhun akū an kooli be hal-
ame dasaha, boo tome elgi-
yen, niyalma tome tes-
ubuhe, ilan jalan i enduring-
ge genggiyen ejete de
teherembi seci ojorakū bici-
be, abkai fejergi be taifin
necin de isibufi, niyalma ir-
gen be teisu teisu jirgame
sebjeleme banjikini seme
sithūfi kiceme, ajige muji-
len i gingguleme olhošome,
inenggi dobori akū ergere be
bairakū, ududu juwan aniya
otolo gūnin be akūmbume,
hūsun be wacihiyame, hing
seme emu inenggi adali
yabuha, erebe damu joboho
suilaha sere juwe hergen de
baktambume

雖不敢自謂能移風易俗，
家給人足，上擬三代明聖
之主，而欲致海宇昇平，
人民樂業，孜孜汲汲，小
心敬慎，夙夜不遑，未嘗
少懈。數十年來，殫心竭
力，有如一日，此豈僅勞
苦二字所能該括耶？

gisureci ombio, nenehe ja-
lan i di wang sa, ememu se
jalgan bahakūngge be, sud-
uri bithede urui gemu nure
boco i haran sembi, ere
gemu bithei urse darime
wakašara de amuran ofi,
udu gulhun muyahūn, umesi
sain ejen seme, inu urunakū
terei jaka be baime
gisurembi. bi te julgei ejete i
funde ubabe getukeleki,
mini gūnin de, gemu abkai
fejergi baita largin joboro
suilara de hamirakū ci ban-
jinahangge, ju g'o liyang ni
henduhengge, beye cukutele
hūsun mohotolo buceci, teni
nakambi sehebi, amban oho
niyalmai dolo

前代帝王，或享年不永，
史論概以爲酒色所致，此
皆書生好爲譏評。雖純全
盡美之君，亦必抉摘瑕
疵。朕今爲前代帝王剖白
言之，蓋由天下事繁，不
勝勞憊之所致也。諸葛亮
云，鞠躬盡瘁，死而後
已，爲人臣者，

damu ju g'o liyang tuttu
yabume mutehebi, di wang
sai beye alihangge umesi
ujen, gūwa de anaci ojorak-
ū, amban oho urse de du-
ibuleci ombio, amban oho
urse hafan teci oci, hafan
tembi, nakaci acaci na-
kambi, se sakdafi tušan ci
nakafi amasi genehe ma-
nggi, jui be tebeliyeme, om-
olo be tangsulame, kemuni
bahafi ler seme sulakan i
banjimbi, ejen oho niyalma
oci, emu jalan de jobome
suilame, fuhali ergere teyere
inenggi akū, te bicibe, sun
han be faššahakū taifin oho
sehe bime, beye

惟諸葛亮能此耳！若帝王
仔肩甚重，無可旁誘，豈
臣下所可擬，臣下可仕則
仕，可止則止，年老致政
而歸，抱子弄孫，猶得優
游自適。為君者勤劬一
生，了無休息之日，如舜
雖無為而治，

ts'ang u i bade urihebi, ioi
han duin teku be baitalame,
gala bethe fome fiyaganame
yabuhai gui gi de urihebi,
erebe tuwaha de, gemu das-
an i baita de hing seme
kiceme. giyarime baicame,
šurdeme yabume, majige er-
geme teyere šolo bahakū
bihe kai, ainahai damu
faššan akū be wesihuleme
ekisaka tefi biheni, i ging ni
dun guwa i ninggun jijun de,
gemu ejen oho niyalmai ba-
ita be gisurehe ba akū, ede
ejen oho niyalma jailame
genefi, ergeme jirgame ban-
jici ojorakū be bahafi saci
ombi, beye

然身歿於蒼梧，禹乘四
載，胼手胝足，終於會
稽，似此皆勤勞政事，巡
行周歷，不遑寧處，豈可
謂之崇尚無為，清淨自持
乎？易遯卦六爻，未嘗言
及人主人事，可見人主原
無宴息之地，可以退藏，

cukutele hūsun mohotolo
sehengge, cohome erebe he-
nduhebi. julgeci ebsi, abkai
fejergi be bahangge musei
gurun ci tob ningge akū, ta-
idzu. taidzung daci umai ab-
kai fejergi be gaiki sere
gūnin akū, musei cooha
ging hecen de isinjifi, geren
ambasa gemu gaici acambi
seme wesimbuhede, taidz-
ung hūwangdi i hese, ming
gurun musei gurun i baru
daci sain akū, te gaiki seci
umesi ja, damu dulimbai
gurun i ejen seme gūnime
gaime jenderakū

鞠躬盡瘁，誠謂此也。自
古得天下之正，莫如我
朝。太祖、太宗初無取天
下之心，嘗兵及京城，諸
大臣咸云當取。太宗皇帝
曰，明與我國，素非和
好，今欲取之甚易，但念
係中國之主，不忍取也。

sehe, amala liodzei hūlha li
dz ceng ging hecen be eful-
ere jakade , cung jeng han
fasime bucehe, hafan cooha
ishunde　　　　guilendufi
okdonoho manggi, teni li-
odzei hūlha be geterembu-
me　mukiyebufi,　dosifi,
amba doro be aliha, cung
jeng han i giran be, kooli
dorolon　be　　baicabufi
icihiyame sindaha, seibeni
han g'ao dzu, sy šang ni ba i
emu falgai da, ming gurun i
tai dzu, hūwang giyo sy i
emu hūwašan bihe, hiyang
ioi cooha ilifi cin gurun be
efulehe gojime, abkai fe-
jergi jiduji han gurun de
ohobi.

後流賊李自成攻破京城，
崇禎自縊，臣民相率來
迎，乃剪滅闖寇，入承大
統，稽查典禮，安葬崇
禎。昔漢高祖係泗上亭
長，明太祖一皇覺寺僧，
項羽起兵攻秦，而天下卒
歸於漢。

yuwan gurun i dubei forgon
de, cen io liyang se sasa de-
kdehe gojime, amala abkai
fejergi jiduji ming gurun de
ohobi, musei gurun mafari
doro be sirafi, abka de aca-
bume, niyalmai gūnin be
dahame, abkai fejergi be
baha, ede facuhūn amban,
hūlha   jui   balai   facuh-
ūrarangge,   gemu   jingkini
ejen i funde geterembume
mukiyebume yabuha be saci
ombi, yaya di wang sade ini
cisui abkai hesebuhe babi,
jalafun bahaci acarangge be
jalafun bahaburakū obume
muteraku, taifin i

元末陳友諒等蠢起，而天
下卒歸於明。我朝承席先
烈，應天順人，撫有區
宇，以此見亂臣賊子，無
非爲眞主驅除也。凡帝王
自有天命，應享壽考者，
不能使之不享壽考，

banjici acarangge be taifin i banjiburakū obume muterakū, bi ajigan ci bithe hūlame, julge te i doro giyan be muwašame ulhimbi, ciksin se de, tofohon hūsun i beri jafame, juwan ilan sefere i kacilan de gabtambihe, cooha baitalara dailame yabure baita de, gemu hoo seme mutembi, tuttu seme, emu jalan de emu niyalma be balai waha ba akū, ilan fudaraka hūlha be necihiyeme toktobufi, monggoi babe bolgo obume getermbuhengge. gemu emu mujilen i forgošome bodoho ci banjinahangge, boigon i jurgan i ku i menggun be, cooha baitalara, yuyure be

應享太平者，不能使之不享太平。朕自幼讀書，於古今道理，粗能通曉，又年力盛時，能彎十五力弓，發十三把箭，用兵臨戎之事，皆所優爲。然平生未嘗妄殺一人，平定三藩，掃清漠北，皆出一心運籌。戶部帑金，非用師賑飢。

aitubure baita waka oci, gel-
hun akū heni mamgiyaha ba
akū, ere cohome buya irgen
i umgan šugi i turgun,
giyarime yabure de, tatara
gung be yangselame mi-
yamirakū ofi, emu bade ba-
italahangge emu juwe tum-
en yan ci dulendehekū, bira
weilere bade, aniyadari ilan
tanggū tumen yan funceme
baibure de duibuleci, tanggū
ubu de emu ubu hono akū,
seibeni liyang gurun i u di,
inu fukjin doro ilibuha, ba-
turu　kiyangkiyan　bihe,
amala se sakdafi, heo ging
de hafirabufi, tai ceng ni
jobolon de tušahabi, sui gur-
un i

未敢妄費，謂此皆小民脂
膏故也。所有巡狩行宮，
不施采繪，每處所費，不
過一二萬金，較之河工歲
費三百餘萬，尚不及百分
之一。昔梁武帝亦創業英
雄，後至耄年爲侯景所
逼，遂有臺城之禍。

wen di, inu fukjin doro il-
ibuha ejen, ini jui yang di i
ehe be doigonde same mut-
ehekū ofi, naranggi sain i
bahafi dubehekūbi, ere
gemu erdeken i kimcihakū
ci banjinahangge, mini juse
omosi tanggū funcembi,
mini se inu nadanju se oho,
geren wang, ambasa hafasa,
cooha irgen. monggoso ci
aname, mini sakda niyalma
be gosirakū hairarakūngge
akū, te udu jalgan i dubeci-
be, bi inu urgunjembi, jai tai-
dzu hūwangdi i jui doron-
ggo wang, bayan wang ni

隋文帝亦開創之主，不能
預知其子煬帝之惡，卒至
不克令終，皆由辨之不早
也。朕之子孫，百有餘
人，朕年已七十，諸王大
臣官員軍民，以及蒙古人
等，無不愛惜朕年邁之
人，今雖以壽終，朕亦愉
悅。至太祖皇帝之子禮親
王，饒餘王之

juse omosi, te gemu gulhun
muyahūn i bi, mini beye i
amargideri suwe uhei gūnin
i karmatame gulhun obume
muteci, bi urgunjeme gen-
embi, hūwaliyasun cin
wang duici age □□, ni-
yalma wesihun, mimbe um-
esi alhūdahabi, amba doro
be afabuci mutembi, mini
sirame hūwangdi i soorin de
tebu, uthai kooli be dahame
orin nadan inenggi sinahi
su, dorgi tulergi de bireme
selgiye sehe.

子孫，見今俱各安全，朕
身後，爾等若能協心保
全，朕亦欣然安逝，雍親
王皇四子□□人品貴重，
深肖朕躬，必能克承大
統，著繼朕登基，即皇帝
位，即遵典制，持服二十
七日釋服，布告天下，咸
使聞知。

　　遺詔中「雍親王皇四子☐☐，人品貴重，深肖朕躬，必能克承大統，著繼朕登基，即皇帝位」等句，滿文讀如"hūwaliyasun cin wang duici age ☐☐, niyalma wesihun, mimbe umesi alhūdahabi, amba doro be afabuci mutembi, mini sirame hūwangdi i soorin de tebu"滿、漢文遺詔中因避御名諱，皇四子御名「胤禛」以黃簽粘貼。倘若果眞有康熙皇帝臨終傳位皇十四子胤禎遺詔，其文句內當作「貝子皇十四子胤禎，人品貴重，深肖朕躬，必能克承大統，著繼朕登基，即皇帝位」。其滿文當讀如"beise juwan duici age in jeng，niyalma wesihun，mimbe umesi alhūdahabi amba doro be afabuci mutembi，mini sirame hūwangdi i soorin de tebu."首先要把爵位「貝子」（beise）改爲「雍親王」（hūwaliyasun cin wang）；其次再把齒序「皇十四子」（juwan duici age）改成「皇四子」（duici age），塗抹滿文"juwan"，而不是把「十」改爲「于」。皇四子「胤禛」，滿文讀如"in jen"，皇十四子「胤禎」，滿文讀如"in jeng"，讀音輕重有別，字形繁簡不同，不能混淆，絕非改動一、二筆那樣輕而易舉了。矯詔篡位的傳說，似乎是出自漢人的聯想，其最嚴重的疏漏，就是忽視了滿、漢語文字形和句型的差異，小說家都忘了有滿文遺詔。滿、漢文遺詔既然是康熙皇帝崩殂後撰擬公佈的，就不能用遺詔否定雍正皇帝繼位的合法性。從制度面來考察，遺詔是新君繼位後按照傳統文書程序指定專人撰擬，並譯出滿文進呈御覽後正式公佈的。遺詔是政府重要文書，其本身就具有合法性。《清史纂要》：所稱「聖祖疾甚，胤禎及諸皇子方在宮門問安，隆科多受顧命於御榻前，帝親書皇十四子四字於其掌。俄隆科多出，胤禎迎問，隆科多遽抹去其掌中所書「十」字，衹存「四子」字樣。胤禎遂得立。」⑩親書傳位遺詔於手掌上，缺乏公信力，將辦理

文書視同兒戲。在發現康熙皇帝親書傳位手諭以前，不當採信傳說。從文獻方面來查證，放在乾清宮正大光明匾後面的是雍正元年八月十七日密建儲位的傳位詔書，而不是康熙皇帝遺詔。

　　對照康熙皇帝遺詔滿、漢文本的文義，也是不可忽視的工作。就實錄所載滿文和漢文進行比較，可知滿文和漢文的文句、詞義是彼此相合的。從滿文的繙譯，有助於了解漢文的詞義，譬如漢文遺詔中「非朕涼德之所致也」，句中「涼德」，滿文讀如"nekeliyen erdemu"，意即薄德。「涼德」是引《左傳》「虢多涼德，其何土之能得」等語。漢文「攸好德」，滿文作"erdemu de amuran"，意即喜好道德。「攸好德」，引《洪範》「予攸好德」等句，「攸」，語助辭，滿文省略未譯。漢文「今朕年已登耆」，句中「登耆」，滿文作"nadanuju se"，意即七十歲。六十歲以上的老人爲耆，一說耆爲七十歲以上的老人。滿文譯作七十歲，意義明確。漢文「或享年不永」，句中「或」，滿文作"ememu"，意即「有的」，就是有的帝王享年不永。漢文「禹乘四載」，滿文作"ioi han duin teku be baitalame"，意即禹帝使用四種座席。漢文引《書經‧益稷》「予乘四載」等句，意即四種交通工具。相傳禹治水時，水行乘舟，陸行乘車，泥行乘輴，山行乘樏。滿文"duin teku"，就是禹所乘坐的四種座具。滿文和漢文是兩種語文，漢文部分使用文言，滿文部分較近語體，淺顯易解，對照滿文，確實是繙譯文學研究者不可忽視的工作。藉助漢文典籍或漢文文獻的解讀繙譯，也可以提昇滿洲語文的遣詞用字，有助於滿洲語文的向前發展，更具有文以載道的表達能力，對儒家經典的譯出滿文，確實具備了高度的學術條件。康熙皇帝遺詔的滿文和漢文，都是重要的歷史文獻，倘若缺少了康熙皇帝滿文遺詔，無疑是一種難以彌補的缺憾。

八、結　語

　　查閱《滿文原檔》所載盛京宮殿滿文名稱及城門滿文匾額是還原清朝宮殿歷史記憶的重要途徑。清朝入關前，盛京宮殿城門名稱的滿文，大都原始質樸，淺顯易解，譬如崇德五宮中「永福宮」，《滿文原檔》做"hūturingga boo"，意即「福房」。《清太宗文皇帝實錄》滿文本作"hūturingga gung"，意即「福宮」。滿漢辭書作"enteheme hūturingga gurung"，意即「永福宮」。清朝入關以後，北京殿閣宮門名稱，或據漢文詞義譯出滿文，屬於滿文意譯的名稱；或據漢字讀音譯出滿文，屬於滿文音譯的名稱。意譯類的名稱如「午門」，滿文意譯作"julergi dulimbai duka"，意即「南中門」；「東直門」，滿文意譯作"tob dergi duka"，意即「正東門」；「觀德殿」，滿文意譯作"gabtara yamun"，意即「射箭衙門」，騎射嫻熟是旗人才德可觀的表現，滿族看滿文，淺顯易解。例如「勤政殿」，滿文音譯作"kin jeng diyan"，「東暖閣」，滿文音譯作"dung nuwan g'o"；宗人府「敦崇孝弟」匾額音譯作"dun cung hiyoo di"。滿文音譯名稱，不諳漢文的滿人，多不解其義。哪些殿閣宮門以滿文意譯？哪些殿閣宮門以滿文音譯？以免混淆，是值得重視的問題。滿人讀漢字，與漢人讀漢字，不盡相同。例如「胤礽」（in ceng）、「允礽」（yūn ceng），「礽」，音成，不讀仍。「允祉」（yūn c'y），「祉」，音恥，不讀止。「邱尚志」（ki šang jy），「邱」或「丘」，因避至聖先師名諱，「邱」，音「其」，不讀丘。「白色涅玻璃」，句中「涅」，滿文讀如"dushun"，意即「暗的」，不透明的玻璃。對照滿文，有助於漢字讀音詞彙涵義的理解。

　　內務府造辦處《活計檔》是探討清朝美術工藝及中西文化交流的重要紀錄，到目前爲止，仍未見滿文本《活計檔》，現存《活計檔》始自雍正朝。從雍正朝《活計檔》中可以看到滿文音譯的常見漢字詞彙，還原滿文後，可以了解各漢字詞彙的意義。例如「阿格里」，滿文讀如"ageli"，意即「樹瘤」，可以製作各種珍玩。「查查里」，滿文讀如"cacari"，意即帷幄，"suwayan cacari"，即「黃幄」。「衣巴丹」，滿文讀如"ibadan"，意即「樞梨木」，可做鎗杆。郎世寧奉命重畫的「者爾得小狗」，「者爾得」，滿文讀如"jerde"，意即「赤紅的」，「者爾得小狗」，就是赤紅色的小狗。「開七里」，又作「開其里」，滿文讀如"kaiciri"，意即「牙籤筒」，有象牙開其里，也有湘妃竹開其里，都是懸掛在腰間。「圖塞爾根」，又作「塗塞爾根」，滿文讀如"tusergen"，意即筵席上放置盅碟的「高桌」。爲便於查閱《活計檔》，似可將雍正、乾隆等朝《活計檔》及滿、漢文起居注冊、實錄等各類音譯詞彙製作成手冊，將是一種實用、具有意義的學術工作。

　　雍正年間，內閣遵旨擬定八旗佐領名號，包括上一字八個嘉名及下一字共二百個嘉名，滿、漢兼譯，將上一字結合下一字，就形成八旗各佐領名號。因爲上、下各字都是滿、漢兼譯，成爲雍正年間的規範字，可補滿、漢辭書的不足。例如《滿漢大辭典》中「永福宮」的「永」，滿文作"enteheme"，而內閣所擬「保」，滿文作"enteheme"。「保和殿」滿文譯作"enteheme hūwaliyambure diyan"，是彼此一致的。內閣所擬下一字嘉名中，含有頗多封諡用語，對研究清朝封諡制度提供了珍貴的滿、漢文史料，同時有助於了解雍正年間滿、漢字對譯規範的過程。

　　滿漢合璧奏摺是按滿、漢文對譯的摺件，其文義大致相近，

但因所奉硃批多以滿文批在滿文部分,且可藉助於滿文的繙譯,對漢文詞義較易理解。漢字「跕店」,跕,音同踩,「跕店」,滿文作"diyan be tuwanabume",意即「使人去看店」。雍正元年(1723)二月初二日,康親王沖安等奏摺,是滿漢合璧奏摺,滿文部分"dorolon giyūn wang",漢文作「嘉郡王」。《清世宗憲皇帝實錄》則作「履郡王」。《雍正朝滿文硃批奏摺全譯》亦作「履郡王」。檢查《上諭檔》雍正元年(1723)正月二十二日諭旨,可知滿文「多羅倫」(dorolon)「字樣甚好」,但因漢字「履字與理字同音,況字面亦不甚好」,所以經雍正皇帝將漢字改為「嘉」字,其滿文仍為「多羅倫」(dorolon)。滿漢合璧奏摺漢文作「嘉郡王」,確實有所本,全譯本似因襲實錄,作「履郡王」。全譯本以滿、漢文義有出入而據滿文譯出漢文,未附原摺漢文,確實有待商榷。似可採取校注方式,不改動原文,補譯滿文硃批,作注說明。現藏宮中檔案含有頗多滿文條陳奏摺,其內容涉及旗務、行政、司法、文教、吏治、習俗等範圍。臣工各抒所見,既反映雍正年間施政的得失,又對乾隆初年除弊興利政策走向產生影響,探討雍正、乾隆年間的歷史,不能忽視滿文條陳奏摺的史料價值。《雍正朝滿文硃批奏摺全譯》,因未附滿文,譯文疏漏之處,仍待修正。

　　長期以來,雍正皇帝被認為是一位有爭議的皇帝,其中一個主要原因就是由於康熙皇帝遺詔的爭議,倘若從遺詔撰擬公佈等制度面及滿文遺詔進行考察,似可不致人云亦云。滿、漢文遺詔都是康熙皇帝崩殂後撰擬頒布的,所謂矯詔篡位,或竊改正大光明匾後遺詔的傳聞,不攻自破。在發現康熙皇帝親書傳位手諭之前,不能否定雍親王胤禛入承大統的合法性。放在正大光套匾後的傳位詔書是雍正元年(1723)八月十七日密建儲位雍正皇帝親

書皇四子弘曆為皇太子的傳位詔書，康熙皇帝遺詔不當與雍正皇帝密建儲位的傳位詔書張冠李戴。解讀康熙皇帝滿文遺詔後，所謂改「十」為「于」的傳聞，不過是漢人的聯想。重視滿文史料一分證據說一分話的態度，是可以肯定的。

【註　釋】

① 許慎著、段玉裁注，《圈點說文解字》（臺北，南嶽出版社，民國67年8月），頁811。

② 《故宮文物》月刊，第285期（臺北，國立故宮博物院，民國95年12月）刊載侯皓之撰〈活計檔的由來與其中的滿語漢譯〉一文，可供參考。

③ 《活計檔》，064-389-556，匣作，雍正五年六月初一日，圓明園來帖。朱家溍選編《養心殿造辦處史料輯覽》（北京，紫禁城出版社，2003年8月），頁94。將諭旨中「盛香花藍器皿」改作「盛香花的器皿」。

④ 《活計檔》，061-207-567，琺瑯作，雍正元年三月十八日，怡親王諭。

⑤ 《蒙漢詞典》（呼和浩特，內蒙古教育出版社，1975年8月），頁271；王海清編《蒙日辭典》（京都，朋友書店，1992年），頁159。

⑥ 《活計檔》，062-512-564，鑲嵌作，雍正四年十二月二十六日，諭旨。

⑦ 《活計檔》，064-410-556，琺瑯作，雍正五年七月三十日，諭旨。

⑧ 《養心殿造辦處史料輯覽》，第一輯，頁188。

⑨ 《活計檔》，074-52-136，雍正十三年四月十一日，諭旨。

⑩ 《活計檔》，069-314-550，雍正八年十月三十日，諭旨。

⑪　《清世宗憲皇帝實錄》，卷八二，頁19。雍正七年六月二十二日，
　　記事。

⑫　《活計檔》，0704-96-580，雍正九年十月初九日，記事。

⑬　《活計檔，玻璃作》，070-206-580，雍正九年三月初二日，圓明
　　園來帖。

⑭　《活計檔，砲鎗作》，065-380-556，雍正六年十二月初六日，怡
　　親王諭。

⑮　《活計檔，砲鎗作》，061-262-567，雍正元年九月初五日，怡親
　　王諭。

⑯　《活計檔》，064-376-556，畫作，雍正五年正月初六日，諭旨。

⑰　《活計檔》，068-531-586，畫作，雍正八年四月十三日，諭旨。

⑱　《活計檔》，061-241-567，皮作，雍正元年三月十四日，怡親王
　　諭。

⑲　《活計檔》，064-153-556，漆作，雍正四年九月二十五日，諭旨。

⑳　《養心殿造辦處史料輯覽》，第一輯，頁106，記載十月二十九日
　　做得鑲嵌萬萬壽象牙開其里，似即象牙鑲嵌萬福萬壽開其里。

㉑　《養心殿造辦處史料輯覽》，第一輯，頁78-79。

㉒　《活計檔》，071-29-573，皮作，雍正九年二月二十三日，圓明園
　　來帖。

㉓　《活計檔》，064-115-556，木作，雍正四年八月十六日，諭旨。

㉔　《活計檔》，《雍正五年春季流水檔》，064-453-556，木作，雍
　　正五年正月十五日，諭旨。

㉕　《活計檔》，066-110-585，木作，雍正六年五月二十二日，諭旨。

㉖　《活計檔》，071-268-573，木作，雍正十年九月十一日，圓明園
　　來帖。

㉗　《活計檔》，《圓明園六所檔》，071-528-573，雍正十年十月二

十九日，圓明園來帖。

㉘ 《活計檔》，072-344-576，雜活作，雍正十一年八月十六日，諭旨。

㉙ 《養心殿造辦處史料輯覽》，第一輯，頁281，雍正十三年六月初七日，諭旨。

㉚ 《活計檔》，雍正元年正月十四日，怡親王諭。

㉛ 《活計檔》，066-194-585，雜錄，雍正六年七月十一日，記事。

㉜ 《活計檔》，068-536-586，畫作，雍正八年九月二十日，傳諭。

㉝ 《活計檔》，066-139-585，木作，雍正六年十二月十六日，記事。

㉞ 《宮中檔雍正朝奏摺》，第三十二輯，《滿文諭摺》，第五輯（民國69年6月），頁379。

㉟ 安雙成主編，《滿漢大辭典》（瀋陽，遼寧民族出版社，1993年12月），頁808。

㊱ 《宮中檔雍正朝奏摺》，第二十九輯，《滿文諭摺第二輯》，（民國69年3月），頁551。雍正二年二月十三日，阿爾松阿等奏摺。

㊲ 《宮中檔雍正朝奏摺》，第一輯，（民國66年11月），頁37。雍正元年二月初二日，沖安等奏摺；《宮中檔雍正朝奏摺》，第二十八輯（滿文諭摺第一輯）（民國69年2月），頁38。

㊳ 中國第一歷史檔案館譯編，《雍正朝滿文硃批奏摺全譯》（合肥，黃山書社，1998年12月），上冊，頁24。雍正元年二月初二日，崇安等奏摺。

㊴ 《清世宗憲皇帝實錄》，卷三，頁42。雍正元年二月壬寅，諭旨。

㊵ 《雍正朝漢文諭旨匯編》（桂林，廣西師範大學出版社，1999年3月），第一冊，頁21。雍正元年正月二十二日，諭旨。

㊶ 《清高宗純皇帝實錄》，卷三，頁6。雍正十三年九月乙卯，上諭。

㊷　葉高樹，〈各抒所見－雍正十三年滿漢文「條陳奏摺」的分析〉，
　　《故宮學術季刊》，第二十三卷，第四期（臺北，國立故宮博物
　　院，民國 95 年 6 月），頁 78。

㊸　《宮中檔雍正朝奏摺》，第二十五輯，（民國 68 年 11 月），頁
　　456。雍正十三年十一月，石介奏摺。

㊹　《宮中檔雍正朝奏摺》，第三十二輯，（民國 69 年 6 月），頁
　　104。雍正十三年十一月初八日，佟濟奏摺。

㊺　《宮中檔雍正朝奏摺》，第三十二輯，頁 272。雍正十三年十一月
　　二十八日，巴德保奏摺。

㊻　《宮中檔雍正朝奏摺》，第三十二輯，頁 155。雍正十三年十一月
　　十三日，舒魯克奏摺。

㊼　《宮中檔雍正朝奏摺》，第二十五輯，（民國 68 年 11 月），頁
　　341。雍正十三年十月二十八日，明德奏摺。

㊽　《宮中檔雍正朝奏摺》，第三十二輯，頁 168。雍正十三年十一月
　　十四日，巴什奏摺。

㊾　《景宗大王實錄》（漢城，國史編纂委員會，1973 年 8 月），卷
　　一〇，頁 36。景宗二年十二月十一日丁卯，康熙皇帝遺詔。

㊿　蕭一山著，《清代通史》（臺北，臺灣商務印書館，民國 51 年 9
　　月），第一冊，頁 857。

奏摺錄副——清高宗乾隆朝《軍機處檔・月摺包》的史料價值

一、前　言

　　歷史資料有直接史料與間接史料的分別，檔案是一種直接史料，認識檔案，始能認識史事的眞相。直接史料的搜集、整理與考訂，就是歷史學研究法的基本工作。歷史學家充分運用直接史料，比較公私記載，有系統的加以排比、敘述與分析，使歷史的記載與客觀的事實彼此符合，方可稱爲信史。有清一代，檔案浩瀚，極有助於清史的研究。清代檔案，就其來源而來，最重要的爲：宮中檔、軍機處檔、內閣檔、內務府檔及清代國史館與清季總理衙門檔等，都是珍貴的直接史料。宮中檔主要爲內外臣工繳回宮中的滿漢文御批奏摺，內含硃批、墨批及藍批的奏摺，其中也附有不少的清單、供詞、夾片、特諭及廷寄等。清聖祖在位時，奏摺奉御批還原奏人後，尚無繳回之例。康熙六十一年十一月，世宗即位後，始命內外臣工將聖祖御批奏摺敬謹查收呈繳，不准抄寫、存留、隱匿、焚棄，而且世宗所批奏摺亦須定期繳回，從此繳批就成了定例。臣工繳回摺件，分別置放於宮中懋勤殿、大高殿、永壽宮、景仁宮等處。奏摺不是例行公文，不必循例具題，有事具奏，無事不得頻奏，以煩瀆主聽，督撫兩司將軍提鎮等各報各的，不能相商。因此，摺奏內容較爲可信，所有不便形諸本章的機密事件，危言聳聽的特殊事故，或與朝廷體統攸關的事情，都可奏聞。清初奏摺爲君主親手批覽，更增加奏摺的

價值。宮中檔除部分廷臣的摺件外，多來自直省地方官員，所以宮中檔摺件內含有非常豐富價值極高的外任史料。同時宮中檔奏摺字跡工整，保存良好，便於利用。軍機處檔案以檔冊與摺包二類的數量較多，軍機處承宣諭旨及經辦事項皆須分類登入簿冊，統稱爲檔冊，如隨手登記簿、上諭檔、寄信上諭檔、密記檔、議覆檔、引見檔、電寄檔等；各種專檔如緬檔、安南檔、苗檔、林案供詞檔、金川檔等，史料價值都很高，尤其在各種專檔內抄錄了不少當事人的供詞，是最直接的史料。軍機處的摺包，包括錄副存查的奏摺抄件及直省官員致軍機處的各種文件等，因種類較多，涉及範圍較廣，更值得利用。內閣檔案，主要爲滿洲入關前的盛京舊檔，入關以後的各種案卷、圖冊、試卷、碑記及清初徵集的明季檔案、舊存實錄、誥敕等，其數量均極可觀。至於總管內務府設於清初，下轄廣儲、都虞、掌儀、慶豐、會計、營造、愼刑七司及上駟、武備、奉宸苑三院，掌上三旗包衣的政令與宮禁事務。內務府所存檔案，主要爲內務府承接的上諭，各司院所進呈及彙抄的紅本、奏稿、摺件、圖冊、單片、以及內務府收發各處的呈稿、咨文、譜諜、戲曲、輿圖、堂諭、告示、火印、腰牌等物品。其餘國史館的長編檔、表、志、傳及清季總理衙門的史料，都是研究清史必備的資料，本文僅就國立故宮博物院現存清高宗乾隆朝軍機處摺包檔，略述其史料的性質與價值，俾有助於清史的整理與研究。

二、辦理軍機處的設立經過

辦理軍機處，簡稱軍機處，其建置時間，清代官私記述極不一致，中外史家的討論更是異說紛紛。趙翼著《簷曝雜記》謂「雍正年間，用兵西北兩路，以內閣在太和門外，儤直者多慮漏

泄事機，始設軍需房於隆宗門內，選內閣中書之謹密者入直繕寫，後名軍機處。」①席吳鏊著《內閣志》云「雍正中以邊事設軍需房于隆宗門外」。②梁章鉅纂《樞垣紀略》原序云「自雍正庚戌設立軍機處，迨茲九十餘年，綱舉目張，人才輩出。」③但同書卷二，頁一又謂雍正十年二月命大學士鄂爾泰、張廷玉辦理軍機處事務，爲軍機大臣除授之始。李宗侗氏即以前二條記載不相合，而引《清史稿》軍機大臣年表內雍正七年六月始設軍機房，命怡親王允祥、張廷玉、蔣廷錫密辦軍需一應事宜，及葉鳳毛著《內閣小志》雍正八年春，葉氏爲舍人，中堂已有內外之分，軍機房即內中堂辦事處等條的記載，指出在雍正八年以前軍需房已經設立。李氏又引世宗實錄雍正七年六月癸未條有關征討準噶爾的上諭內「其軍需一應事宜交與怡親王、大學士張廷玉、蔣廷錫密爲辦理，其西路辦理事宜，則專於總督岳鍾琪是任。王大臣等小心愼密，是以經理二年有餘，而各省不知有出師運餉之事。」④而認爲內大學士的實存，必始自雍正五年以前。世宗實錄雍正九年四月庚子條又云：「即以西陲用兵之事言之，北路軍需交與怡賢親王等辦理，西路軍需交與大將軍岳鍾琪辦理，皆定議於雍正四年者。王大臣等密奉指示，一絲一粟，皆用公帑製備，纖毫不取給於民間，是以經理數年而內外臣民並不知國家將有用兵之舉。及至雍正七年，大軍將發，飛芻輓粟，始有動用民力之時。」⑤因此，李氏指出「內大學士的實存必始自雍正四年的下半年，這可以說是軍需房成立的最始年月。」⑥

　　傅宗懋氏著《清代軍機處組織及職掌之研究》一書採納李氏的推論，並引清史列傳內富寧安、張廷玉、蔣廷錫等人的記載作爲旁證，而說明李氏的論證實堪採信⑦。吳秀良氏撰〈清代軍機處建置的再檢討〉一文則引北平故宮博物院民國二十四年〈整理

軍機處檔案之經過〉的報告內「摺包起自雍正八年」的話⑧，宮
中檔奏摺及起居冊等資料以支持《樞垣紀略》，所述軍機處設立
於庚戌年即雍正八年的說法。吳氏將史事排比後指出雍正八年以
前軍需方不存在，軍需大臣亦不存在。雍正八年，軍需房設立
了，祕書人員出現了，內中堂利用軍需房內祕書人員辦事。雍正
九年，軍需房已改爲辦理軍需處，辦理軍機大臣等出現了。雍正
十年，軍需處已被改爲辦理軍機處，內中堂鄂爾泰和張廷玉受命
辦理軍機事務。雍正十一年，辦理軍需大臣的名稱被辦理軍機大
臣所代替了。雍正十二年，辦理軍機處確定指爲辦理軍機緊要
處。雍正十三年，世宗崩殂後，辦理軍機大臣等所辦事務併歸總
理事務大臣等辦理。乾隆二年，高宗復命鄂爾泰等爲辦理軍機大
臣，其職責擴大了，包括軍務以外的特別事務⑨。

　　世宗實錄雍正九年四月初八日庚子上諭，又見於世宗起居注
冊，但纂修實錄時，已將上諭刪略潤飾過。起居注冊初八日內閣
奉上諭內，於「經理數年而內外臣民並不知國家將有用兵之舉」
句後續云「以致宵小之徒，如李不器輩竟謂岳鍾琪私造戰車，蓄
養勇士，訛言繁興，遠近傳播，達於朕聽。朕將岳鍾琪遵奉密旨
之處，曉諭秦人，而訛言始息，即此一節觀之，若非辦理軍需秋
毫無犯，何至以國家之公事疑爲岳鍾琪之私謀乎。」⑩世宗既云
密辦軍需定議於雍正四年，王大臣等密奉指示，經理數年，岳鍾
琪因造備戰車，訓練勇士，密辦軍需，以致訛言繁興，及至雍正
七年動用民力時，臣民始知其故。易言之，在雍正七年以前辦理
軍需大臣實已存在，但軍需房設立的時間則較晚。戶部正式設立
軍需房的時間是在雍正七年。雍正十三年九月二十二日，總理事
務兼總理戶部事務和碩果親王允禮、經筵講官總理事務少保兼太
子太保保和殿大學士仍管吏部戶部尚書事張廷玉、內大臣署理戶

部尙書事務兼內務府總管海望爲請旨事一摺云：「查得雍正柒年派撥官兵前往西北兩路出征，一切軍務，事關機密，經戶部設立軍需房，揀選司官、筆帖式、書吏專辦，惟總理戶部事務怡賢親王同戶部堂官一二人管理。今西北兩路之兵已大半減撤，非軍興之初機密可比，所有一切案件，俱關帑項，應請旨敕令戶部堂官公同辦理，庶幾錢糧得以愼重，案件不致遲延矣。」⑪原摺奉墨批「依議，尤當愼密辦理。」允禮所述既無可置疑，軍需房實成立於七年。軍需房、軍機房或軍機處，名稱屢易，是一種新制度在草創時期的現象。雍正十年，鑄頒軍機處印信。據是年三月初三日庚申實錄的記載是「大學士等遵旨議奏辦理軍機處密行事件所需鈐封印信，謹擬用辦理軍機印信字樣，移咨禮部鑄造，貯辦理軍機處，派員管理，並行知各省及西北兩路軍營，從之。」⑫同年五月二十九日，四川總督黃廷桂接到大學士鄂爾泰等知照，文云「雍正十年四月二十三日奉旨，辦理軍務處往來文移關係重大，今頒辦理到軍機事務印記，凡行爾各處事件有關軍務者，俱著用印寄去。至各處關係軍務奏摺，並移咨辦理軍務處事件，亦著用印，以昭信守，欽此。」⑬由此可知在軍機處名稱通行以前曾叫做「辦理軍務處」。在雍正十年三月，辦理軍機事務印信啓用日久以後，遂將辦理軍需大臣改稱辦理軍機大臣，也將辦理軍務處改稱辦理軍機處。簡言之，在雍正四年定議辦理軍需時，張廷玉等即以戶部大臣兼辦軍需事務，辦理軍需大臣確已存在，至雍正七年戶部於隆宗門內正式設立了軍需房，雍正十年三月，頒用辦理軍機事務印信以後，因通行日久，遂習稱軍機處或辦理軍機處了。世宗設立軍機處的眞正原因是爲了用兵西北而密辦軍需，高宗即位後，軍機大臣有時也就近承辦高宗所交出的特旨。乾隆二年十一月二十八日，高宗諭云「昨莊親王等奏辭總理事

務，情詞懇切，朕勉從所請。但目前西北兩路軍務尚未全竣，且朕日理萬幾，亦間有特旨交出之事，仍須就近承辦。皇考當日原派有辦理軍機大臣，今仍著大學士鄂爾泰、張廷玉、公訥親、尚書海望、侍郎納延泰、班第辦理，欽此。」⑭不過就乾隆初年而言，軍機大臣議奏的範圍，尚不出軍務、錢糧、河工、米穀等項，自從用兵金川，及準噶爾等戰役後，軍機處的組織日益擴大，其後軍機大臣兼辦的事項更多了。軍機處原來是戶部的分支，但因其職責範圍擴大了，軍機大臣又以大學士及各部尚書侍郎在軍機處辦事或行走，而漸漸吸收了內閣或部院的職權，軍機處遂由戶部的分支而成為獨立的機關，這種變化是在乾隆中葉以降的現象。其後軍機處不僅掌理戎略，或戶部事宜，舉凡軍國大計，莫不總攬，終於取代內閣職權，成為清代中央政令所自出之處。

三、奏摺錄副與摺包檔的由來

清初奏摺與本章不同，奏摺不過是君主廣諮博採的工具而已，並非君臣處理國家公務的正式文書，實無法理上的地位。就康熙、雍正年間而言，摺奏固不可據為定案，硃批上諭亦非經內閣公佈的正式旨意。臣工奉到批諭後，若欲付諸施行，必須另行具本謹題，俟君主向內閣或各部正式頒旨後始能生效。直省文武臣工的奏摺，一日之間，或數件，數十件不等，君主親自閱覽批發，臣工定期繳回宮中的奏摺，並無掌管的人員。但摺奏事件有不乏涉及政事者，實有交部議奏或抄錄存案的必要。雍正元年，正黃旗漢軍都統兵部尚書盧詢即曾指出各衙門摺奏事件，有蒙硃批者，有奏事官轉傳諭旨者，都關係政事。因此，盧詢奏請照正本具題事件六科月終彙題之例，定限稽查，將各衙門摺奏奉旨事件，飭令各衙門一月一次，將事件挨次開列，於事件下備細註明

緣由，恭呈御覽⑮。臣工條陳事件，世宗為徵詢臣工意見，常將原摺發交廷臣議奏，或裁名發下地方督撫議覆。例如雍正三年四月初七日，貴州大定鎮總兵官丁士傑奏陳耗羨歸公不宜施行一摺，世宗將原摺發交地方官議奏，並於原摺封面以硃筆書明「此丁士傑之奏，亦當留心，如有不妥，不可固執舊事，密之，不可令丁士傑少覺一點。」但有關錢糧及軍機事務等項，必須交部抄錄存案，以便查核。例如雍正七年二月初一日，陝西總督岳鍾琪「奏請撥款建造廟宇移駐達賴喇嘛事」，奉硃批云「交部錄存矣。」同年三月三十日，岳鍾琪具奏餵養馬匹一摺，世宗批諭云「所奏是，照所請行，已交部抄錄存案，於軍需奏冊到時查核。」在軍機處設立以前，臣工奏摺已因其事件內容的不同，交部抄錄存案。軍機處設立以後，有關軍務往來文移及辦理軍需摺件，即由軍機處司員等錄副存查。雍正七年十月初一日夜間，因文選司失火，所有檔案被焚燬。世宗降旨所有內閣本章及各衙門檔案，都應於正本外，立一副本，另行收貯。如本章正本是紅字批發，副本則批墨筆存案，其他檔案副本，另用鈐記，加以區分。大學士等遵旨議奏，直省督撫題奏事件，除副本照例送通政司外，亦應一併送進內閣，俟奉旨後，內閣將副本遵照紅本用墨筆批錄，另貯皇史宬，在京各部院覆奏本章亦照此例辦理⑯。軍機處將原摺抄錄副本後，即存放軍機處備查。軍機處又須將每日所接奏摺，所奉諭旨登錄於隨手簿。民國二十年，文獻館整理軍機處檔案時指出摺包起自雍正八年，隨手簿則始於乾隆七年。

　　軍機處所抄錄的奏摺副本，是按月分包儲存的，所以叫做月摺包，簡稱摺包。梁章鉅著《樞垣紀略》云「凡中外奏摺奉硃批該部議奏，該部知道者，皆錄副發鈔，其硃批覽，或硃批知道了，或硃批准駁其事及訓飭嘉勉之詞，皆視其事係部院應辦者，

即發鈔，不涉部院者不發鈔。凡未奉硃批之摺，即以原摺發鈔。凡硃批原摺如在京衙門之摺，即存軍機處彙繳，如各省俱於本日錄副後係專差齎奏者，交內奏事封發，由驛馳奏者，即由本處封交兵部遞往。其內閣領鈔之摺，於次日繳回，同不發鈔之摺，按月歸入月摺包備查。」⑰ 所謂月摺包，據梁氏稱「凡發交之摺片，由內閣等處交還及彙存本處者，每日爲一束，每半月爲一包，謂之月摺。」⑱ 但月摺不能說就是月摺包。案清代制度，奏摺按時間來分，含定期摺與不定期摺二種。不定期摺是以事情的先後，或輕重緩急，隨時具奏。定期摺，多屬尋常例行公事，或半月，或一月限期遞呈。因此，就康熙、雍正以降的文書種類而言，所謂月摺，就是各部院衙門每月定期彙奏的奏摺。例如雍正四年十月，世宗諭大學士九御等，略謂「自督撫提鎮至於道府參遊州縣，每一缺出，苟不得其人，朕將吏、兵二部月摺翻閱再四，每至終夜不寢，必得其人，方釋然於中。」⑲ 清代官制，凡內外官出缺，由吏部等選補，每月開選一次，稱爲月選，吏部每月按期彙奏，此類奏摺，遂稱爲月摺，其他各部衙門都有每月定期彙奏的月摺。例如《欽定大清會典事例》云「設稽察房，凡各部院遵旨議覆事件，由票籤處傳鈔後，稽察房按日記檔，俟各部院移會到時，逐一覈對，分別已結未結，每月彙奏一次，每日軍機處交出清漢諭旨，由票籤處移交稽察房存儲，詳細覈對，繕寫清漢字合璧奏摺，與稽察事件月摺一併彙奏。」⑳ 就檔案名稱而言，月摺又分月摺檔與月摺包。前者是一種檔冊，又稱爲月摺簿，是國史館將已奉硃批或墨批的奏摺，逐日抄繕，按月分裝成冊，以便存案備查，凡請安、謝恩與陛見等摺件，俱不抄錄。故宮博物院現藏月摺檔起自道光朝，每季一冊，或每月一冊，咸豐朝的月摺檔，每月一冊，或二、三冊不等。同治、光緒朝的月摺

檔，每月有多至五、六冊者。在月摺檔內又含有譯漢月摺檔，每季一冊，或每月一冊，這是抄錄滿文摺件的譯漢檔冊。至於月摺包則為軍機處將原摺逐件抄錄的副本，軍機處往來文移的原件，部分奏摺原件，及知會、咨文、圖冊等按月分包儲存。民國十五年二月，文獻館開始整理摺包時，曾按包計數，其中有一月一包者，亦有半月一包者。本文即就國立故宮博物院現藏軍機處乾隆朝月摺包的內容，舉例說明，並略述其史料價值。

四、月摺包與宮中檔現存檔案年分的比較

宮中檔奏摺原件，除乾隆元年、四年、五年、八年、十四年、五十七年、五十八年、六十年現存各數件外，主要是從乾隆十六年七月至五十四年十二月的原摺及其附件。其中乾隆十六年六月至二十一年十二月，二十八年一月至三十年十二月，三十二年七月至三十三年十二月，三十八年十一月至三十九年十二月，四十二年一月至四十四年六月，四十六年八月至四十九年五月，五十一年六月至五十四年十二月等年月，所存較全，其餘年月，現存摺件都已不全。軍機處月摺包現存檔案是起自乾隆十一年十一月，其中乾隆十一年十一月至十七年十二月，二十四年正月至同年二月，二十七年五月至同年閏五月，三十三年十一月至三十四年三月，三十四年六月至三十七年十二月，四十三年正月至四十六年九月，四十八年四月至四十九年七月，五十三年十月至五十六年正月等年月所存檔案較齊全，其餘各年現存摺包俱不全。從上列年分可知軍機處月摺包所包含的時間，較宮中檔為長，可補奏摺原件的闕漏。

就現存檔案的內容而言，宮中檔奏摺及其附件都是乾隆年間的原件，而軍機處月摺包內除乾隆年間的檔案外，尚包含康熙、

雍正年間的文件，有的是原件，有的是抄件。例如摺包內「諭戶部」文，原件未標明年月，從其內容所敘述的史事，查出是康熙四十九年十月初三日聖祖所頒佈的特諭。《大清聖祖仁皇帝實錄》載此道特諭，惟文詞略異，如特諭原文內「前後蠲除之數，據戶部奏稱，通共會計已逾萬萬。」實錄將「通共會計」改作「共計」。又如特諭原文內「原欲天下錢糧一概蠲免，因眾大臣集議，恐各處需用兵餉，撥解之際，兵民驛遞，益致煩苦，細加籌畫，悉以奏聞，故自明年始於三年以內，通免一周。」此段文字，實錄作「將天下錢糧一概蠲免，因眾大臣議奏，恐各處需用兵餉，撥解之際，兵民驛遞，益致煩苦，朕因細加籌畫，自明年始於三年以內，通免一周。」㉑實錄將大臣集議細加籌畫，悉以奏聞的字樣，加以潤飾後，已失原意。康熙五十年十月初三日，實錄又載前項特諭，其文字與月摺包內康熙四十九年特諭相近，足見纂修實錄時雖抄錄同一特諭，而前後增刪潤飾仍有不同。月摺包第二七七六箱，一三七包，三二二八四號，是恩詔一道，末書年月。聖祖實錄，康熙五十二年三月十八日乙未條載此道恩詔，惟詞意略異。例如月摺包內原詔云「朕五十餘年，上畏下懼，以敬以誠。」實錄作「朕五十餘年，上畏天命下凜民碞，以敬以誠。」月摺包內原詔又云「大沛恩澤，用稱朕躋世于仁壽之至意，所有應行事例，開列于後，於戲。」實錄將「所有應行事例，開列於後。」字樣刪略不載，類似例子很多，不勝枚舉。

　　軍機處月摺包內也含有康熙、雍正年間的各項清單。例如：「浙省康熙四十九年題定倉貯額數清單」略謂「浙省康熙四十九年於一件請照江南等事案內題定應捐積米額數分別大中小治，大縣自一萬四千餘石至一萬九千餘石不等，中縣自七千石至一萬七千多餘石不等，小縣自四千五百石至一萬一千餘石不等。」同時

據原清單所開列各府屬縣貯米石數，通省共額貯捐米計七十五萬二千餘石，至康熙六十一年歲底盤查通省實在存米僅二千六百餘石，足見康熙末年倉米虧空已多。另據月摺包內「浙省雍正五年題定倉貯額數清單」所開通省額貯捐米計一百四十萬石，至雍正十三年歲底盤查，實存米數計一百四十九萬六千餘石，並無虧缺。雍正年間，謝濟世揑參田文鏡文案，亦見於乾隆朝月摺包內。刑部尙書德明等會同九卿翰詹科道會議，將謝濟世擬斬立決，於軍前正法，雍正七年九月二十四日，德明等具題。是月二十六日，奉旨命刑部將謝濟世所供李紱、蔡珽向其告知密參田文鏡情由，詢取口供具奏。德明等隨傳李紱、蔡珽到案，除訊取兩人口供外，另錄謝賜履供詞，這些供詞都保存在月摺包內㉒，對研究田文鏡生平事跡，仍不失爲珍貴的史料。月摺包內部分史料，有涉及清初史事者。例如「左夢庚事實」一紙，內云「左夢庚，山東臨清州人，明寧南侯良玉子。順治元年，良玉由湖廣統兵下南京，以誅馬士英爲名，至九江病歿，夢庚領父衆徘徊江楚間。二年，英親王阿濟格率兵追流賊至九江，夢庚率所部總兵十二員，官兵十萬，船二千隻，銀三萬兩，米一萬石迎降。至京，以其衆分隷旗籍，授夢庚一等精奇尼哈番，准襲十四次。四年，擢本旗漢軍都統。六年，隨英親王征大同叛鎮姜瓖，攻左衛，克之。十年，病歿，賜祭葬如典禮，諡莊敏。夢庚無子，以兄之孫左元廕承襲。現今世職，係元廕曾孫左淵承襲。其世管佐領係元廕曾孫左瀚管理。」㉓ 這是重要傳記資料，對於南明史事的研究，可供參考。《清史列傳》與《清史稿》等雖有傳，但內容略有出入。《清史列傳》等將「寧南侯」改作「寧南伯」，且未載左良玉病歿時間。左夢庚降清時所率部衆兵數及船隻銀米等數，亦未記載。月摺包「左夢庚事實」以順治四年擢左夢庚爲漢軍都

統，《清史列傳》等改繫於順治六年。順治十年，左夢庚病歿，
《清史稿》將其卒年改繫於順治十一年。左夢庚無子，由兄孫等
承襲世職及世管佐領，《清史稿》俱未記載㉔。

五、月摺包奏摺錄副制度述略

　　直省內外臣工的奏摺，凡奉有御批者，都錄副存查，月摺包
內的奏摺副本，就是這類御批奏摺的抄件。其未奉御批的奏摺，
即以原摺存入月摺包內，惟數量較少。奏摺既奉御批，不論發鈔
不發鈔，都應另錄副本一分。御批摺件的抄錄，《樞垣紀略》記
述較詳。「凡抄摺，皆以方略館供事，若係密行陳奏及用寄信傳
諭之原摺，或有硃批應愼密者，皆章京自抄。各摺抄畢，各章京
執正副二本互相讀校，即於副摺面註明某人所奏某事，及月日，
交不交字樣，謂之開面。」㉕錄副摺件，是據原摺逐字抄寫，其
與原摺不同的地方是副摺的封面與末幅的塡註。錄副抄件，於末
幅註明奉御批日期，間亦書明具奏時間，可以了解臣工進呈奏摺
的時間及奏摺至京奉批或頒諭的日期，有助於史家的研究，至於
副摺封面塡註字樣更便於當時及後人的查閱舊檔。而且副摺及原
摺封面右上角多編有字號，翻檢便利。例如乾隆十三年五月二十
七日，兩廣總策楞議覆吳謙鋕所奏聽民認墾高廉等處荒地一摺，
是草書錄副，在封面右上角書明「毀百卅九」字樣。同年七月初
九日，漕運總督宗室蘊著奏請揀發衛備以資漕運事一摺，是楷書
原摺，其封面右上角的編號是「傷卅七」。其他咨呈間亦編有字
號，例如乾隆十六年九月初七日，咨呈一件，其字號爲「僞甲二
十號」。在乾隆朝月摺包內的摺件、咨文於編號時所使用的代字
主要爲萬、及、毀、傷、潔、女、才、良、知、必、改、維、
得、莫靡、恃、己、信、難、量、染、詩、僞甲、羊、克、念、

作、聖、賢、德、建、作、立、形、端等字。每字編以號碼，每號一件，但也有部分摺件未予編號。抄錄奏摺時是用本紙或毛邊紙，而以高麗紙包封。

　　月摺包內的摺件，除末幅摺尾書明日期外，在封面左下方亦書明奉批日期，間於右下角註明到達日期。例如乾隆十四年八月十一日，署理江蘇巡撫印務覺羅雅爾哈善咨呈一件，封面右上角書明「莫一百三十九號」，右下角書明「九月二十八日到」字樣。乾隆三十四年七月十一日，傅恒等具奏貴州丹江營守備胡國正等二員請革職一摺，在封面左下方書明「七月十一日發」，「七月二十六日到」。本摺另附奏片一件，註明「傅恒等摺內夾片一件」，末幅亦註明「七月十一日發，七月二十六日到。」乾隆四十六年七月陳輝祖奏摺錄副封面左下角書明「七月初九日李棨抄」。同月初四日阿桂等錄副奏摺封面左下書明「毛鳳儀抄」。毛鳳儀是候補中書。

　　月摺包內的摺件，在封面居中上方，除照原摺書一「奏」字外，並於奏字下註明交或辦等字樣。例如乾隆十一年十二月二十日，兩廣總督策楞敬籌粵西鹽務事宜奏摺錄副，在封面奏字下註明「交」字樣。乾隆十二年正月初九日，新任江南河道總督周學健具奏閩省配用戰船錄副摺件，則在奏字下書一「辦」字。同日，周學健密陳閩省將驕兵悍惡習一摺，在錄副封面奏字下註明「密交」二字。是月二十一日，暫署山東巡撫方觀承奏除水患一摺，於封面居中書一「交」字，並註明「圖一附」字樣。其他或註明「單一附」，「單二」、「供單一」、「有清單」等字樣，或「提奏」字樣，例如乾隆十三年閏七月十六日，策楞到來，軍機大臣提奏」字樣。亦有註明「奉旨發抄」，「引見時提奏」者。原摺行間裡若奉夾批，錄副摺件，則在該行上方標明「硃」

字樣，並於封面居中註明「有旁硃」或「旁硃」等字樣。如重複
抄錄時，則在重抄的副摺封面註明「重」字樣。但副摺封面，亦
有註明「不交、補交」字樣者。例如乾隆五十五年八月初四日，
貴州巡撫額勒春遵旨審擬吳文舉控告安修知佔地燒屋一案，其錄
副摺封面書明「供單一、職名單一交，又圖一不交」，其餘例子
甚多，不勝枚舉。

　　月摺包的奏摺錄副或原摺，在封面上因註明具奏人姓名及所
奏內容的簡單摘由，便於檢閱，除謝恩、陛見、請安等奏摺不抄
錄存查外，其餘摺件都另錄一份副本。因此，宮中檔部分原摺，
軍機處並未錄副存查。以乾隆五十四年正月分為例，宮中檔奏摺
的具奏人，包括：兩廣總督孫士毅、四川總督李世傑、雲貴總督
富綱、陝甘總督勒保、漕運總督敏奇、湖廣總督畢沅、江南河道
總督李奉翰、直隸總督劉峩、兩江總督書麟、河東河道總督蘭第
錫、江西巡撫何裕城、廣東巡撫圖薩布、廣西巡撫孫永清、湖北
巡撫惠齡、山東巡撫覺羅長麟、湖南巡撫浦霖、江蘇巡撫閔鶚
元、安徽巡撫陳用敷、河南巡撫覺羅伍拉納、陝西巡撫覺羅巴延
三、浙江巡撫覺羅琅玕、雲南巡撫譚尚忠、新授河南巡撫梁肯
堂、蘇州布政使奇豐額、護理山西巡撫布政使鄭源璹、貴州布政
使汪新、湖北布政使陳淮、浙江布政使顧學潮、署理福建按察使
王慶長、直隸按察使富尼善、江南狼山鎮總兵官蔡攀龍、直隸正
定鎮總兵官朱泰德、河南河北鎮總兵官王普、暫署廣西提督廣東
潮州總兵官蒼保、直隸宣化鎮總兵官劉允桂、山東兗州鎮總兵官
柯藩、河北襄陽鎮總兵官彭之年、臺灣鎮總兵官奎林、湖廣提督
俞金鰲、甘肅提督蘇靈、廣東提督高琮、浙江學政朱珪、管理鳳
陽關稅務盧鳳道述德、杭州織造額爾登布，以及未書明職銜的金
士松、四德、巴忠、徵瑞、蔡新、穆騰額、鄭際唐、鄂輝、全

德、穆精阿、曹文埴、閻正祥、海紹等五十七人。在軍機處乾隆
五十四年正月分月摺包內，另有大學士管理禮部事務王杰、巡視
山東漕務御史和琳、巡視南漕光祿寺少卿項家達、山西巡撫海
寧、貴州巡撫李慶棻、福建巡撫徐嗣曾、雲南普洱鎮總兵官朱射
斗及未書官銜的福康安、姜晟、阿桂等人的奏摺錄副抄件，其原
摺不見於宮中檔。正月分月摺包內福康安的錄副奏摺，計二十
件，俱不見其原摺。因此，軍機處月摺包的奏摺錄副實可補宮中
檔的闕漏。但宮中檔正月分原摺具奏人內如巴忠、毓奇、蔡新、
俞金鰲、鄭際唐、曹文埴、顧學潮、汪新等人的奏摺，則不見於
正月分的月摺包，此即軍機處不抄錄存查的摺件。其中巴忠原摺
一件，乾隆五十四年正月初三日，巴忠欽奉五十三年十二月初四
日寄信上諭，將上諭全文抄錄覆奏。廷寄發下，臣工照例具摺覆
奏，但軍機處有案可查，故不必重抄。毓奇奏摺一件，高宗賞賜
御書福字、鹿肉等，毓奇具摺謝恩，其餘蔡新、俞金鰲、鄭際
唐、曹文埴等人的奏摺，都是謝恩摺，俱不抄錄副本。至於汪新
原摺一件，奏報貴州撫李慶棻身故事，月摺包不見此摺抄件。宮
中檔乾隆朝奏摺約五萬九千五百餘件，軍機處月摺包乾隆朝奏摺
錄副約四萬七千餘件，其數量少於宮中檔，主要原因就是宮中檔
內很多請安、謝恩及陛見等奏摺，軍機處俱未錄副存查。

六、月摺包的文書種類

　　軍機處月摺包，原來分尋常與雜項二種，前者是不分何事、
按月歸包，故稱為尋常摺包。後者則為專案的錄副摺件，按事分
類，每類再按年月分包，此為清代辦理某案時，將奏摺的錄副抄
件彙集歸包，在軍機處檔冊內亦有不少專檔，如安南檔、緬檔、
金川檔等。乾隆朝月摺包內，曾將辦理專案的摺件，彙集歸包，

例如乾隆三十三、四年黃教事件，乾隆五十三年林爽文之役，及乾隆五十三至五十五年，安南事件等，軍機處俱將抄錄的副本及供詞等彙集歸入月摺包內，所以月摺包內的檔案種類較宮中檔爲多，有漢文、滿文、藏文及回文等類。清初制度，漢大臣能書寫滿文者，得以滿文具奏，滿州武員及內府人員等例應以滿文書寫。至於朝廷部院滿漢大臣聯銜會奏或議覆具奏時，則滿漢文併書，此類摺件，稱爲滿漢合璧摺〔圖版壹〕。在乾隆年間滿文的使用，已漸爲漢文所代替，但在月摺包內仍有不少的滿漢合璧摺，高宗批諭時多書滿文。例如乾隆十二年十一月二十七日，鎮守盛京等處將軍達爾當阿（daldangga）奏陳奉省流寓災民陸增應請隨時約束一摺，爲一滿漢合璧摺，於原摺漢文部分末幅書明「此摺係兼清，硃批亦係清字。」所謂「兼清」，即兼書清語。此摺滿文部分書明："abkai wehiyehei juwan juweci aniya jorgon biyai ice sunja de, fulgiyan fi pilehe, hese, uttu icihiyarangge inu, saha sehe."漢譯應作：「乾隆十二年十二月初五日奉硃批，如此辦的是，知道了，欽此。」由其形式觀之，實爲一抄件。乾隆十三年正月二十六日，禮部尙書海望等具奏康熙二十三年聖祖東巡加恩典禮事，爲滿漢合璧奏摺的原件，內附夾片一件，文中「幸魯盛典」一書，滿文照漢文音譯作："hing lu šeng diyan bithe"。乾隆十三年閏七月十五日，國史館總裁官大學士張廷玉等爲天文時憲二志完稿，繕寫裝訂呈覽，具摺奏明。此爲楷書原件，其滿文所批爲："erebe uksun be kadalara yamun weilere jurgan de afabu"，意即「將此交宗人府、工部。」原摺內附漢字簽條一紙，書明「乾隆十三年閏七月十五日具奏，奏旨著莊親王、侍郎何國宗詳細校對，欽此。」除滿漢文的檔案外，亦有部分的藏文資料，例如月摺包內「喇嘛自敘永免差徭的憑據」、「忍的地方上

公給喇嘛寺每年撥給背夫照」、「明正司土婦給喇嘛寺永免差役
執照」〔圖版貳〕等件，俱以藏文書寫。

　　就檔案名稱而言，月摺包內的文書種類亦多於宮中檔。例如
乾隆十六年九月二十四日，兵部左侍郎管理順天府府尹事蔣炳
「代順天在籍縉紳原任禮部侍郎王景曾等恭祝皇太后六旬萬壽」
一摺，原件楷書，封面居中上方書明「摺底」字樣，下書「單
一」，右上角編號爲「羊一百五十」，右下方書明具奏人姓名及
內容摘由，並註明硃批日期爲「九月三十日」。因王景曾等呈請
代奏，蔣炳即彙合錄寫名單，將王景曾等二十六人的年歲、籍
貫、經歷等分別開列。乾隆十六年九月二十四日交給奏事御前二
等侍衛安泰轉奏。原件雖書明「摺底」，但就其格式而言，實與
正式奏摺無異。此類代奏摺件，有時又稱爲「奏底」。例如高宗
八旬大壽時，河東鹽商尉世隆等呈請代進貢品，總督據情代奏
時，其原摺封面書明「奏底」二字，內附貢品清單，包括玉吉祥
如意、洋鐘等二十七種。有時亦稱爲「副摺」，例如乾隆十七年
十二月，福建巡撫陳弘謀具奏拿獲福州府屬羅源縣積惡棍徒張元
和解送到京，協辦大學士署刑部尚書阿克敦具奏請旨照光棍例斬
立決。原件爲楷書，其封面書明爲「副摺」，內附奏片一紙，註
明「二十三日，刑部請旨事。」並書滿文諭旨云："jang yuwan
ho be uthai sacime wa. gūwa be gisurehe songkoi obu, hese be baire
jalin."意即「張元和著即處斬，餘依議，爲請旨事。」[27]

　　月摺包內除奏摺以外，又含有「略節」，即約略敘述事件的
大意或要點，而用書面提出的文書，間亦作「節略」。例如乾隆
十三年十二月初十日，黃廷桂奏「生息銀請兵商兼運」文，在原
件封面居中書「略節」二字，下書「此一件係黃廷桂面奏事件，
與軍機大臣商議者，已經議奏。」黃廷桂面奏時，將事件大要寫

成文書呈遞御覽後批交軍機處辦理。高宗於黃廷桂略節上批諭，令查郎阿、劉於義籌畫定議具奏。查郎阿等將議奏意見書於略節之末幅，其文云「夫兵既困於無借，商又苦於承領，總不若兵借商領兩者兼行之為得也。乾隆十三年十二月初十日。」此外「長蘆鹽課加斤倒追略節」、「蘆東生息略節」等，其格式除封面書寫「略節」字樣外，其餘與奏摺格式相近，每幅六行，每行二十格，平行書十八字，惟多不書呈遞年月。

　　宮中檔內常見有臣工繳回的寄信上諭，同樣在軍機處月摺包內亦有寄信上諭。就一般而言，寄信上諭是由軍機處擬定諭旨，經御覽修改後，鈐蓋軍機處的印信於紙函外，由軍機處司員批上遲速里數，交給兵部加封後，由驛馳遞，寄信上諭因寄自內廷，故簡稱廷寄。又因寄上諭的格式，首書大學士或軍機大臣字寄某人，故又簡稱字寄。然而所謂字寄，亦可由地方大臣寄給軍機處。例如乾隆十六年十二月二十日，高晉寄信給軍機處，封面居中書明「寄字」，其文內云「大學士管江南河道總督事高字寄辦理軍機處，案照本閣暫管兩江總督任內於本年六月十五日接准寄字，京中需用慶典綵紬十萬餘疋，令兩江總督、閩浙總督、兩淮鹽政三處勻派（中略），為此寄字，請祈察照施行。」〔圖版叁〕其格式與軍機處交兵部發出的寄信上諭極相近。

　　清代驛遞制度，凡京中由驛馳送直省的文書，都使用兵部憑照，由各驛站接遞，此憑照，稱為火票，取其火速之義。月摺包內亦存有兵部火票。例如乾隆四十三年十月十七日，軍機處交兵部報匣一個，由六百里驛遞，兵部即填寫火票一紙〔圖版肆〕。在憑照正上方書「兵部火票」四字，加蓋兵部印信，在火票右上角書「此報匣限日行六百里，遞至河南儀考工次交投，毋誤。」火票內書明事由及沿途應注意事項等。其原文云「兵部為緊急公

務事，照得軍機處交出欽差大學士高報匣壹個，事關緊要，相應馬上飛遞，爲此票仰沿途縣驛遞官吏文到即選差的役晝夜星飛馳送至該處交接，毋得擦損。倘有稽遲時刻，查出即行指名題參，毋違，速速，須票，右票仰經過地方官吏，准此。乾隆四十三年十月十七日。」㉘兵部火票是研究驛遞制度的重要資料，在宮中檔則不見此類文書。

批迴是差員解送物品或齎送文書的驗收字據，軍機處月摺包內間亦見有批迴。例如乾隆三十四年八月二十五日，浙江省委員解書至軍機處交役，並由按察使發給差役批迴一紙，原文云「浙江等處提刑按察使司爲欽奉上諭事除外，今給批差解官管解後項書箱，前赴軍機大人臺下告投，守奉批迴，須至批者。今開解書籍拾伍箱、經板拾箱，齎公文壹角，右給批差解官張廷泰，准此。乾隆三十四年八月二十五日。按察使司押。」批迴左上角鈐蓋關防，並書「乾隆三十四年十月驗訖。」所蓋關防爲「督理崇文門稅務之關防。」

揭帖、知會與咨文，其文書名稱不同，但功用相近，這些文書間亦歸入軍機處月摺包。清初定制，京內各部院衙門題本逕送內閣，稱爲部本。各省督撫將軍等題本於封固以後，加以夾板，或木匣盛貯，內用棉花填緊，外加封鎖，周圍縫口以油灰抹黏，外用黃紬布包固，督撫等捧拜既畢，即填用火牌交付驛夫飛遞到京，由駐京提塘官接捧投送通政司開取㉙。通政司堂官收本，每天以辰刻爲期接收，巳刻即散，各省題本甫至京而趕不及者，由提塘官存貯過夜，次日辰刻交投。乾隆十一年二月二十八日，高宗降諭令通政司每日派堂官一人在衙門值宿接收本章，此後各省本章進城，不拘時刻，即直送通政司交收㉚。內外臣工題奏本章，定例以半幅黃紙摘錄本中大意，附於疏中，稱爲貼黃㉛。其

字數不許過百字。直省督撫等封進本章，除貼黃外，例有揭帖，分遞部院，其分送內閣各部院衙門的題本副本就叫做揭帖㉜，這與匿名揭參的文書不同。例如軍機處月摺包乾隆三十五年四月二十六日杭織造揭帖〔圖版伍〕，其封面居中書明「揭帖」二字，下鈐蓋滿漢文合璧關防，文曰「杭州織造關防」。揭帖首幅第一行書明官銜及事由「管理杭州織造兼管南北新關稅務戶部外郎西為置辦事。」杭州織造因奏諭為新疆貿易紬緞，遵照辦理分織，具本謹題。揭帖末幅書明「除具題外，須至揭帖者」字樣，又於年月日期處鈐蓋杭州織造關防㉝。各部院衙門行文會辦的文書稱為「知會」，例如乾隆三十五年八月分月摺包內所存吏部知會〔圖版陸〕，是月初八日，吏部知會軍機處，其封面書明「知會」，下鈐吏部印信。知會內容為：「吏部為知會事，所有現任福建汀州府知府克興額係正紅旗滿州和成佐領下人。今據正紅滿洲旗分咨報部，該員丁父憂前來，相應知軍機處可也，須至知會，右知會軍機處。乾隆三十五年八月初八日。在揭帖末幅年月日期處鈐蓋印信。咨文與知會性質相近。例如乾隆十六年十二月分摺包，署理湖廣總督印務巡撫湖北等處地方提督軍務兵部右侍郎兼都察院右副都御史恒文於十二月初十日移文知會軍機處，於文書封面書明為「咨呈」下蓋印信。其首幅書明事由「為知會事」，文書內容為乾隆十六年十二月初九日接准兵部火票遞到軍機處咨文，令督撫遵照寄信上諭將所屬番苗黎獞繪畫圖像咨送軍機處彙奏，恒文接到咨文後，即於翌日移文軍機處。原文末幅年月日期處，註明「知會事」。月摺包內咨文數量甚多，主要是直省督撫移咨軍機處的公文。咨文封面或書「咨呈」，或書「呈」，例如乾隆十六年十月十八日，署理長蘆等處鹽政及乾隆二十四年正月二十二日河南巡撫等咨文，在封面書一「呈」字，

但其事由書明爲「咨覆事」或「咨送事」，足見此處呈文，實係咨文。咨呈例應鈐印，但亦有未加鈐蓋印信者，例如乾隆十六年九月初七日，直隸總督方觀承呈送軍機處的咨文並未用印信。清朝咨文，除以漢文書寫外，尚有滿漢併書的咨文，例如乾隆十四年八月十一日，署理江蘇巡撫印務覺羅雅爾哈善移文軍機處的咨文，即爲滿漢文合璧的「咨呈」，在漢文部分的封面右上角註明編號爲「莫一百三十九號」，右下角註明「九月二十八日到」。根據咨文的內容，可以了解各處咨送的物品及數量等，例如乾隆十六年十一月初一日，署理湖廣總督印務湖北巡撫恒文遵旨將各屬苗傜男婦圖像分別類種照式彙繪說明，裝潢冊頁一本，咨送軍機處，對苗疆研究，車有裨益。

藩臬二司以下除進呈督撫的詳文外，間有呈遞部院大臣的稟文。例如月摺包乾隆五十五年三月二十三日，河南布政使景安涅稟中堂，封面爲褐色紙，居中上方貼方形素紙，其上又貼小方形紅紙，紅紙上書一「稟」字。是月二十四日，廣西思恩府知府汪爲霖呈給軍機大人的稟文〔圖版柒〕，封面爲深藍紙，亦貼紙書寫「稟」字。其文註明具稟人官銜姓名，事由及內容等：「廣西思恩府知府汪爲霖謹稟軍機大人閣下，敬稟者本月二十二日巳刻，卑府等曾於河南延津縣城由五百里馳稟察核，諒蒙恩鑒。茲於二十四日行抵直隸磁州地方，卑府等沿途照料，俱屬寧適。所有行次直隸省境日期，理合由五百里飛稟憲聞，仰慰慈懷，伏乞軍機大人察核，卑府爲霖謹稟。」原稟共計三幅，每幅五行，每行二十五格，末幅書明具稟日期。月摺包內亦見有信函性質的「肅」，例如國泰在山東巡撫任內，高宗南巡入山東境內時，因燈節已過，軍機處寄信國泰不必預備煙火。但國泰先已委員齎款赴京，於內務府匠役處製備煙火。國泰接准字寄後即函請軍機大

臣代奏進呈以備內用。此函封面書一「肅」字〔圖版捌〕，首幅
第一行書「國泰謹請軍機大人崇祉」字樣，末幅書「伏祈中堂大
人裁酌，謹肅。」國泰以私人信函請軍機大臣代奏，故未鈐印信
或蓋關防。

　　軍機處代擬照會屬國的文稿，亦歸入月摺包。例如乾隆十六
年春間，廣西憑祥土內地土民錯行越界種竹，安南國人即拔竹毀
柵，引起糾紛，清廷即令廣西巡撫、提督照會安南國王約束其
民，並查出滋事之人自行懲處。此照會書明為「謹擬照會安南國
王文稿」，稿末書明「須至照會者」字樣。這類外交文書，仍不
失為研究對外關係的一種直接史料，月摺包內所含直接史料，種
類繁多，本文所舉各例，祇是犖犖大端者。

七、月摺包奏摺錄副的附件

　　軍機處月摺包內含有部分的原摺，有時原摺與錄副抄件同存
一包之內。例如乾隆三十五年九月二十八日，山東巡撫兼提督銜
富明安「奏聞遵旨查閱營伍民樂飽暖」一摺，是楷書原摺，奉硃
批「覽奏俱悉」。原摺歸入月摺包第二七七一箱，七十九包，一
二五九六號。同一月摺包一二五九五號，則為富明安奏摺的抄
件。在錄副存查的抄件封面右上方註明「富明安」，並摘敘摺
由。左下方註明「十月初五日」，末幅書明「乾隆三十五年十月
初五日奉硃批覽奏俱悉，欽此。」下又註明「九月廿八日」。由
前舉奏摺的原摺與抄件的比較可知「九月二十八日」是具奏日
期，「十月初五日」則是奉硃批的日期。至於京中各部院大臣的
奏摺亦多歸入月摺包，例如乾隆十四年八月二十日，太醫院御醫
何徵圖奉旨探視建威將軍補熙病情。九月初六日，何徵圖抵達綏
遠城診視將軍補熙後具摺奏聞。據稱補熙六脈弦遲無力，類似中

風的症狀，以致左半身不遂，口眼歪斜，言語蹇澀，步履艱難。
何徵圖即刺炙肩髃、曲池、列缺、風市、足三里、三陰交等穴，
內服桂枝附子湯。不久，口眼已正，言語亦清，左半身手足亦能
運動。九月十二日，何徵圖本人忽患左半身麻木不仁症，舉動艱
難，服藥二劑後，於次日即能運動。原摺開列「桂枝附子湯」藥
方及「益氣養榮丸方」。其中桂枝附子湯方為：川桂枝四錢，白
芍藥三錢，甘草一錢，製川附子五錢，當歸三錢，續斷二錢，木
瓜二錢，牛膝三錢，杜仲二錢，不加引。又協辦大學士陳大受因
患心陰不足挾濕傷脾之症，經右院半邵正文診看後，即用「益氣
養榮湯」調治，內含人參三錢，白朮四錢，土炒，陳皮一錢，茯
苓二錢，肉桂一錢，去粗皮，熟地三錢，白芍二錢，酒炒，當歸
二錢，酒洗，遠志一錢，去心，五味子八分，研，甘草一錢，
炙，引浮麥五錢煎服。軍機處月摺包奏摺錄副存有為數不少的清
單。例如直省各屬雨雪糧價單、銀兩米穀單、額徵錢糧單、海關
四柱清單、估變家產什物清單、發遣人犯單、枷號人犯單、紳士
姓名單、鄉試題目單、中式舉人姓名年齡籍貫等第清單、貢品清
單、查訪禁書解送清單、拏獲匪犯解京清單等，在錄副摺件上註
明「有單」等字樣者，多附有清單原件或抄件，宮中檔原摺所附
呈的清單，大部分都歸入月摺包內，這類清單間亦作「清摺」等
字樣，所謂摺子，原指清單而言，清摺即是清單。

　　月摺包內除清摺外，尚有極重要的供摺，即供單，多為奏摺
的附件，這類供單就是訊問當事人的供詞。例如閩浙總督喀爾吉
等審結陳怡老案時奏稱龍溪縣民陳怡老私往「番邦」，擅娶「番
婦」，謀充甲必丹，專利營私，於乾隆十四年六月內攜妻子婢僕
搭船偷載回閩。喀爾吉善等將審訊供詞繕摺呈覽。原摺所附供
單，經御覽發下後即歸入月摺包內。據陳怡老供稱「小的龍溪縣

人，今年四十三歲。因小的有已故胞姪陳恭向在廣東香山縣開雜
貨行，小的於乾隆元年往廣東去看姪子，聞得往洋生理甚好，小
的就置買茶煙等物，是那年十一月裡由廣東香山澳附搭馬狗番船
往噶喇吧貿易，果然得有利息。乾隆二年，小的用番銀五十三員
買了夢噶嘀的番女高冷做妾，生了兩個兒子，叫爭仔、偏仔，一
個女兒叫幼仔。小的就學會了番話，因此，番邦頭目認得小的，
小的又把內地好貨物送他。那頭目見小的會做買賣，又有眷口在
番，因借給小的番銀三萬兩做本營運，賺有利息。」陳怡老又供
「乾隆十年，番人又叫小的充甲必丹，替商人估計貨價，代通番
語，凡客商到那裡住的房租，也是小的管理催討，從中獲有利
息，十數年間，共積得番銀十萬餘兩。」又供「番邦的甲必丹，
不是番官，並沒有俸祿，吃的不過遇內地商船到港，替他估計貨
物價值，遇漢人置買番貨，代他評品物價，并管理催討客商租住
的房租，就如內地牙行地保一般。」㉞清初嚴厲執行海禁政策，
閩粵民人仍屢次犯禁出海，陳怡老的供詞就是重要的直接史料。
又如乾隆十六年十二月十六日，湖南省耒陽縣盤獲楊煙昭，呈出
字跡十紙，封圖一紙。據原摺所附供單稱楊煙昭本名叫做徐驥，
是江南揚州府興化縣人。徐驥供云「十一年九月間，在寧波府奉
化縣地方，一日，天色未明，我出門要到別處做生意，不料路上
遇著一個面容枯瘦，遍身紫黑色的人，口吐硫磺煙，吹在我鼻子
裏，我就昏迷了。據他說是曾靜的鬼魂，從此就精神恍惚，此後
我走江南、湖廣，也只是看相行醫，在各處飯店裡寓歇，前年到
澧州，寓在東門外杜姓飯店，又遇著曾靜的鬼魂瘋癲了。」呈出
的字跡裡有「狂悖之語」，就是那魔根鬼魂所迷時才寫出曾靜的
話。供摺內亦錄下署理湖南巡撫范時授等審訊的問詞，「問，你
字內寫著西來曾靜，南有煙昭，分明把曾靜與你相比。又你自稱

吾逆曾靜，又替彌天重犯做謝表，這明是你想慕曾靜的行為，特來訪求他餘黨了。」乾隆初年，曾靜雖被凌遲處死，但餘黨未被清除，而且此案株連亦廣。至於邪教勢力，極為猖熾，教徒屢被查獲，錄有供詞，實為研究清代秘密會社的重要資料。例如乾隆十七年十一月初二日，暫署山東巡撫楊應琚奏明鄆城縣拏獲邪教人犯一摺，內附供單，並抄錄劉漢裔首告邪教謀反原呈。據劉漢裔供稱鄆城縣趙會龍等行空子教，教其四句眞言，略謂「趙會龍又教小的肆句眞言，是眞空家鄉，無生父母，見在如來，彌勒我主。又說日頭叫太陽，月亮叫太陰，問是在裏在外，說是在裏，只要記住這幾句話，人就知道是教裡的人了。」㉟部分奏摺間亦將供詞抄入摺內具奏，但平常所錄詳供是另書供單，附入摺封內呈覽，然後歸入月摺包內，由於其數量較多，內容較詳，於史事的研究，裨益甚大。

　　在月摺包內所附各種圖表，在錄副奏摺的封面都註明附圖件數。例如乾隆十四年十月初一日，江南河道總督高斌奏聞清口御壩木龍及陶莊積土塌去情形一摺，內附雍正十三年形勢圖、乾隆十三、四年形勢圖。〔圖版玖〕圖上黃簽標明黃河在清河縣以東南岸御壩兩側介於王家庄至舊頭壩之間，有三個木龍及一個龍盤。乾隆十四年形勢圖，黃簽註明御壩外自乾隆五年淤灘，長五百餘丈，寬四五十丈不等。乾隆十四年，新淤灘長六百餘丈，寬六七十丈不等。研究清代河工水利，有不少水利形勢圖值得參考。乾隆十六年九月初六日，高斌等奏覆辦理壩工情形，內附廣西鎮南關憑祥土州隘柵圖。憑祥土州接壤安南，沿山勢相連，凡與安南可通各路，俱有排柵堵截。山屬內地者，使用黃色，山屬安南者，使用墨色，以別中外，土民種竹越界處，則用紅點，黃簽標明各段越界錯種筋竹丈數及界柵高寬丈尺。乾隆二十七年閏

五月初五日，直隸總督方觀承奏明籌辦邊衢橋座要工一摺，內附修理懷來縣通濟石橋舊樣圖，橋通長五十九丈八尺二寸。另一圖爲新圖式樣，標明新改橋通長七十二丈四尺九寸，寬二丈八尺，欄板高三尺，厚六寸，長五尺，共計二百一十八堂。至於「清寧宮地盤樣圖」，則爲一藍圖，標明清寧宮之南、鳳凰樓東北角爲祭祀杆子處，鳳凰樓正南爲崇政殿，殿左翊門前爲日晷，右翊門前爲甲亮，殿南爲大清門，清宮右爲崇謨閣。閣內貯放滿文原檔抄本、清代歷朝實錄、聖訓等位置架格都繪有圖樣。月摺包內亦見有「捕蚄車式」構造圖〔圖版壹拾〕。黃簽標明「中柱高柒寸，加左右雁翅各長貳尺，縛竹爲之，推車前行，則兩翅橫掠左右，穀上好蚄墜入布兜內。」蚄蟲又名好蚄，爲稻穀害蟲之一，體呈綠色，長約六七分即約二公分，牽稻葉作小繭於其中，成蟲爲灰黃色的小蛾。捕防車輪徑五寸，截圓木做成，軸長五寸，以堅木做成，橫貫左右木內，順穀壟轉動，前行甚速。此外，月摺包內也存有各國表文，碑文，如大遼興中府靈感寺釋迦佛舍利塔碑銘。又有檄稿，甘肅官商與準噶爾貿易議稿、收管奴隸管約書、狀紙等，門亦附有軍機大臣的奏片。例如乾隆三十五年八月十七日，軍機大臣具奏「尚書豐昇額奉旨在軍機處行走，應否閱看硃批奏摺之處請旨遵行。謹奏。乾隆三十五年八月十七日，奉旨，准其閱看，欽此。」由乾隆朝月摺包文書種類的繁多，可知軍機處在乾隆年間職責範圍的廣泛。

八、結　語

直接史料大多爲當事人所寫的文書的記錄，非盡可信，尚須經過鑑別比較。間接史料非完全不可信，但直接史料的可信程度，就一般而言，確比間接史料爲高。因此，近代各國特重檔案

的保存與整理，史學家亦勤於搜集直接史料，力求完備，目的在使事實的記載與客觀的事實彼此符合。有清一代，極重視官書的纂修。例如歷朝實錄、聖訓、皇清奏議、滿漢名臣傳、通志、通考、會典、方略、紀略、御製文集、諭摺彙存及各種欽定官書等，卷帙浩繁，指不勝屈。惟因官方隱諱史事，增刪粉飾，尚非信史。乾隆三年，雍正硃批諭旨，刊印成書，計一百一十二帖，凡三百六十卷，內含外任官員二百二十三人繳還的硃批奏摺。然而書中盡刪所諱，湮沒史蹟，不僅世宗諭旨多經潤飾，即奏摺所錄供詞及摺內所報事件，亦刪略頗多㊱。因此，清史的研究，仍須充分運用當時的檔案，輔以私人著述，以補官書的不足。乾隆年間以降，軍機處組織擴大，職責廣泛，不僅就近承辦君主所交特旨，即軍國大政，莫不總攬，軍機處遂成為清代實權所寄，其承辦文案至夥，種類亦多，直接史料最豐富，價值尤高。本文所述乾隆朝月摺包的檔案，僅舉其犖犖大者，以供參考，罅漏之處，應所不免。

【註　釋】

① 趙翼著《簷曝雜記》，卷一，頁1，壽春白鹿堂重刊，民國46年，中華書局。

② 席吳鏊著《內閣志》，頁4，借月山房彙鈔，第十集。

③ 梁章鉅纂《樞垣紀略》，原序，頁1，《近代中國史料叢刊》，第十三輯，文海出版社。

④ 《大清世宗憲皇帝實錄》卷八二，頁6，雍正七年六月癸未上諭。

⑤ 同前書，卷一○五，頁11，雍正九年四月庚子上諭。

⑥ 李宗侗撰，〈辦理軍機處略考〉，《幼獅學報》，第一卷第二期，頁1～6，民國48年4月。

⑦　傅宗懋著《清代軍機處組織及職掌之研究》，頁 121～123，民國 56 年 10 月，嘉新水泥公司文化基金會。

⑧　《文獻特刊》，頁 19，民國 56 年 10 月，臺聯國風出版社。

⑨　《故宮文獻季刊》第二卷，第四期，頁 21～41，民國 60 年 9 月。

⑩　《起居注冊》，雍正九年四月初八日庚子，內閣奉上諭。

⑪　《宮中檔》，第七十八箱，五三二包，二〇四九九號，雍正十三年九月二十二日，允禮等奏摺。

⑫　《大清世宗憲皇帝實錄》，卷一一六，頁 2，雍正十年三月庚申，據大學士等奏。

⑬　《宮中檔》，第七十八箱，四八八包，一七四一七號，雍正十年閏五月十二日，黃廷桂奏摺。

⑭　《上諭檔》，乾隆二年分，十一月二十八日上諭。

⑮　《宮中檔》，第七十八箱，二八八包，四八四三之二號，雍正元年九月二十六日，盧詢奏摺。

⑯　《大清世宗憲皇帝實錄》，卷八七，頁 3，雍正七年十月乙巳，據大學士等奏。

⑰　《樞垣紀略》卷一三，頁 15。

⑱　同前書，卷二二，頁 6。

⑲　《大清世宗憲皇帝實錄》，卷四九，頁 20，雍正四年十月甲戌上諭。

⑳　《欽定大清會典事例》，卷一五，頁 14，中文書局據光緒二十五年刻本景印。

㉑　《大清聖祖仁皇帝實錄》，卷二四四，頁 2，康熙四十九年十月初三日上諭。

㉒　《軍機處檔‧月摺包》，第二七七二箱，第九包，一二四六號，德明奏摺錄副。

㉓ 《軍機處檔・月摺包》，第二七四〇箱，六七包，一〇〇一一號，「左夢庚事實」。

㉔ 鑄版《清史稿》下册，頁 1042，列傳三十五；「清史列傳」，卷七十九，頁 14，貳臣傳乙篇，中華書局。

㉕ 《樞垣紀略》卷二二，頁 6。

㉖ 《軍機處檔・月摺包》，第二七七二箱，一二包，一五六三號，乾隆十二年十一月二十七日，達爾當阿奏摺錄副。

㉗ 《軍機處檔・月摺包》，第二七四〇箱，六六包，九七四三號，乾隆十七年十二月二十三日，阿克敦奏摺。

㉘ 《軍機處檔・月摺包》，第二七六四箱，一〇一包，二一三四九號，乾隆四十三年十月十七日，兵部火票。

㉙ 《宮中檔》，第七十五箱，四三六包，一四三八三號，雍正六年二月初三日，莽鵠立奏摺。

㉚ 《上諭檔》，乾隆十一年分，二月二十八日，內閣奉上諭。

㉛ 蕭奭著《永憲錄》卷三，頁 225。「近代中國史料叢刊」第七十一輯，文海出版社。

㉜ 徐中舒撰《內閣檔案之由來及其整理》。《明清史料》(一)甲編，頁 7，中央研究院。民國 61 年 3 月，維新書局再版。

㉝ 《軍機處檔・月摺包》，第二七七一箱，七四包，一一九七二號，乾隆三十五年四月二十六日，揭帖。

㉞ 《軍機處檔・月摺包》，第二七四〇箱，三九包，五五二一號，乾隆十五年三月二十二日，喀爾吉善奏摺錄副供單。

㉟ 《軍機處檔・月摺包》，第二七四〇箱，六五包，九四七五號，乾隆十七年十一月初二日，楊應琚奏摺錄副。

㊱ 拙撰〈從鄂爾泰已錄奏摺談硃批諭旨的刪改〉，《故宮季刊》第十卷第二期，頁 21，民國 64 年冬季。

圖版壹：滿漢合璧奏摺錄詞　國立故宮博物院藏

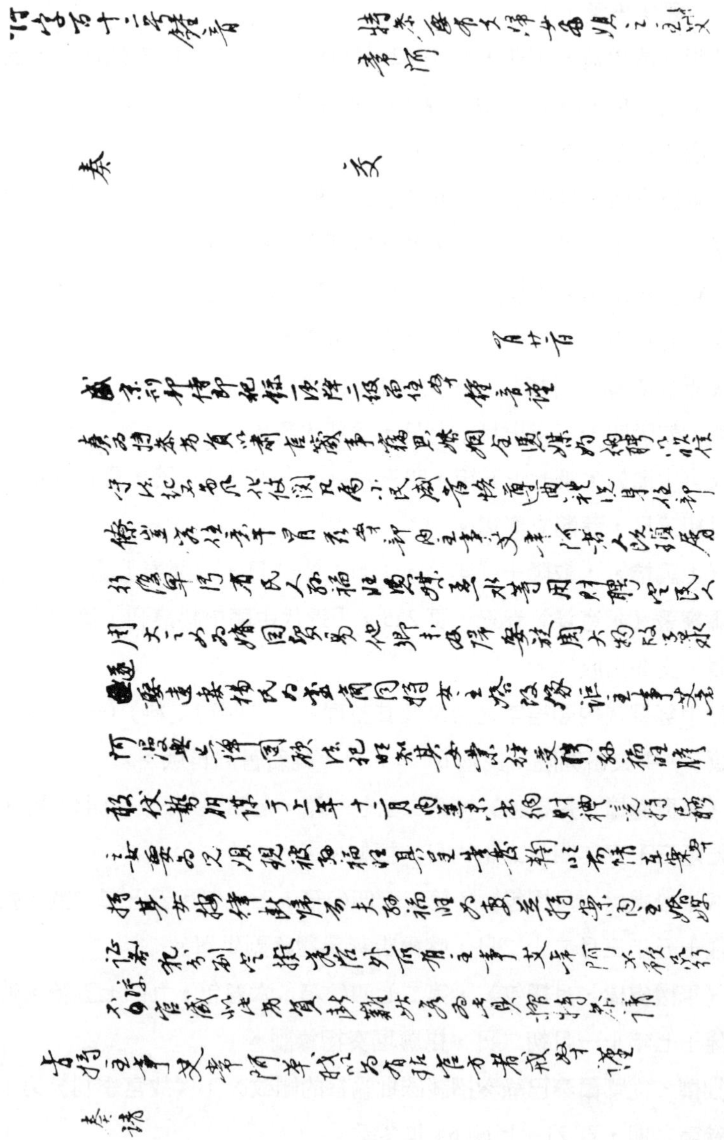

Plate 1: Copy of a bilingual Manchu-Chinese memorial. National Palace Museum, Taipei.

滿漢合璧奏摺錄副　國立故宮博物院藏

Copy of a bilingual Manchu-Chinese memorial. National Palace Museum, Taipei.

Copy of a bilingual Manchu-Chinese memorial. National Palace Museum, Taipei.

Copy of a bilingual Manchu-Chinese memorial. National Palace Museum, Taipei.

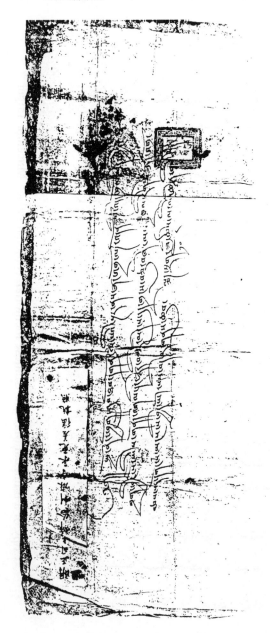

Plate 2: Official document exempting a lama from corvee labor (in Tibetan). National Palace Museum, Taipei.

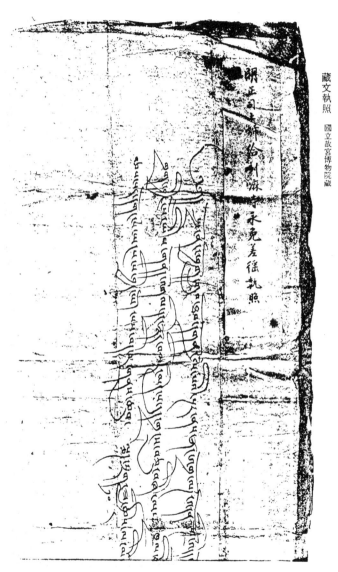

Official document exempting a lama from corvee labor (in Tibetan).
National Palace Museum, Taipei.

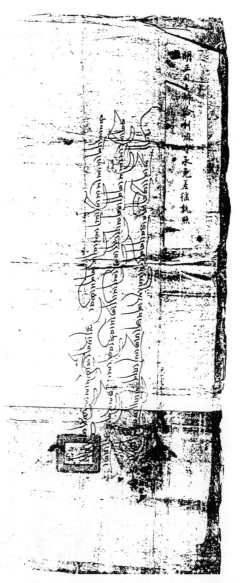

圖版貳：藏文執照　國立故宮博物院藏

Official document exempting a lama from corvee labor (in Tibetan).
National Palace Museum, Taipei.

圖版叁　高晉字寄　國立故宮博物院藏

大學士管江南河道總督事高　字寄
辦理軍機處案照本閣暫管兩江總督任內於本年
陸月拾伍日接准寄字京中需用
慶典綵紬拾萬餘疋令兩江總督閩浙總督兩淮鹽政叁
處匀派各將春間
皇上南巡時所備現須變價之舊綵紬加染或有不敷添
買足數照時估冊解送內務府解到時即將原價兒
交解員帶回等因當就兩江總督壹處可辦叁萬叁
千餘匹於捌月內解送緣由先行寄達并札飭江寧
蘇州兩處布政使暫動司庫公項閑款銀兩星速購
辦隨據江寧布政使高晉辦得加染舊綵紬壹萬貳
千疋又於山陽高郵貳州縣變價紬內加染綵色得
紬叁千疋又於原寄字之外添辦隨紬綵布壹千伍
百疋當委効力州同胡祈燿管解於柒月貳拾貳日
自清江浦起程前赴

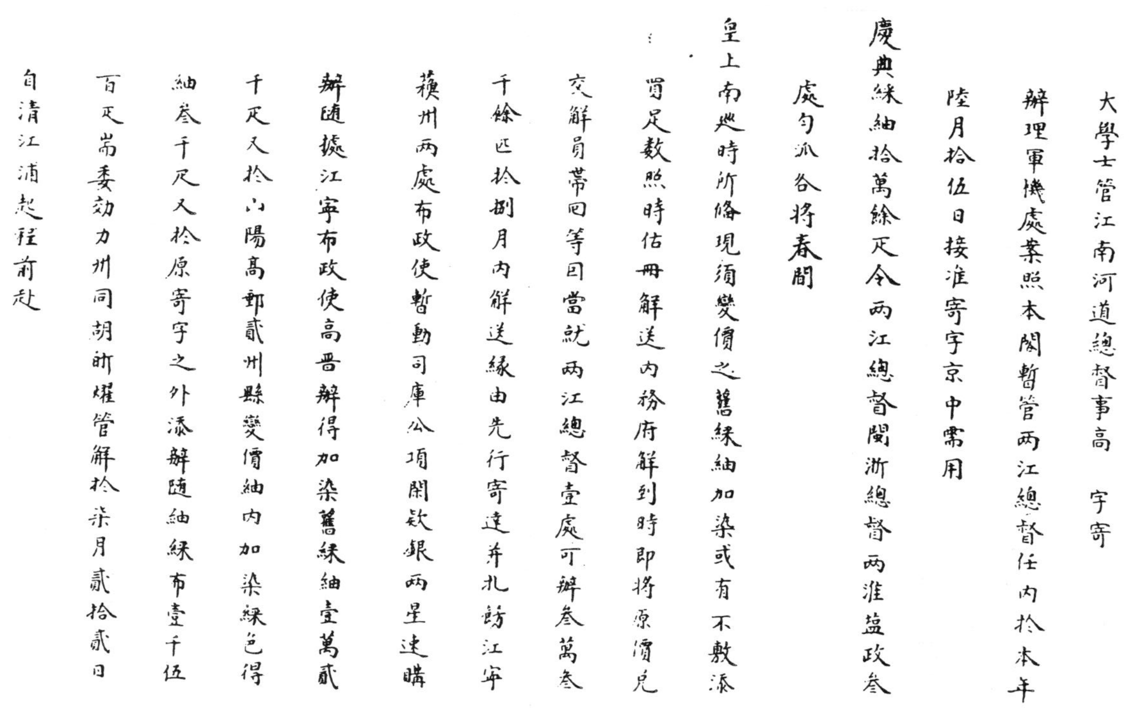

Plate 3: An offical letter from Kao Chin to the Grand Council. National Palace Museum, Taipei.

兩條　肆州　嚳縣　勅加　司洸　庫僑　公細　項天　墊均　給應　并撥　有銀　山歸　陽欵　清除　河咨　為　卯宿　沿　逢

為　為　為　府　銀　歸　秋　外　為　此　寄　請　訢　明
窓　影　花　行
乞　挑

乾隆拾捌年拾貳月　　三十　　　　日

乾隆十六年十一月　貳拾　　日

An offical letter from Kao Chin to the Grand Council. National Palace Museum, Taipei.

圖版肆：兵部火票　國立故宮博物院藏

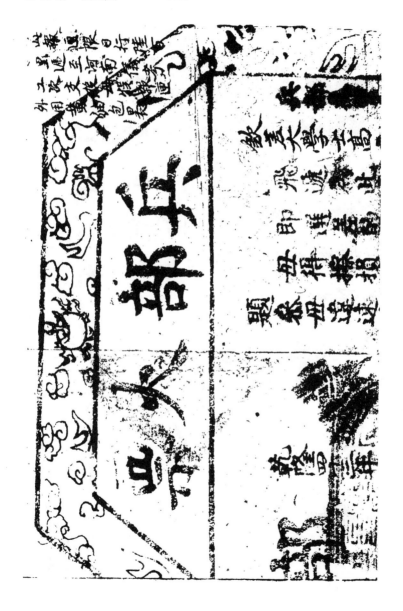

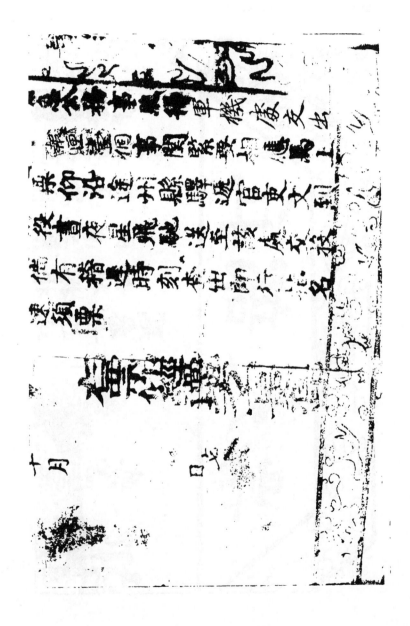

Plate 4: Post express tag for insuring swift courier service at imperial post stations (black printing on

圖版伍：杭州鐫造摺帖　國立故宮博物院藏

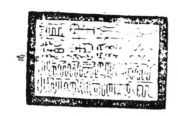

Plate 5: Copy of a routine memorial. National Palace Museum, Taipei.

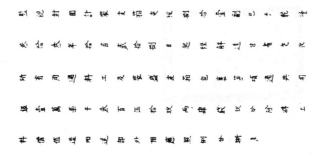

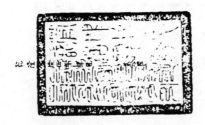

Copy of a routine memorial. National Palace Museum, Taipei.

圖版陸：吏部知會　國立故宮博物院藏

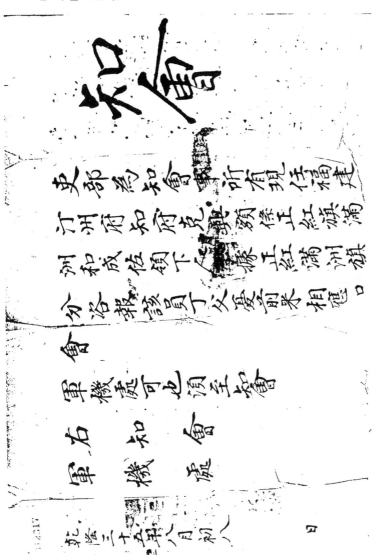

Plate 6: Lateral communication from the Board of Civil Office to the Grand Council. National Palace Museum, Taipei.

圖 版 柒：廣西思恩府知府稟文　國立故宮博物院藏

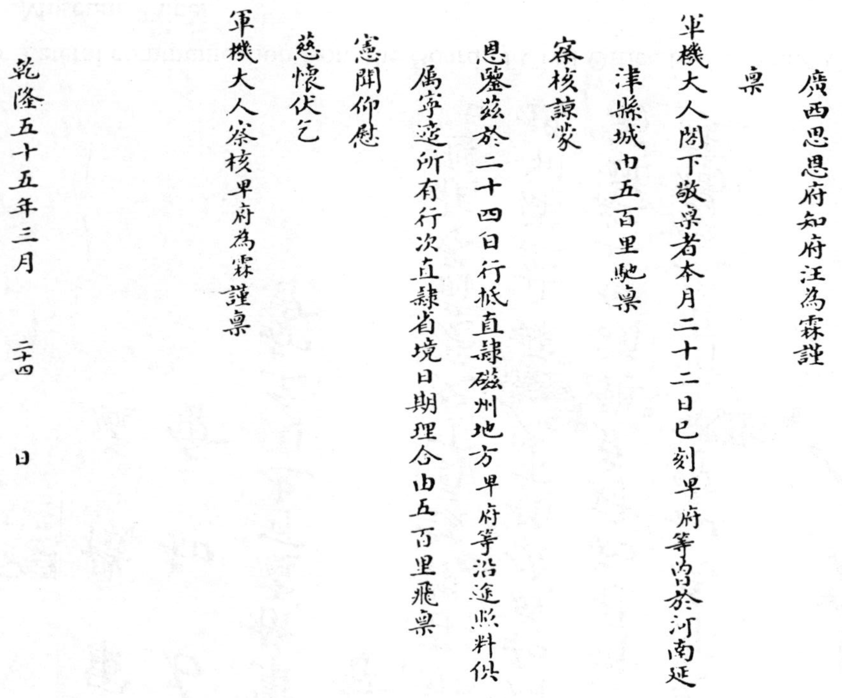

廣西思恩府為稟報事

稟

軍機大人閣下敬稟者本月二十三日已刻半府拳沿於河南遂

津隸城功五百里收稟

茶核譚次

恩慶慈於二十四日行抵直隸磁州地方半府拳沿遂料俱

處浮邊所有行次立隸省境日期理合由五百里飛稟

金開仰慰

慈懷伏乞

軍機大人俯核半府為稟謹稟

乾隆五十五年三月　二十四　日

Plate 7: Petition submitted to the Grand Council by a prefect. National Palace Museum, Taipei.

圖版捌：國泰肅函　國立故宮博物院藏

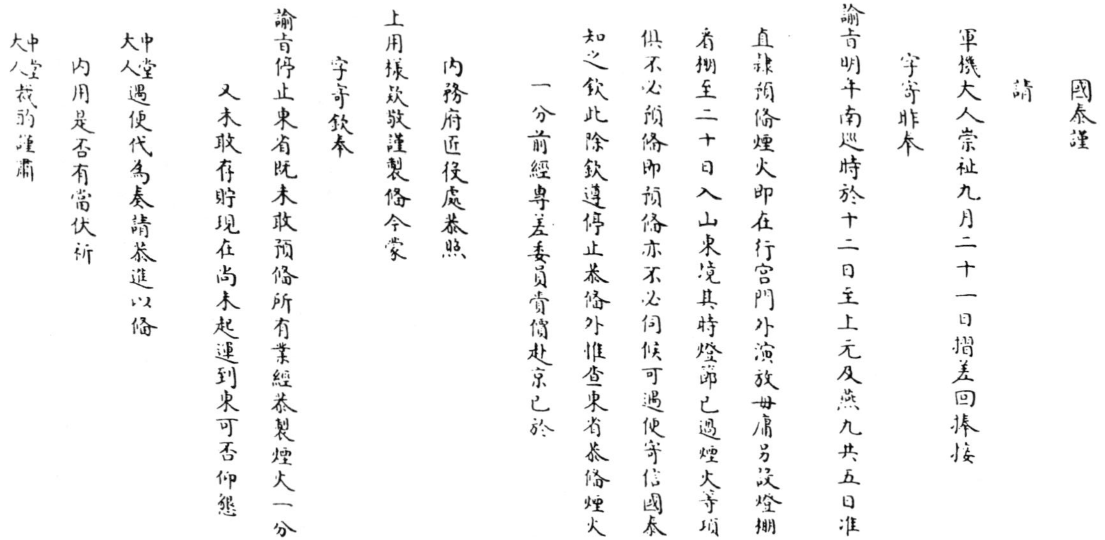
國泰謹
請
軍機大人崇祉九月二十一日摺差回捧接
字寄昨奉
諭旨明年南巡時於十二日至上元及燕九共五日准
直隸預備煙火即在行宮門外演放毋庸另設燈棚
看棚至二十日入山東境其時燈節已過煙火等項
俱不必預備即預備亦不必伺候可遇便寄信國泰
知之欽此除欽遵停止恭備外惟查東省恭備煙火
一分前經專差委員齎價赴京已於
內務府匠役處恭照
上用樣款敬謹製備今蒙
字寄欽奉
諭旨停止東省既未敢預備所有業經恭製煙火一分
又未敢存貯現在尚未起運到東可否仰懇
中堂大人遇便代為奏請恭進以備
內用是否有當伏祈
中堂大人裁酌謹肅

Plate 8: A letter from one Kuo-t'ai to a Grand Councillor. National Palace Museum, Taipei.

圖版 玖：黃河形勢圖　國立故宮博物院藏

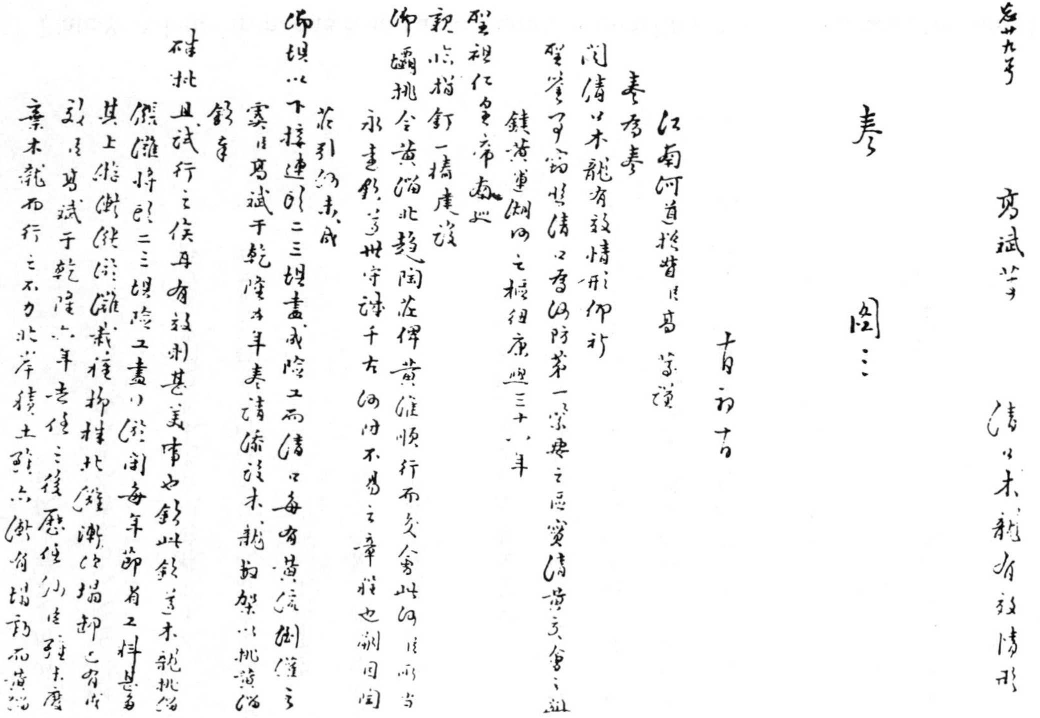

Plate 9: Discussion and plan for repairs of the Yellow River embankments (originally enclosed in a memorial). National Palace Museum, Taipei.

黃河形勢圖　國立故宮博物院藏

005027

乾隆十四年百有四十四年

Discussion and plan for repairs of the Yellow River embankments
(originally enclosed in a memorial). National Palace Museum, Taipei.

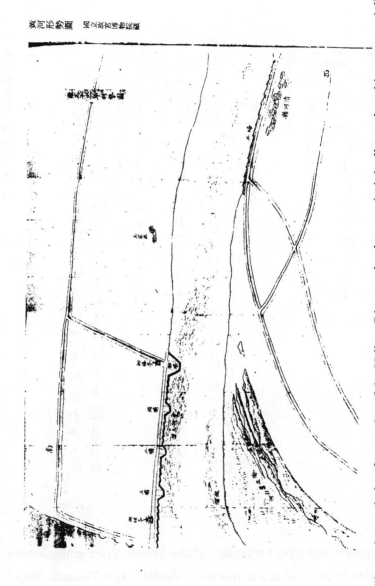

黃河形勢圖　國立故宮博物院藏

Discussion and plan for repairs of the Yellow River embankments (originally enclosed in a memorial). National Palace Museum, Taipei.

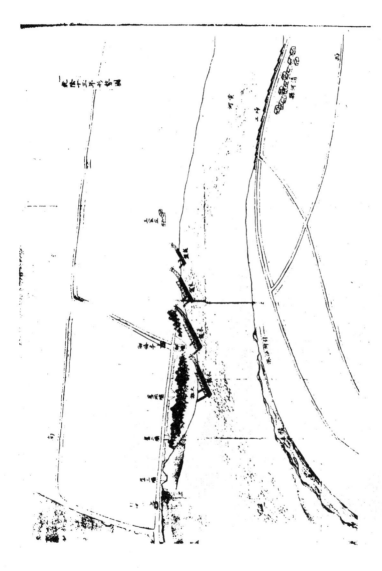

Discussion and plan for repairs of the Yellow River embankments (originally enclosed in a memorial).
National Palace Museum, Taipei.

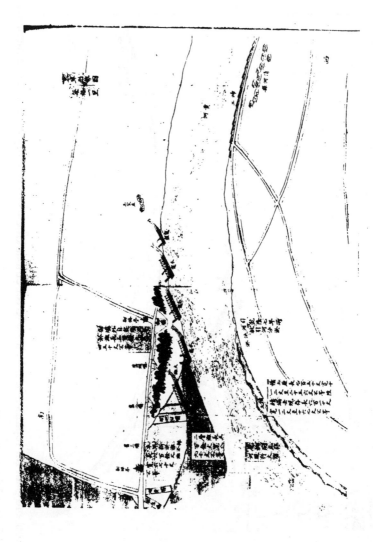

Discussion and plan for repairs of the Yellow River embankments (originally enclosed in a memorial). National Palace Museum, Taipei.

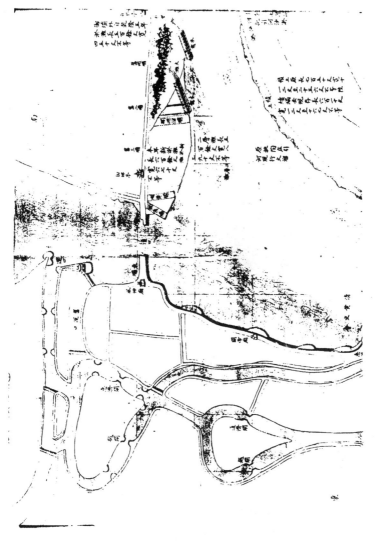

Discussion and plan for repairs of the Yellow River embankments (originally enclosed in a memorial). National Palace Museum, Taipei.

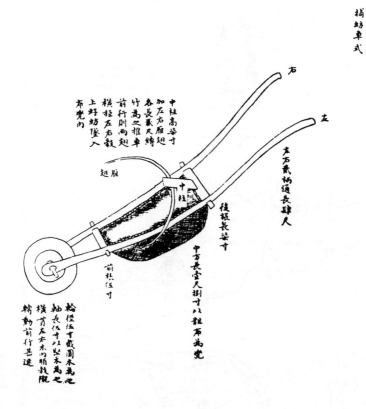

圖版臺零：捕蚄車圖　國立故宮博物院藏

捕蚄車式

右

左

左方貳柄道長肆人

中柱高柒寸
加左方厓趐
各長貳尺綁
竹為之推車
前行則兩趐
橫接左右觳
上好蚄墜入
布兜內

趐服

中柱

後根長柒寸

前根伍寸

中方長壹人捌寸以粗布為兜

輪徑伍寸戴圓木為之
軸長伍寸以柴木為之
橫貫左右木內順枝腕
轉動前行甚速

Plate 10: plan, for an implement with which to brush inchworms from
the stalks of growing rice plants (originally enclosed in a
memorial). National Palace Museum, Taipei.

大清國

大皇帝敬問

大英國

大皇帝好中國與

貴國通好有年文誼益親

遠風聞

貴政府文明久著政治日新

凡所措施多裨實事是能

念時局力圖振作足以親

仁善鄰之道為念乃

之資故特派

商辦

貴國考求政治政大臣某

心時務才識明通文為儒

所信任受命恭齎

國書代

達族庭隆望

大皇帝加敬懷特禮相待一切

法事悉照政大臣奏用循衆

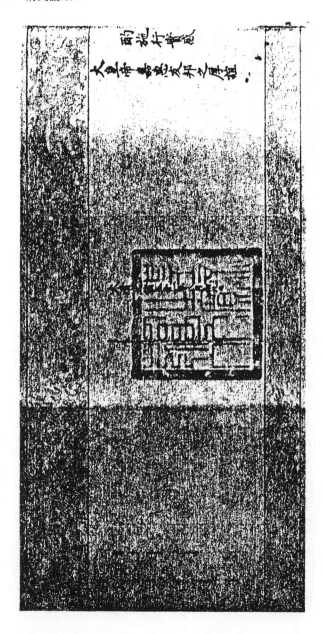

列事作傳——清朝歷史人物的點滴

一、進退有據－洪承疇降清

　　洪承疇（1584-1630），字彥演，號亨九，福建南安人。明神宗萬曆四十四年（1616），進士出身。他當過陝西的布政使，延綏的巡撫，節制楡林、寧夏、甘肅三鎭的總督。崇禎初年，流寇猖獗，洪承疇奉命專督關中軍務，在臨潼俘了闖王高迎祥，在潼關大破李自成，李自成只剩下十八騎，落荒而走。崇德三年（1638），清太宗皇太極攻明，明廷召洪承疇入衛。崇德四年（1639）春，洪承疇奉命總督薊遼軍務，守松山。皇太極出奇制勝，破明兵十三萬。多鐸奉命掘壕圍松山。崇德七年（1642）二月，松山被圍六個月之久，餉援俱絕，城破，洪承疇等人被活捉，解送盛京。

　　明思宗崇禎皇帝最初聽說洪承疇戰死，予祭十六壇，建祠於都城外，並將親臨祭奠。後來查明洪承疇已經投降了皇太極，即時停止了祭奠。關於洪承疇降清的傳說，各書記載，異說紛紜。蕭一山著《清代通史》記載，洪承疇被俘至盛京後，以死自誓，絕粒累日，精神漸萎。皇太極令人百計勸降，他始終不爲所動。皇太極問了明朝降人，得知洪承疇好色，可用美人計。皇太極大喜，於是令美女數人服侍洪承疇，結果無效。

　　崇德五宮中的莊妃，是後來的孝莊皇后，他年輕貌美，皇太極即令莊妃向洪承疇勸降。莊妃密貯人參汁於小壺，裝扮成宮中婢女入侍洪承疇。洪承疇閉目面壁，哭泣不已。莊妃好言相勸，

洪承疇仍然不理會。莊妃又強勸說：「將軍縱絕粒，獨不可稍飲而後就義也？」言語之間，情態婉嬺，意致悽愁，且以壺承其唇。洪承疇不得已，沾唇稍飲，逾時竟不死。莊妃又進人參汁，洪承疇接連飲用，不但未死，精神反而更佳。接連數日，莊妃多方勸慰，並進美饌。她日夜相勸，反覆喻以利害，洪承疇終於投降了皇太極。孟森認為以妃后說降，原本無理，招駙馬猶可，謂以妃惑人，則太過矣。

《清史稿‧洪承疇傳》引《嘯亭雜錄》的說法，謂奉命勸降的人是范文程（1597-1666）。范文程，字憲汁，宋觀文殿大學士范紀仁十七世孫。其先世於明初自江西謫瀋陽，遂為瀋陽人，居撫順所。曾祖范鏓，明正德間進士，官至兵部尚書。范文程少好讀書，穎敏沉毅，為瀋陽縣學生員。天命三年（1618），清太祖努爾哈齊取撫順，范文程與兄范文寀並降努爾哈齊，頗受禮遇。天聰、崇德年間，因功擢至內秘書院大學士，為皇太極所倚重。《清史稿》記載洪承疇降清的經過云：

> 上欲收承疇為用，命范文程諭降。承疇方科跣謾罵，文程徐與語，泛及今古事，梁間塵偶落，著承疇衣，承疇拂去之。文程遽歸，告上曰：「承疇必不死。惜其衣，況其身乎？」上自臨視，解所御貂裘衣之，曰：「先生得無寒乎？」承疇瞠視久，歎曰：「真命世之主也！」乃叩頭請降。上大悅，即日賞賚無算，置酒陳百戲。諸將或不悅，曰：「上何待承疇之重也！」上進諸將曰：「吾曹櫛風沐雨數十年，將欲何為？」諸將曰：「欲得中原耳！」上笑曰：「譬諸行道，吾等皆瞽，今獲一導者，吾安得不樂？」

皇太極是一位命世之主，洪承疇投降了清朝。皇太極為了爭

奪明朝的中原，他接受了洪承疇的投降，得到了一個嚮導，他怎麼能夠不開心呢？

二、君前失禮－康熙皇帝殺權臣鰲拜

　　順治十八年（1661）正月初七日，清世祖順治皇帝崩殂。正月初九日，皇三子玄燁，年方八歲，奉遺詔即位，以上三旗異姓功臣即滿洲正黃旗索尼、滿洲正白旗蘇克薩哈、滿洲鑲黃旗遏必隆與鰲拜四人為輔政大臣，總攬朝政，專橫獨斷。康熙元年（1662）十一月，朝鮮陳奏使鄭太和等從北京返國，朝鮮國王在養心閣召見鄭太和等人。鄭太和等人指出，「輔政大臣，專管國政，一不稟達於兒皇帝。」

　　在四位輔政大臣之中，論資格是索尼第一，蘇克薩哈第二，遏必隆第三，鰲拜第四，但是鰲拜卻最專權跋扈，他們四人，並不能和衷共濟，共謀國是，他們互相傾軋。康熙六年（1667）六月，索尼病故。七月，鰲拜攘臂強奏，坐蘇克薩哈處絞，遏必隆不敢立異，朝廷政權，操於鰲拜一人之手，專恣獨斷。

　　康熙皇帝親政後，鰲拜託病不朝，康熙皇帝親往視疾。蕭一山著《清代通史》記載說，玄燁幸其第，入其寢，御前侍衛和託見鰲拜色變，急趨榻前，揭席刀見。玄燁笑曰；「刀不離身，滿洲故俗，不足異也。」康熙皇帝回宮後，以奕棋召見索額圖入謀。數日後，鰲拜入見，即為羽林士卒所執。姚元之著《竹葉亭雜記》也有一段記載說：

　　　聖祖仁皇帝之登極也，甫八齡，其時，大臣鰲拜當國，勢
　　　燄甚張，且以帝幼，肆行無忌。帝在內，日選小內監強有
　　　力者，令之習布庫，以為戲（布庫，國語也，相鬥賭力）
　　　鰲拜或入奏事，不之避也。拜更以帝弱，且好弄，心益坦

然。一日入內，帝令布庫擒之，十數小兒立執鰲拜，遂伏
誅，以權勢薰灼之，鰲拜乃執於十數小兒之手，始知帝之
用心，特使權奸不覺耳。使當日令外廷拿問，恐不免激生
事端，如此除之，行所無事，神明天縱，固非凡人所能測
也。

引文中的「布庫」，滿語讀如"buku"，意即善撲的摔跤
手。鰲拜以康熙皇帝童心好欺，終為布庫小兒所擒執。《清史稿
·聖祖本紀》，康熙八年（1669）五月，有一段記載說：

上久悉鰲拜專橫亂政，特慮其多力難制，乃選侍衛、拜唐
阿年少有力者為撲擊之戲。是日（戊申），鰲拜入見，即
令侍衛等掊而繫之。於是有善撲營之制，以近臣領之。庚
申，王大臣議鰲拜獄上，列陳大罪三十，請族誅。詔曰：
「鰲拜愚悖無知，誠合夷族。特念效力年久，迭立戰功，
貸其死，籍沒拘禁。」

善撲營的成員，主要是善撲的摔跤手。戊申，是五月十六
日，鰲拜被年輕的侍衛、拜唐阿掊而繫之。黎東方著《細說清
朝》記載說：「這些少年侍衛之中，有一個叫做拜唐阿的，力氣
最大。到了康熙八年五月初三日，鰲拜照例上朝，康熙使了一個
眼色，拜唐阿邁步向前，出其不意，把鰲拜揪住，摔倒在地。眾
少年蜂湧而上，就把鰲拜捆了。」「拜唐阿」是滿語"baitan-
gga"的漢字音譯，又作「柏唐阿」，是內務府的一種小差使，
即當差人，或執事人。內外衙門部院管事無品級人，隨營聽用的
各項匠人、醫生等，都是拜唐阿，不是某一個人的姓名。

諸書所載，都說鰲拜是被年輕善撲的布庫所繫。宣統皇帝溥
儀的說法，並不相同，他在《我的前半生》一書裡記載說：

有位在內務府幹過差使的「遺少」給我說過，當時攝政王

爲了殺袁世凱，曾想照學一下康熙皇帝殺大臣鰲拜的辦
法。康熙的辦法是把鰲拜召來，賜給一個座位，那座位是
一個只有三條好腿的椅子，鰲拜坐在上面而不提防給閃了
一下，因此構成了「君前失禮」的死罪。

引文中的「遺少」，可能也是內務府的拜唐阿，或善撲的布
庫。姑且不論那一種說法較符合歷史事實，但因鰲拜專橫亂政，
終於招致殺身之禍，確實是咎由自取了。

三、商人報國－吳尚賢與緬甸納貢

吳尚賢因家境清苦，出外謀生，在滇緬邊境採礦而致富。當
時清廷對於西南的經營並不積極，但求邊境無事。吳尚賢不僅說
服邊境少數民族輸誠納貢，並促成緬甸國王向清廷朝貢。

我國雲南地方，雖然山多田少，民鮮恆產，但地富五金，滇
緬交界土司境內，蘊藏銀礦，尤爲豐富。因當地少數民族缺乏開
礦技術，不諳煎煉方法，多由內地漢人前往經營。不僅雲南本地
人藉以食力，即兩廣、江西、貴州、湖廣等省漢人，亦多由騰
越、雲州等隘口冒禁出邊開採，蜂屯蟻聚，日益衆多。

家境貧苦，前往滇緬邊界採礦。

雲南省境內共有二十六個民族，是我國民族最多的一個省
分，卡瓦族就是其中一個跨境民族。卡瓦的「卡」，是傣語「奴
隸」的漢字音譯，含有輕侮的意思，他們自稱爲阿瓦族或瓦族，
是「山居人」的意思，他們的部長，習稱大山王。瓦族流傳最久
遠的一個傳說叫做「司崗里」（si ganglih），「里」是出來的意
思，「司崗」，一說是石洞，意即人是從石洞裡出來的；一說是
葫蘆，意即人是從葫蘆裡出來的，這兩種解釋，雖然荒誕無稽，

但卻是對遠古穴居野處生活的矇矓回憶。卡瓦部相信他的始祖是從葫蘆裡出來的，所以卡瓦部自稱葫蘆國，大山王自號葫蘆國王。部長所居爲木城草房，頭戴釘金葉帽，穿蟒衣，所屬頭目戴釘銀葉帽，穿花衣，百姓仍然穴居野處，男子以布纏頭，敝衣短褲，婦女穿著短衣桶裙，以紅藤纏頭。卡瓦部族就是位於永昌、順寧府徼外的一個生界部落，北接耿馬土司界，西接緬甸木邦界，東接孟艮土司界，面積約二千餘里，自古以來，未通中原。

卡瓦部境內有茂隆山銀廠，簡稱茂隆銀廠，又作募隆銀廠，靠近滾弄江，和緬甸木邦僅一江之隔。乾隆十年（1745），雲南臨安府石屏州人吳尙賢，因家境貧苦，出外謀生，前往茂隆銀廠開採。翌年，開獲堂礦，礦砂大旺，銀廠占地六十餘里，廠丁多達二、三萬人，其銀礦年產量遠超過內地的樂馬銀廠。

清代趙州人師範著《緬事述略》一書對吳尙賢有一段簡短的描寫，大意說茂隆銀廠的規矩，沒有尊卑的區別，都以兄弟相稱，大哥主廠，二哥統衆，三哥領兵。吳尙賢是大哥，充廠主，

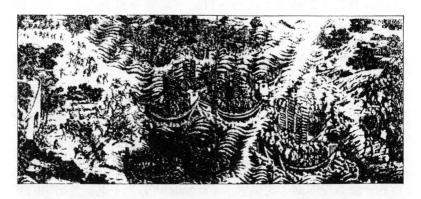

清初對於西南邊境，但求無事，對爭取邊外少數民族的統治權並不積極，直到乾隆時才有興兵平緬之舉。

身材雖然瘦小,但是臨陣當先,鬍鬚擢起,見者無不驚走。廠丁多為大力士,數百斤大砲,可以手挽而發,廠中有警,則兄弟全出,以致緬人畏避,不敢來侵,各少數民族多敬如神明。同時又得到卡瓦部大山王蜂筑的信任,銀礦產量日增,獲利甚豐,乃於石屏州原籍廣置產業,並捐納通判,官名吳枝,且經雲貴總督張允隨委為茂隆銀廠課長。

吳尚賢在邊外既久,與各部族往來習熟,他對邊外部族的歸順內地,扮演了重要的角色。他首先說服卡瓦部大山王蜂筑以廠課納貢內屬。蜂筑即將乾隆十年七月至十月所抽茂隆廠課銀三千七百餘兩,開造收課細冊,懇請耿馬宣撫司罕國楷之叔罕世屏率領頭目召猛,會同課長吳尚賢、通事楊公亮於乾隆十一年(1746)正月十八日將課銀解至雲南省城,並進呈緬字稟文,請求歸誠納貢。雲貴總督張允隨認為冊開課銀,是四個月所收,若以年計,每年應納課銀一萬一千餘兩,為數過多,恐銀廠盈虧靡常,難為定額,於是奏請按照雍正八年(1730)孟連土司刀派鼎所納募洒廠課銀減半抽收成例辦理,而將茂隆銀廠所繳課銀三千七百餘兩,以一半解納,以一半賞給大山王蜂筑,藉慰遠人之心。乾隆十二年(1747年)正月二十六日,大山王蜂筑遣廠民吳賢斌齎稟謝恩。

說服滇緬邊界少數民族輸誠納貢。

滇緬邊界上有許多半獨立狀態的土司部落,或內附中國,或投降緬甸,首鼠兩端,蠻觸相爭。明末清初,因政權遞嬗,內地不靖,有許多土司轉而向緬甸輸誠納貢。例如普洱府邊外車里宣慰司自明代嘉靖年間(1522~1566)以來已依附緬甸,清初平滇後,車里宣慰司投誠內附,歲輸國賦,但同時又外納緬貢。雍正

八年（1730），刀紹文承襲車里宣慰司土職，緬甸遣使致賀。景線的猛勇、整欠兩部，長久以來，互相仇殺，刀紹文屢次遣員前往勸息，猛勇恃強侵滋，不服勸諭。召紹文恐釀大釁，難以了結，憤而差人前往緬甸進貢，成爲緬甸所屬的土司。吳尙賢憑一己之力，說服卡瓦部長蜂筑向雲貴總督輸誠納貢，對解決邊境糾紛，以及邊外少數民族的歸順朝廷，確實做出了極大的貢獻。

木邦在緬甸境內，乾隆十四年（1749），內地礦工鄒啓周在木邦籌劃開採猛牙、邦迫二廠。吳尙賢深恐銀廠林立，互相競爭，不利於茂隆銀廠，於是率衆逐散。吳尙賢說服木邦土司納貢內附，清廷以木邦土司自明末以來久爲緬甸所屬，以未便准許而加以拒絕。清廷但求邊境無事，對於爭取邊外少數民族的統治權，並不積極。

促成緬甸國王向清廷朝貢。

吳尙賢爲求挾緬自重，以壓服各土司，於是決定進入緬甸首都阿瓦，以遊說緬王朝貢清廷。乾隆十五年（1750）正月初三日，吳尙賢率領廠練一千二百餘人，從孟幹啓程，經木邦、錫

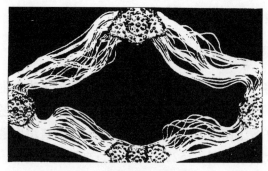

緬甸進貢清廷的金牌。

箔、宋賽，抵達阿瓦，所過土司，爭先餽贈。但因波龍銀廠貴家頭目宮裡雁向來與緬甸有仇隙，而攔阻吳尚賢。

貴家一族相傳是南明隨桂王進入緬甸的官族子孫，清代文書寫成桂家，又作鬼家。屠述濂著《緬考》指出桂家原為江寧人，是永明王所遺後裔。師範著《緬事述略》也指出滇緬邊界各土司最敬畏的漢人，首推吳尚賢，其次便是貴家宮裡雁。相傳緬甸劫持永明王後，其屬眾散駐洲，各少數民族並不加以驅逐，當地百姓認為大水來，必然將他們漂失。但是水來洲不沒，當地人相信有神助，而更加敬畏。經過百餘年生聚蕃衍，貴家遂日益強盛。其首領宮裡雁貌偉而怪，滿面鬍鬚，臨陣殺敵，矢石不能及身。吳尚賢不敵宮裡雁，為貴家所敗，改由麻里腳洪地方返回茂隆銀廠。

吳尚賢雖為宮裡雁所敗，但緬甸國王蟒達喇（Mahada-mmayaza Dipati, 1733-1752），仍然決定遣使來華朝貢。乾隆十五年（1750）四月，緬甸使臣希里覺壋等人率領從人，齎送貢物，抵達雲南邊境，暫駐茂隆銀廠，由吳尚賢將緬甸國王遣使緣由代為轉稟雲貴總督碩色，其一切人役及象隻供應，都由吳尚賢備辦。同年十二月初十日，緬甸使臣希里覺壋等人由邊隘入關，抵達蒙化府。雲貴總督碩色將所需盤費、賞號等項，循照南掌進貢成例，在耗羨章程案內動用公件銀二千五百兩，並派順寧府知事孟士錦，把總趙宋儒等人率領兵役護送入京。

乾隆十五年（1750）十二月二十九日，希里覺壋等一行二十人抵達雲南省城，因天氣嚴寒，暫住省城。署布政使沈嘉徵以緬使由滇入京，旅途遙遠，恐外人飯食嗜好，彼此不同，初入內地，不諳中華禮法，沿途或有滋事，內地委員難以照料約束。吳尚賢既熟識緬人性情，易於約束，不致生疑滋事，而且吳尚賢願

意自備資斧，沿途照料，故命吳尙賢伴同往返。

　　乾隆十六年（1751）二月十六日，緬甸使團由雲南啓程入京。六月二十五日，乾隆皇帝御太和殿，受緬使朝貢。禮部按照蘇祿國王進貢成例，欽頒敕諭一道，筵宴二次，並賞賜蟒緞、青藍彩緞、藍素緞、錦、紬、羅、紗等物。七月二十一日，緬使返國，清廷派禮部額外主事郁通額伴送。但正使希里覺塡素患弱症，旅途艱辛，舊病復發，十月初十日，途次安順府毛口驛病故。

從商不忘國事，商人報國典型。

　　清廷以吳尙賢與緬甸貢使親密日久，與諸「夷」親善，恐其私相往來，勾通外邦，誇張聲勢，軍機處即寄信雲貴總督碩色將吳尙賢留住省城，另行委員護送緬使回國。十二月二十九日，吳尙賢伴送緬使抵達雲南省城時，被碩色派員拘禁，瘐斃於獄。另遣臨安府知府鄧士燦等查封吳尙賢在雲南省城寓所及原籍石屏州

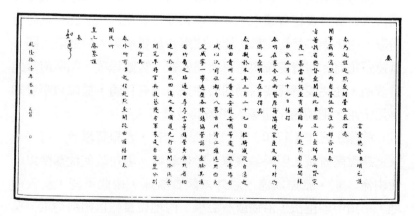

雲貴總督上奏查辦吳尙賢家產一案奏摺。

貲產，除銀兩外，還搜出金銀首飾、玉磬、玉杯、綠玉素珠、象灘石素珠、萊玉水晶、瑪瑙素珠、番珠、蔥根玉杯、碧霞犀數珠等物件珍玩，共合銀十二萬五千餘兩。

雲南孤懸於西南邊陲，內則「百蠻環處」，仇殺劫奪，習以為常；外則三面臨邊，南接交阯、南掌，西鄰緬甸。秦漢以來，中原已經以緬甸為貿易孔道，經曼德勒轉往阿富汗，以絲茶換取西域的貨物。滿洲入主中原以後，一方面因亟於加強中國本部的統治權，無意勤遠；另一方面因中緬邊界「夷氛不靖」，水土惡劣，往來維艱。因此，當順治十八年（1661）緬王縛獻南明桂王後，清軍隨即班師，未責以朝貢。乾隆初年，茂隆銀廠課長吳尚賢深入阿瓦，勸服緬甸國王派遣使臣入京朝貢，對於改善中緬外交關係，貢獻至鉅。但清廷卻以吳尚賢坐「交通外夷」等罪狀，而將他拘禁瘐斃，後來又誘殺宮裡雁，自去防邊兩虎，中緬邊境從此多事。

四、天命難諶─光緒皇帝和慈禧太后的崩殂

光緒三十四年（1908）十月二十一日，光緒皇帝駕崩，同年十月二十二日，慈禧太后升遐，光緒皇帝和慈禧太后在兩天之內先後去世，對晚清政局造成了重大的震撼。李劍農著《中國近百年政治史》有一段分析說，慈禧太后是促使清朝覆亡的一個重要人物，但是維持清朝殘局的重要人物也是她。因為她的閱歷和手腕，遠非那班少年親貴所能及。她雖沒有真正革新的志願，尚有駕馭操縱應付的本領。她在世時，無論滿漢的大小奴才臣工，宗室的懿親，無不在她的籠罩之下。漢人臣工固屬奉命維謹，就是極驕縱的皇族子弟，也不能輕易得逞其志。縱然排漢集權，也還有種種的掩飾，所以慈禧太后確是維持晚清殘局的一個重要人

物。假若慈禧太后去世了，光緒皇帝不即死，清朝政權的顛覆，固然也是不能免的，但是，時間上或者也要延緩幾年。因爲光緒皇帝雖然並無如何的雄才大略，但他也是經過大風浪，受過大磨難的人。縱然沒有方法可以使滿漢的情感融洽無間，或者也不至採用極魯莽的皇族集權政策，加深滿漢的惡感。原書的假設，雖然是事後推測的話，但是，光緒皇帝駕崩的後一日，慈禧太后也升遐，確是清朝政局轉變的一個重要關鍵。

從清宮醫案記錄得知光緒皇帝和慈禧太后確是因病而死的。十月十八日，光緒皇帝的病勢已經十分嚴重。十月二十日，病勢危篤，目瞼微而白珠露。十月二十一日酉刻終因病情不斷加重而龍馭上賓。從十月十九日至二十一日，慈禧太后的病情逐漸加重，十月二十二日，她的六脈已絕。是日未正三刻崩於中南海的儀鸞殿。光緒皇帝和慈禧太后一前一後的去世，這是巧合，還是另有內幕，已經議論紛紛。當時對光緒皇帝崩殂的確實日期和死因，都成了疑問：一說光緒皇帝於十月二十一日以前已經病終；一說光緒皇帝是死於慈禧太后之手，甚至有謂袁世凱也參與其密謀的。惲毓鼎《崇陵傳信錄》繪聲繪影地記載慈禧太后病重，有人向慈禧太后密告，「帝聞太后病，有喜色。」慈禧太后怒曰：「我不能先爾死。」傳說光緒皇帝就是被慈禧太后加害致死的。

溥儀著《我的前半生》記載光緒三十四年（1908）十月，慈禧太后在頤和園度過了她的七十四歲生日，患了痢疾，臥病的第十天，突然做出了立嗣的決定，跟著光緒皇帝和慈禧太后就在兩天中相繼去世。溥儀指出，當時有一種傳說，慈禧太后自知病將不起，她不甘心死在光緒皇帝前面，所以才下了毒手。溥儀還聽見一個叫做李長安的老太監說起光緒皇帝之死的疑案，按照李長安說，光緒皇帝在死的前一天還是好好的，只是因爲用了一劑藥

就壞了，後來才知道這劑藥是袁世凱使人送來的。按照常例，皇帝得病，每天太醫開的藥方都要分抄給內務府大臣一份。如果是重病，還要抄給每位軍機大臣一份。據內務府某大臣的一位後人告訴溥儀，光緒皇帝死前不過是一般的感冒，他看過藥方，脈案極為平常。加之有人前一天還看到他像好人一樣，站在屋裡說話，所以當人們聽到光緒皇帝病重的消息，都很驚異。更奇怪的是，病重消息傳出不過兩個時辰，就聽說已經晏駕了。溥儀認為光緒皇帝確是死得很可疑的，他指出，如果太監李長安的說法確實的話，那就更印證了袁世凱和奕劻確曾有過一個陰謀，而且是相當周密的陰謀。

溥儀進一步指出，慈禧太后在宣佈他為嗣皇帝的那天，還不認為自己會一病不起。光緒皇帝駕崩後兩個小時，慈禧太后還授命監國攝政王：「所有軍國政事，悉秉承予之訓示裁度施行。」慈禧太后在發現了來自袁世凱那裡的危險之後，亦即她在確定了光緒皇帝的最後命運之後，從宗室中單單挑選了這樣的一個攝政王和這樣一個嗣皇帝，也正是由於當時慈禧太后還不認為自己會死得這麼快。在她來說，當了太皇太后固然不便再替皇帝聽政，但是在她與小皇帝之間有個聽話的攝政王，一樣可以為所欲為。在她看來，她這個決定是正確的，因為她選定的攝政王是光緒皇帝的親兄弟，只有這樣的人，才不至於上袁世凱的當。溥儀對袁世凱陰謀的合理懷疑，似可否認有關慈禧太后知道自己將死，而必先除去光緒皇帝的傳聞。由於光緒皇帝和慈禧太后的先後去世，維持殘局的兩位關鍵人物都不在了，清朝覆亡的日子已經指日可待了。《清史稿·后妃傳》論曰：

> 世祖、聖祖皆以沖齡踐阼，孝莊皇后睹創業之難而樹委裘
> 之主，政出王大臣，當時無建垂簾之議者，殷憂啓聖，遂

定中原，克底於昇平。及文宗末造，孝貞、孝欽兩皇后，躬收政柄，內有賢王，外有名將相，削平大難，宏贊中興，不幸穆宗即世，孝貞皇后崩，孝欽皇后聽政久，稍稍營離宮，修慶典，視聖祖奉孝莊皇后，高宗奉孝聖皇后，不逮十之一，而世顧竊竊然有私議者，外侮迭乘，災祲屢見，非其時也，不幸與德宗意指不協，一激而啟戊戌之爭，再激而成庚子之亂，晚乃壹意變法，怵天命之難諶，察人心之將渙，而欲救之以立憲，百端並舉，政急民煩，陵土未乾，國步遂改。綜一代之興亡，繫於宮闈，嗚呼！豈非天哉！豈非天哉！

　　姑且不論一代興亡是否繫於宮闈，但有清一代有兩位引人矚目的皇太后，一前一後，確是不容置疑的。在清朝初年有孝莊皇太后本布泰（bumbutai, 1613-1688），她歷經三朝，輔立過兩位幼主。皇太極在位期間，她端莊賢淑，相夫教子；在順治朝，她是皇太后，由多爾袞攝政，輔佐幼主，度過危機；在康熙朝，她是太皇太后，輔佐愛孫，周旋於四大權臣之間。她崩於康熙二十六年十二月二十五日（1688, 01, 27），享年七十六歲。她一生聰明機智，善於運用謀略，在誅除權臣鰲拜，平定三藩之亂的過程中，充分表現出她知人善任以及應付突發事件的卓越才能，對穩定清初的政治局面作出了重要的貢獻。在清朝末年有維持殘局的慈禧太后那拉氏（1835-1908），她也歷經咸豐、同治、光緒三朝，輔立兩位幼主，享年七十四歲。她垂簾聽政，操縱清朝政權將近五十年。她鎮壓維新運動，幽禁光緒皇帝。最後，雖欲以立憲救人心，但因百端並舉，政急民煩，而加速清朝的覆亡，所謂陵土未乾，國步遂改，天命難諶，確是令人歎息。

五、有教無類－溥儀和莊士敦

　　童年的溥儀對於外國人的印象，主要是從畫報上和太監們的口裡得來的。石印畫報上的外國男人，嘴上都有個八字鬍，褲腿上都有一條直線，手裡都有一根棍子。據太監們說，外國人的鬍子很硬，鬍梢上可以掛一盞燈籠。外國人的腿很直，所以庚子年（1900）八國聯軍之役，有一位大臣給慈禧太后出主意說，和外國兵打仗，只要用竹竿把他們捅倒，他們就爬不起來了。太監們還說，外國人手裡的棍子，叫做「文明棍」，是打人用的。

　　民國八年（1919），溥儀十四歲那年的三月四日，他的父親醇親王載灃和中國師傅陳寶琛、朱益藩引見教英文的外國師傅莊士敦，地點就在讀書的毓慶宮。溥儀發現莊士敦這位外國師傅並不十分可怕，莊士敦動作敏捷靈巧，他的腰板很直，溥儀甚至還懷疑過他衣服裡有什麼鐵架子撐著。雖然莊士敦沒有什麼八字鬍和文明棍，他的腿也能打彎，但總給人一種硬綁綁的感覺，特別是他那雙藍眼睛和淡黃帶白的頭髮，看著很不舒服。

　　溥儀得知這位蘇格蘭老夫子是英國牛津大學的文學碩士，他到北京宮中教書是由老洋務派李鴻章之子李經邁的推薦，經徐世昌總統代向英國公使館交涉，正式被清室聘來的。莊士敦曾在香港英國總督那裡當過秘書，入宮之前，是英國租借地威海衛的行政長官。據莊士敦自己說，他來亞洲已有二十多年，在中國走過了內地各省，遊遍了名山大川，古跡名勝。他通曉中國歷史，熟悉中國各地風土人情，對儒、墨、釋、老都有研究，對中國古詩特別欣賞，他也像中國師傅一樣，搖頭晃腦抑揚頓挫地讀唐詩。國立故宮博物院典藏清宮《弼德院檔》中含有莊士敦履歷單，節錄一段內容如下：

莊士敦，年四十四〔五〕歲，西曆一千七百十四年十月三十一日，生於英國蘇格蘭島，今尚未娶。曾於英國愛丁伯並阿斯福兩大學校畢業，於一千八百九十八年得學士位，一千九百零一年得碩士位。在愛丁伯大學校時，於文學、歷史兩論說，曾得獎賞，並於英國憲政上歷史、憲法以及文學各科，亦得頭等獎照，此外於詩詞歌賦，又得特別獎賞。在阿斯福大學校時曾應試，被選赴馬打蓮書院爲歷史科競賽代表。在畢業期內，於文學科得特別獎賞，畢業時，於歷史科亦得優獎。一千八百九十八年，印度及英屬文官考試合格，分發香港任用，規定漢文學識均考合格，派充輔政司裏贊員。庚子年，充香港總督府秘書。一千九百零四年，調充威海衛輔政員，遞升領袖知事、巡理府等職，後蒙英皇派爲護理威海衛政務使。曾在中國並西藏東部暹羅、安南、緬甸、高麗、日本等處遊歷幾遍。

引文中的「阿斯福大學」即牛津大學（Oxford University）的漢字音譯。履歷中也指出莊士敦的主要著作爲：《由北京至孟大利》（一九〇八年著）；《中國北方之獅龍》（一九一〇年著）；《華人懇求基督教》（一九一一年著）；《中國佛教》（一九一一年著）；《書信與傳教人》（一九一八年著）。此外，關於中國問題，莊士敦亦曾撰寫論說，發表於《十九世紀》等報章。一九一六年，香港大學以莊士敦關於中國歷史及現況的著作甚佳，授以名譽博士學位。莊士敦曾充英國皇家亞西亞研究會、印度研究會、倫敦中國研究會等會員。一九一七年十一月至一九一八年五月，任威海衛行政長官。

莊士敦在北京的別墅是在西山櫻桃溝，別墅門上有溥儀手書「樂靜山齋」四字匾額。內務府後來在地安門油漆作一號租了一

所四合院的住宅給莊士敦居住。他把這個小四合院佈置得儼然像一所遺老的住宅。莊士敦很欣賞中國茶和牡丹花，常和遺老們談古論今。溥儀指出莊士敦講課很有耐心。有一次，莊士敦在講解外國畫報的時候，溥儀拿出了鼻煙壺，把鼻煙倒在桌子上，在上面畫起花來，莊士敦一聲不響地收起了畫報，等著溥儀玩鼻煙，一直等到下課的時候。

在溥儀的眼裡，莊士敦的一切都是最好的，甚至連他衣服上的樟腦味也是香的。莊士敦使溥儀相信西洋人是最文明的人，而莊士敦正是西洋人裡最有學問的人。莊士敦身上穿的毛呢衣料竟使溥儀對中國的絲織綢緞的價值發生了動搖，他口袋上的自來水筆竟使溥儀因中國人用毛筆宣紙而感到自卑。莊士敦常給溥儀拿來歐洲畫報，溥儀也常按照畫報上的樣式，叫內務府給他購買洋式家具，在養心殿裝設地板，把紫檀木裝銅活的炕几換成了抹著洋漆，裝著白瓷把手的炕几，把屋子裡弄得不倫不類。溥儀還按照莊士敦的樣子，大量購置身上的各種零碎：懷錶、錶鍊、戒指、別十、袖扣、領帶等等。

從民國二年（1913）起，民國政府的內政部連著幾次給清室內務府去函，請紫禁城協助勸說旗人剪掉辮子，並且希望紫禁城裡也剪掉它，語氣非常和婉。清室內務府用了不少理由去搪塞內政部，甚至辮子可做識別進出宮門的標誌，也成了一條理由。剪辮子的問題就這樣拖了好幾年，紫禁城內依舊是辮子世界，但因莊士敦譏笑說中國人的辮子是豬尾巴，溥儀就首先剪了辮子。他這一剪，幾天工夫千百條辮子全不見了。後來溥傑等人也藉口「奉旨」，在家裡剪了辮子。旗人剪掉了辮子，滿族舊時代也就正式宣告結束了。

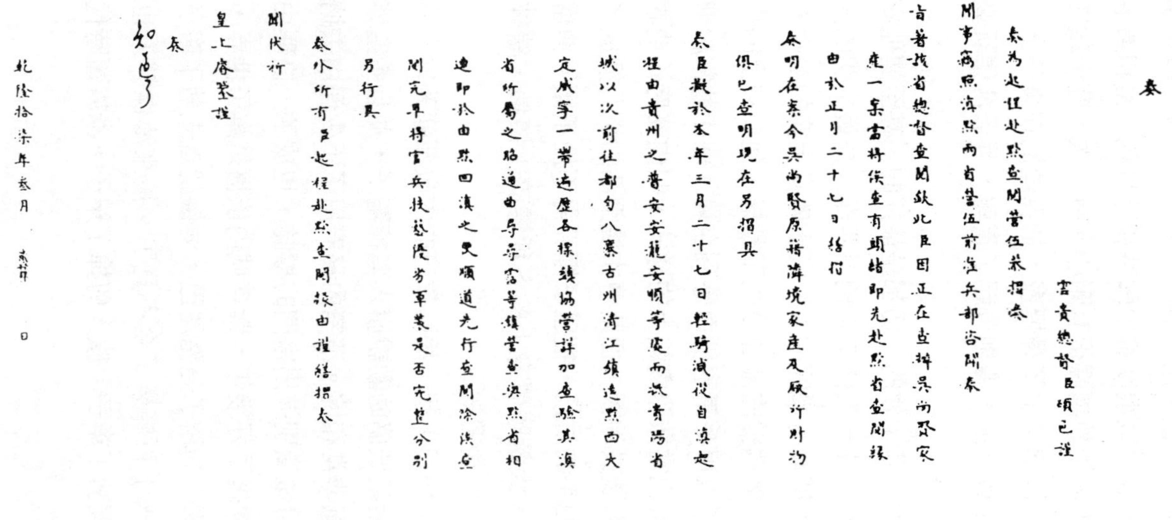

雲貴總督上奏查辦吳尚賢家產一案奏摺

師巫邪術──清代術士的活動

一、六丁六甲－道士練兵與準噶爾之役

　　明末清初，蒙古勢力仍極強盛，除了漠北蒙古、漠南蒙古外，最強盛的是漠西厄魯特蒙古，以天山北路準噶爾盆地為主要游牧地區。康熙初年，噶爾丹繼承準噶爾汗位後，其勢力積極向東發展，入侵喀爾喀，掠奪牲口。康熙三十五年（1696），康熙皇帝御駕親征，生擒噶爾丹之子色布騰巴爾珠爾。康熙三十六年（1697）三月十三日，噶爾丹雖然因病身故，但是，準噶爾勢力並未受挫。當噶爾丹引兵搶掠喀爾喀期間，策妄阿喇布坦乘機搶佔伊里，繼立為準噶爾汗。康熙五十四年（1715），策妄阿喇布坦侵犯哈密，窺伺青海，派兵入藏。康熙皇帝命吏部尚書富寧安馳赴西寧視師，許以便宜調遣。康熙五十六年（1717），授富寧安為靖逆將軍，駐兵巴里坤，與將軍傅爾丹分路堵禦。康熙五十七年（1718）四月，準噶爾入藏軍隊攻陷大招小招，殺害拉藏汗，康熙皇帝決定興師進剿準噶爾。

　　在進剿策妄阿喇布坦的靖逆將軍富寧安陣營中，康熙皇帝曾配置道士所操練的神兵營。道士李慶安自稱是出家修道人，法力高深，得到康熙皇帝的信任。他曾向康熙皇帝面奏，不用大軍，只要操練數百神兵，由道士李慶安施用神術，親自率領進攻，即可剿滅策妄阿喇布坦。康熙皇帝特賜寶刀、紅坐墊、青綢坐墊等項，同意他練兵助剿。北京中國第一歷史檔案館典藏康熙朝滿文硃批奏摺中含有道士李慶安以神法練兵的檔案資料。

　　康熙五十七年（1718）十月十八日，道士李慶安等人抵達巴
里坤靖逆將軍富寧安軍營。十月二十三日，祭祀南大山，以活羊
一隻爲祭品，祭畢，山內回聲大作，由東向西而去，官兵聞後，
無不驚異。十月二十八日，將軍富寧安陪同道士李慶安巡視軍
營。道士李慶安稱，神兵營不用蒙古兵，只從滿洲、綠營兵內挑
選年輕者八百名，另行設營。道士李慶安將以六丁六甲神法進行
操練，士兵身穿紅布褂，穿戴盔甲，不用鳥鎗，但佩帶撒袋，使
用紅色纛旗。八百名士兵，於四面和四角各一百名，各設頭目督
管操練。

　　十一月二十日，再度祭山，仍以活羊祭祀，靖逆將軍富寧安
及官兵都清楚地聽到山內由東向西作回聲，衆人都說道士李慶安
是特異之人。在巴里坤軍營內有一小土山，道士李慶安勘察後向
將軍富寧安稟稱，此山甚好，是風水之地，最宜建廟，北側可建
御鑾殿一座，供奉關帝神，中建白極殿一座，以祭眞武神，兩帝
建配殿、碑亭，周圍做木柵結營，南立大門及牌樓。將軍富寧安
將建廟工程告知營中文武官員後，衆人俱喜悅，各自分頭取木集
匠，開工修造。在建廟期間，因刮風寒冷，經道士李慶安祈禱神
靈佑助。一、二日後，果眞天氣轉暖，停止刮風，曠野和大山的
冰開始融化，露出黑土，較往年溫暖，將軍富寧安等俱感驚奇。

　　道士李慶安在巴里坤神兵營中製作大紅纛一面，旗面中間繪
畫太極，周圍繪畫八卦，另又製作紅纛一面，繪畫南斗星，黑纛
一面，繪畫北斗星，並製作黃綢錦囊一件，用以裝貯符籙、硃砂
等項。道士李慶安在神兵營內東南角樹立木柵，紮設小營，營內
架設蒙古包而居，內設神壇，張貼符咒，每晚帶領幼童二名，高
聲念誦咒語。道士李慶安能算八卦，他推算出康熙五十八年
（1719）是策妄阿喇布坦應滅之年。

　　道士李慶安的作戰計劃，預定當大軍行進時，他的位置是在將軍富寧安附近二、三十里處，在大軍旁行走，李慶安爲道士妝扮，沿途若遇敵人，李慶安即施展天魂招神法。當官兵與厄魯特交戰時，李慶安則帶領神兵另行列陣。據道士李慶安稱，六丁六甲神法，惟用於汛地，不可凡處皆用。當官兵進剿時，於狹隘關口設兵固守，將軍富寧安統率大軍正面攻擊，道士李慶安帶領他所操練的神兵扼守要口，施展神術，斷山橫入，逕攻策妄阿喇布坦內部。道士李慶安稟明來年大舉進剿時，神兵營需用紅色妝緞數塊，經將軍富寧安繕摺奏聞。原摺奉硃批：「李慶安所請諸物，俱命內府製作，裝妥發往。」

　　據道士李慶安稟稱，他能施神術，使策妄阿喇布坦暗中改變心肝，迷惑其靈魂，數日之內自行滅亡。康熙五十八年（1719）二月，因清廷遣使赴伊里交涉之便，將軍富寧安令道士李慶安扮作筆帖式，與侍讀學士音札納、筆帖式齊納爾圖等同赴伊里。因李慶安懂繪畫，將軍富寧安令李慶安將沿途直抵伊里路程遠近，水草優劣，逐一繪圖。李慶安改名安瑪利，帶領身邊使喚男丁一名，幼童二名外，將軍富寧安另外又從綠營內挑選健壯兵丁十四名，共計十七人隨同前往。在李慶安行囊中暗藏所佩腰刀及施符咒用的硃砂等項。因康熙皇帝所賜紅坐墊、青綢坐墊不便攜往，富寧安另備藍坐墊帶去。臨行前，富寧安密囑李慶安，「務謀成功，行刺成仁爲要，如此則不用軍隊，準噶爾即可平定。」

　　道士李慶安扮妝行刺準噶爾汗策妄阿喇布坦的計劃，並未成功。道士李慶安欲施神術，暗中迷惑策妄阿喇布坦靈魂，令其自滅的黑巫術，亦未見效。將軍富寧安原訂康熙五十八年（1719）七月，興師進剿準噶爾，並未如期進兵，準噶爾的勢力，並未受挫。清軍中的道士神兵營，並未發揮神力。道士李慶安雖有神

術，然而神術終究不可恃。

二、製造天意－鴨母王朱一貴事變的性質

　　在清領臺灣初期，由於吏治敗壞，民怨沸騰，時常有民變發生，朱一貴事件是康熙時期規模最大的一次民變。在這次官逼民反的群衆運動中，朱一貴以朱明後代爲號召，率領數萬民兵，攻陷府治。但因倉促起事，且多屬烏合之衆，沒有遠大的政治理想；在官兵的鎮壓及義民紛紛起而反制下，他的帝王夢很快就成爲泡影。

　　朱一貴事件是清初康熙年間規模最大的一次民變，在後世流傳的臺灣民間故事裡，關於朱一貴的傳說也是較爲生動的。民間相傳朱一貴以養鴨爲業，游飼各地，每至一地，即搭蓋鴨母寮居住，早晚編隊出入，民間稱呼他爲鴨母王。他能任意指揮溪裡的鴨群，變換隊形。鴨群上岸後，也是聽令排陣，由一隻母鴨在前領隊，好像接受過軍事訓練一般。更不可思議的是他所飼養的母鴨，每天生下二個蛋。

　　傳說朱一貴爲人豪爽，任俠好客，常與賓客烹鴨煮酒，他的鴨隻任憑宰殺，卻一隻不少。有一天，朱一貴趕鴨到二層溪上游的岡山溪，他到溪邊洗臉的時候，忽然看見水面上映著自己的人影，頭戴通天冠，身穿黃龍袍，和戲臺上明朝皇帝的裝扮一樣。當天夜晚，朱一貴又夢見自己當了臺灣皇帝殿國王。

　　關於朱一貴的傳說，其情節詳略不同，多屬穿鑿附會。各種故事的徵兆和異象，主要是製造天意：朱一貴是奉天承運的眞命天子。其實，根據文獻記載，朱一貴是福建漳州府成泰縣人，兄朱勤，弟朱萬，朱一貴居次，小名朱祖。朱一貴渡海來臺後，寄居羅漢內門。康熙五十三年（1714），朱一貴在臺廈道衙門充當

兵營的一名哨探，因徹夜不眠，叫做夜不收。後來被革退，到大目丁地方，向當地人鄭九賽租地種田度日。

拜把立盟誓　鴨母王起兵

後世流傳的天地會文獻，敘述康熙年間，少林寺被燒後，劫餘五僧拜長林寺僧萬雲龍爲大哥，以陳近南爲香主，在高溪廟起義，萬雲龍失機陣亡，五僧分往各省傳會，成爲天地會的五祖。學者論著多主張天地會起源於臺灣，始倡者爲鄭成功，萬雲龍大哥就是影射鄭成功；繼續修整者，則爲輔佐鄭成功的陳永華，香主陳近南就是陳永華所自託，衆口鑠金，鄭成功成了創立天地會的始祖。

傳說朱一貴原來是鄭成功的部將，鄭克塽降清後，朱一貴避居高雄縣內門鄉月眉潭一帶，他雖然是養鴨人物，卻是滿腹悲壯，常與故國遺老，奇僧劍客，痛論亡國之恨。學者研究亦多主張朱一貴是以結拜天地會起兵的，起兵七日，即占領臺灣全島，大半是假借天地會的力量。朱一貴是不是鄭成功的部將？他是以結拜天地會起兵的嗎？都有待商榷。臺灣民間盛行的金蘭結義，在性質上是屬於一種異姓結拜弟兄的傳統。異姓弟兄舉行結拜儀式時，跪拜天地，在神像前歃血瀝酒，宰雞取血，用針刺指，滴血入酒內同飲。隨著泛家族主義價值系統的滲入基層社會，許多本來沒有血緣聯繫的群體也利用血緣紐帶的外部形式做爲整合手段，模擬宗族血緣制的兄弟平行關係，彼此以兄弟相稱，形同手足。各異姓結拜組織，就是泛家族主義普及化的一種虛擬宗族，也是引人矚目的一種地域化社會共同體。

天地會等會黨是由異姓結拜團體發展而來的秘密組織，各會黨多承襲了民間金蘭結義的各種傳統要素。天地會創造了許多隱

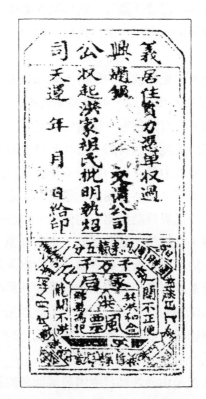

天地會的反清復明詩及腰牌。

語暗號，彼此模仿，取菸吃茶，俱用三指；若遇搶劫，則用左手伸三指按住胸前；問對方從那裡來？只說「水裡來」三字；以五點二十一暗寓洪門；又有「開口不離本，出手不離三」及以大指為天、小指為地等隱語暗號。曉得暗號，就是同會，即使素不認識之人，有事都來相助。

天地會的起源，最早只能追溯到乾隆二十六年（1761）的洪二和尚萬提喜。臺灣天地會是閩粵內地天地會的派生現象。福建漳州府平和縣人嚴煙，以賣布為生。乾隆四十七年（1782），洪二和尚的嫡傳弟子陳彪到平和縣行醫，曾經糾邀嚴煙加入天地會。乾隆四十八年，嚴煙渡海來臺，在彰化開設布鋪，並傳天地會。雲龍是洪二和尚的法號，萬雲龍就是洪二和尚萬提喜，並非影射鄭成功，鄭成功卒後一百年始有天地會的出現，天地會不是鄭成功創立的。

鄭成功（1624-1662），卒於康熙元年（1662），康熙六十年（1721），朱一貴供稱他「今年三十三歲」，由供詞可以推算朱一貴大約生於康熙二十七年（1688）。朱一貴出生時，鄭成功已經逝世二十六年。因此，朱一貴原來是鄭成功部將的傳說，不足採信。近年以來，海峽兩岸對清宮檔案都已積極展開整理工作，檢查滿漢文資料，康熙年間並無天地會，所謂朱一貴假借天地會力量的說法，也只是學者的臆測。朱一貴起事前的拜把結盟，是民間金蘭結義的共同模式，以朱明後裔相號召，是清代地方民變的常見現象，但不能因為朱一貴等人曾經拜把結盟，以反清復明為號召而推論康熙年間已經出現天地會，朱一貴必然結拜天地會起事。朱一貴事件是官逼民反的一種群眾運動，官府騷擾百姓，民怨沸騰，官逼是促使民反、爆發民變的直接原因，不是反滿的種族革命，滿漢種族意識並不濃厚，更不是典型的農民

「起義」。

吏治招民怨　官逼使民反

　　傳說朱一貴是接受一位國公的勸說而起兵的，那位國公夜觀星象，望見月眉潭鴨母寮上空閃爍著兩道紅光，夜夜如此，他屈指一算，方知朱一貴是真命天子，於是力勸朱一貴應天意，起兵抗清。朱一貴提出三個顯示神蹟的願望，黃秀政教授撰〈朱一貴的傳說與歌謠〉一文所列起兵三願是：一願犁無牛能耕田；二願飯盒裡的乾魚放回溪中可以復生；三願一百隻母鴨能夠日下二百個蛋。那位國公讓朱一貴三願全償，天地顯靈，朱一貴便決定拜把起兵。

　　朱一貴起事以後，在俗文學上除了鴨母王造反的故事以外，還流傳《臺灣朱一貴歌》，是清代木刻本，共計二百六十四句，每句七字，從朱一貴聚眾起事、占領臺灣府治、清軍渡海平亂、朱一貴兵敗被擒解京正法，都有描述，是一本珍貴的說唱文學資料。歌詞一方面頌揚康熙年間的太平景象，一方面痛斥朱一貴結

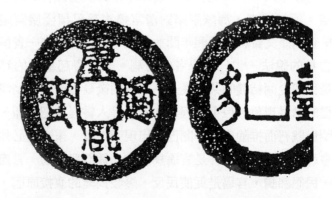

鑄於康熙二十八年（1689 年）的康熙通寶臺字大錢。

黨謀亂。譬如歌詞說：「大清帝王座龍庭，萬國來朝賀太平；文武安邦能定國，海不揚波樂萬民。」頌揚了清朝的太平盛世。歌詞中又說：「且說臺灣大椿情，養鴨村夫濫小人；結黨聚眾要謀反，可惡奴才害生靈。臺灣造反亂紛紛，聚集一堂逞威風；賊頭姓朱名一貴，冒認明朝是祖宗。」歌詞內容確實反映了部分社會現象。

康熙皇帝八歲即位，早承大業，孜孜求治，其雍熙景象，令後世流連不已。清初的治臺政策，雖然有其消極性及矛盾性，但是，也有它的積極性及前瞻性。康熙二十三年（1684），清朝將臺灣納入版圖後，仍保存鄭氏時期的土地制度及行政架構，設府治，領臺灣、鳳山、諸羅三縣，並劃歸廈門為一區，設臺廈道，臺灣府隸屬於福建省，開科取士，實施和福建內地一致的行政制度。將臺灣做為清朝內地看待，未曾置於東三省、新疆、西藏之列，確實含有積極意義，對臺灣日後的歷史發展，影響深遠。然而由於臺灣吏治欠佳，地方官苛徵勒派，以致民怨沸騰。朱一貴被擒後供出他聚眾起兵的主要原因：

> 去年（康熙五十九年）知府王珍攝理鳳山縣事，他不曾去，令伊次子去收糧，每石要折銀七錢二分，百姓含怨。續因海水泛漲，百姓合夥，謝神唱戲。伊子說眾百姓無故拜把，挈了四十餘人監禁，將給錢的放了，不給錢的責四十板，又勒派騷擾不已。因此，今年（康熙六十年）三月內，有李勇等尋我去說，如今地方官種種騷擾，眾心離異，我既姓朱，聲揚我是明朝後代，順我者必眾，以後就得了千數餘人。

臺灣府知府王珍次子向百姓收糧，每石要折銀七錢二分，相當於番銀一圓，負擔沉重，百姓個個含怨。後來又因地震，海水

泛漲，官府賑災不力，百姓求神護佑，謝神唱戲。王珍次子以百姓無故拜把，拘拏百姓，又逮捕砍竹工人二、三百名，誣指百姓謀逆，將給錢的釋放，不給錢的責打四十板，驅趕過海，攆回原籍。民間飼養耕牛，每隻要抽重稅，給銀三錢打印子，方許使喚，不給銀兩的，即算私牛，不許使喚。每座糖磨鋪要收銀七兩二錢，方許開鋪。向來米隆砍藤人俱勒派抽分，騷擾民間。閩浙總督覺羅滿保也查明朱一貴起事的緣由是因知府王珍縱役生事株連需索在前，遊擊周應龍縱番妄殺焚毀民房在後，以致民怨沸騰。

五月稱永和　六月還康熙

　　康熙六十年三月間，李勇、鄭定瑞等同至羅漢內門黃殿家內邀約朱一貴密商大計。朱一貴亦以地方官種種擾民，百姓已經忍無可忍，允諾拜把盟誓，起兵誅殺貪官污吏。臺灣歌詞中描寫朱一貴起兵的經過說：「軍師二人把令行，傳令兵馬出寨門；四月二十九戌時後，起手就殺官員們。百姓紛紛大驚慌，大小相牽走無門；殺死官員有幾百，一直占領鹿耳門。兵馬紛紛好驚人，血戰陣亡歐總兵。」歌詞中的「四月二十九戌時後，起手就殺官員們」，是民間的誤傳，朱一貴正式起兵日期是在康熙六十年四月十九日的夜間。這一天，朱一貴帶領李勇、吳外、鄭定瑞等到黃殿庄上，一共五十二人，焚表拜把，各自分頭招人入夥，共邀了一千餘人。眾人砍竹為尖槍，旗旛上寫著「激變良民，大明重興，大元帥朱」字樣。四月二十日，臺灣鎮總兵官歐陽凱等人始據報朱一貴豎旗起事，攻陷岡山汛。

　　四月二十一日，南路下淡水檳榔林管施舍庄屯客家庄粵籍的杜君英派手下楊來、顏子京二人執旗二竿告知朱一貴，杜君英已

會齊下淡水種地傭工人等要打搶臺灣府倉庫，邀約朱一貴率領會師攻打府治。四月二十四日，遊擊周應龍帶領官兵在二濫地方防堵，懸賞殺敵，傳諭殺賊首一名，賞銀五十兩，殺賊一名，賞銀三兩。原住民隨即殺了良民四人，放火焚毀道旁民房，燒死居民八人。因此，百姓懼怕，投順朱一貴的多達二萬餘人。

四月二十六日，遊擊周應龍領兵四百餘名，會同南路官兵在赤山地方與朱一貴交戰，官兵傷亡慘重。四月二十七日，朱一貴

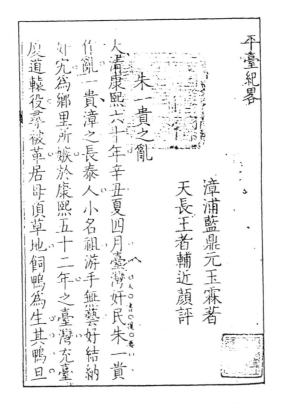

《平臺紀略》中有關朱一貴事件的記載首頁。

與杜君英兩路夾攻，官兵寡不敵衆，遊擊周應龍隻身逃回府治，
千總陳元戰死，把總周應遂被擒，把總吳益重傷。杜君英在宛大
江口大敗官兵，把總林富戰死，守備馬定國自刎身故，參將苗景
龍逃匿萬丹港，後來被擒殺。四月二十八日，總兵官歐陽凱帶領
官兵一千餘名，水師營副將許雲等也帶領官兵一千名，在春牛埔
排陣架砲。四月三十日，雙方交戰，副將許雲躍馬當先陷陣，水
師弁兵決命奮勇，陸師繼進，朱一貴退屯竿津林。

　　五月初一日，朱一貴與杜君英會合，民兵數萬人，攻打府
治，官兵奔散。百總楊泰，綽號達勇，先已通敵，爲朱一貴內
應，乘機殺總兵官歐陽凱，副將許雲、遊擊游崇功等陣亡。同日

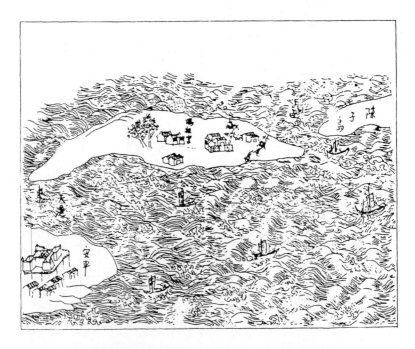

清初臺灣八景圖之一的〈鹿耳春潮圖〉。

午刻，府治失陷，杜君英進駐總兵官衙門，朱一貴入居臺廈道衙門，同開府庫，分掠金銀，復開赤嵌樓，獲得大小砲位、硝礦、鉛彈無數。朱一貴屬下李勇向衆人宣稱，朱一貴姓朱，是明朝後代，稱爲義王，爲朱一貴穿上黃袍，國號大明，年號永和。隨後將手下洪錯封爲軍師，王進才封爲太師，王玉全封爲國師，李勇、吳外、陳印、翁飛虎等封爲將軍，張阿三等封爲都留。同時又派兵三千名，看守鹿耳門。

　　根據《平臺紀略》的記載，朱一貴所封文武，上自國公，下至將軍，不計其數。由於起事倉促，來不及製作正式官服，只得臨時穿戴戲服上朝，百姓也譏笑他們的滑稽裝扮。節錄《平臺紀略》一段內容如下：

　　　是時，僞職塡街，摩肩觸額，優伶服飾，搜括靡遺。或戴
　　　幞頭，衣小袖，紗帽金冠，被甲騎牛；或以色綾裹其首，
　　　方巾朝服，炫煌于道。民間爲之謠曰：頭戴明朝帽，身穿

康熙皇帝有關朱一貴事件的諭示，原期望能以撫代剿（如圖），但因事態日益嚴重而發兵鎮壓。

　　清朝衣；五月稱永和，六月還康熙。蓋童孺婦女皆知其旦
　　暮可滅而擒也。

　　引文內容，頗能反映朱一貴倉促起事的現象，五月初建號永
和，同年六月就已兵敗，恢復了康熙年號。

三日打到府　一暝溜到厝

　　四月二十八日，朱一貴在岡山下紮營。四月三十日，朱一貴
與杜君英合作攻打府治。五月初一日，府治失陷。但成功快，失
敗更快，後世流傳的《臺灣諺語》就有「三日打到府，一暝溜到
厝」等句。朱一貴雖然在短短三天內打到位於臺南的臺灣府治，
但是後來卻在一夜之間又被官兵打敗，溜回家裡。朱一貴失敗如
此迅速的因素很多，黃秀政教授撰〈朱一貴的傳說與歌謠〉一文
記述關於朱一貴成王敗寇的傳說，當朱一貴攻下臺灣府治後，清
廷派員齎送金、銀、土、草四盤禮物，讓朱一貴任選二種，藉以
試探朱一貴是否有遠見。其中「土」，可以養兵，「草」是糧
食，吾土吾民，收取「土」和「草」是愛民養民，有遠見的表
現。國公勸朱一貴收取「土」和「草」，但朱一貴堅持收下金、
銀兩盤。國公等人認為朱一貴並無大志，難圖大事，民心盡失。
其實，這個傳說正好反映朱一貴亟需餉銀與武器，以充實戰力。

　　六月十六日，南澳鎮總兵官藍廷珍等統率官兵一萬二千名、
船六百艘進攻鹿耳門，砲臺爆炸，官兵攻克安平寨。六月二十二
日，官兵駕坐三板船，分三路登陸猛攻，朱一貴率眾退出府治。
後來民間流傳著「全攻鹿耳門」的故事。傳說南澳鎮總兵官藍廷
珍通曉兵法，他下達命令，指定各軍攻打路線，但卻交給各路主
將一封信，吩咐非到半路，絕對不准拆閱。後來到了半路，各路
主將拆閱信件，只見信上寫著「全攻鹿耳門」五字，於是六百艘

兵船立即朝向鹿耳門，直撲安平，搶攻府治，終於打敗了朱一貴。《平臺紀略》有一段重要分析說：

> 鹿耳、鯤身，夙稱天險，鄭氏一踞其間，遂歷三世，國家圖之數十年，費錢糧幾百千萬而後能收之。今不動聲色，七日恢復，巨魁就擒，孼從授首，即使孫吳復生，亦未敢望功成若之速也。

鹿耳門、七鯤身，夙稱天險，是臺灣府的大門。朱一貴攻取府治後，只派三千人看守鹿耳門，兵單力薄，不能堅守大門，而加速了朱一貴的敗亡。

從康熙初葉繪製的〈臺灣略圖〉，可以了解鄭氏的承天府，

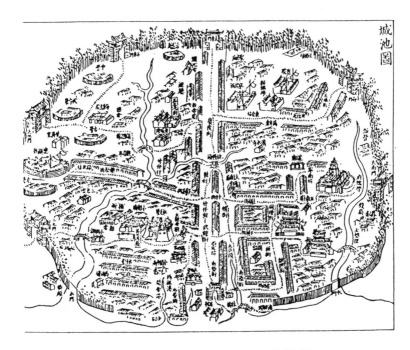

清初的臺南城池圖，城牆以莿竹代替。

並無城郭，駕船登岸，就是大街市，官員們都住在兩邊街上。清朝領有臺灣以後，鑒於臺灣是鄭氏反清復明的根據地，爲了防範，從康熙年間開始，臺灣府廳各縣，俱未建立城垣。朱一貴起事後，雖然全臺淪陷，但旋得旋失，很快被清軍收復，主要原因就是由於府治或縣治均無城垣，據守不易。後來乾隆皇帝曾經針對臺灣城垣問題頒布了諭旨，節錄一段內容如下：

> 從前該處舊有城垣，俱係用莿竹等項編插，原以莿竹等物，雖不若磚石工程堅固，足資防守，但失之易，復之亦易。即如康熙年間，有奸民朱一貴滋事。臺灣全郡被陷，七日之內，即經收復，亦因該處舊無磚石城垣，賊人難以據守，故能剋日奏功。

由引文內容可知朱一貴能在數日內攻下府治，清軍也能數日內收復府治的原因，沒有城垣，難以據守，就是朱一貴成功快、失敗更快的重要因素。朱一貴等人進駐臺灣府治後，由於與杜君英的內訌，彼此互爭雄長，也是加速敗亡的主要原因。《平臺紀略》有一段敘述說：

> 先是，君英入府時，欲立其子杜會三爲王，眾不服，立朱一貴，君英故恚甚，每事驕蹇，掠婦女七人閉營中，而一貴出令禁淫掠，戴穆強娶民間婦女，一貴殺之，以洪陣私鬻僞箚，併殺洪陣。君英所掠女有係吳外戚屬者，外請釋之，不聽，怒欲相攻。一貴遣楊來、林璉往問，君英收縛來、璉。一貴怒，密謀李勇、郭國正等整兵圍攻杜君英，敗之。君英與林沙掌等率粵賊數萬人北走虎尾溪。

朱一貴與杜君英的分裂，力量分散，更不足與清軍抗衡。

義民紛反制　帝夢成泡影

　　臺灣鴨母王造反的民間故事，反映朱一貴本身只是草莽英雄，他所憑藉的也只是下層社會的種地傭工或販夫走卒，雖然以反清復明為政治口號，然而朱一貴失敗的主要關鍵，也是遭到義民的反制。在臺灣早期移墾社會裡，族群的矛盾與衝突，是一種難以避免的社會現象。由於閩粵移民的地緣組合，社區意識的強烈，分類械鬥的頻繁，使義民組織帶有濃厚的分類意識。由於社會的不穩定，治安欠佳，義民組織頗能發揮守望相助、保境安民的作用，同時對抑制民變，也具有正面的社會功能。《平臺紀略》記載說：

> 方朱一貴作亂時，有下淡水客庄民人侯觀德、李直三等建大清義民旗，奉皇帝萬歲牌，聯絡鄉壯拒賊。一貴遣陳福壽、劉國基、薛菊、王忠、劉育等領賊眾數萬攻其庄。六月十有九日己酉，侯觀德等逆戰于淡水溪，敗之。陣斬劉育，殺賊兵及迫入水死者萬計，屍骸狼藉溪沙間。

　　朱一貴拜把結盟的異姓結拜集團與客庄粵民的義民組織，勢不兩立，使朱一貴陷入兩面作戰，力量分散，而加速朱一貴的失敗。《清聖祖實錄》也記載南路朱一貴夥黨與耕種粵民搆難。六月十九日，在漫漫庄地方，被粵民殺敗，清軍繼至，乘勢追捕，擒殺鄭定瑞等人。客庄粵民與清軍形成了聯合陣線，而成為朱一貴失敗的致命打擊。後來大學士福康安也指出：南路山豬毛東港上游為粵籍客庄，共計一百餘庄，分為港東、港西兩里，朱一貴起事以後，客庄義民號為懷忠里，在當地曾建蓋忠義亭。朱一貴遭受義民的反對，使清軍坐收漁利，剋日奏功。

　　關於朱一貴走上窮途末路的命運，也見於臺灣民間故事的記

載。傳說朱一貴退出府治後，便連夜逃到諸羅縣溝尾庄，被村民
誘擒。因爲朱一貴是鴨母王，民間相信母鴨進了溝尾，就是走投
無路。《平臺紀略》記載朱一貴被誘擒的經過很詳盡，節錄一段
內容如下：

> 閏六月五日甲子，一貴率千人至溝尾庄索飯食，楊旭等椎
> 牛餉之，許號召六庄鄉壯相助。一貴往月眉潭，乏食。乙
> 丑夜，其黨散去六百餘人。丙寅，楊雄紿一貴復回溝尾
> 庄。薄暮霖雨，旭備館舍，將一貴等分宿民家，傳集六庄
> 鄉壯，佯爲守護，潛以水灌賊砲。夜五鼓，大譁，稱官兵
> 至，金鼓火砲齊鳴，諸賊倉皇驚起，不知所措，楊雄、楊
> 旭、楊石、王仁和等遂擒朱一貴、王玉全、翁飛虎、張阿
> 山等四人，散其餘眾，吳外、陳印各率黨逸出。旭縛一貴
> 等置牛車赴八掌溪交遊擊林秀，王仁和馳報藍廷珍，廷珍
> 令解赴施世驃軍前。

由引文內容可知諸羅縣溝尾庄的鄉壯，就是當地守望相助、
保境安民的義民。由於受到義民強烈的反制，使鴨母王朱一貴到
溝尾庄時已經步上窮途末路的命運，他的帝王夢也終於成了泡
影。

三、邪不勝正－雍正皇帝與白雲觀道士賈士芳

康熙四十八年（1709），皇四子胤禛封雍親王。康熙六十一
年（1722）十一月，雍親王即帝位，以明年爲雍正元年
（1723），雍親王成了雍正皇帝。雍正皇帝即位以前的藩邸，稱
爲雍親王府，他即位以後，雍親王府改爲雍和宮。雍正皇帝在藩
邸期間，於潛心經史之餘，亦拈性宗，頗有所見。他認爲儒、
釋、道三者，兼具治世、治心、治身的長處，以儒治世，以佛治

心，以道治身，各具正面的作用，可以相輔相成，以佛、道二氏的教義思想，可以作爲儒家教化的輔助力量。他曾經頒諭說：

> 域中有三教：曰儒，曰釋，曰道，儒教本乎聖人爲生民立命，乃治世之大經大法，而釋氏之明心見性，道家之鍊氣凝神，亦與吾儒存心養氣之旨不悖，且其教皆主於勸人爲善，戒人爲惡，亦有補於治化。道家所用經籙符章，能祈晴禱雨，治病驅邪，其濟人利物之功驗，人所共知，其來亦久矣。

道教能祈晴禱雨，治病驅邪。江西貴溪縣龍虎山，是漢代張道陵煉丹成道勝地。雍正皇帝指出張道陵「嘗得秘書，通神變化」，能驅除妖異。雍正年間，域內眞人，深受禮敬。

雍正皇帝的生母是孝恭仁皇后吳雅氏，皇十三子胤祥（1686-1730）的生母是敬敏皇貴妃章佳氏。胤祥和雍正皇帝雖然是同父異母兄弟，但是，他們的感情卻十分深厚。雍正皇帝即位後，胤祥封爲和碩怡親王，總理戶部三庫，管理會考府事務。胤祥公忠體國，勤愼廉明，深獲雍正皇帝的信任，孔懷之誼，最爲誠篤。雍正七年（1729）十一月，胤祥生病，雍正皇帝諭令京外臣工訪查精於醫理及通曉性宗道教之人，以爲調攝頤養之助。京師白雲觀道士賈士芳奉召醫治胤祥疾病，並蒙賞賜。

雍正八年（1730）七月，雍正皇帝患病，白雲觀道士賈士芳由田文鏡差人送入宮中。賈士芳入宮後，雍正皇帝令內侍問話，並試以占卜之事，賈士芳確實是異能之士。雍正皇帝召見賈士芳，諭以自上年賈士芳入宮之後，雍正皇帝聖體即覺違和。賈士芳自稱長於療疾之法，雍正皇帝即令賈士芳調治他的身體。賈士芳開始口誦經咒，兼施以手按摩之術，立時見效奏功，雍正皇帝通體舒暢。賈士芳也擅長清淨無爲、含醇守寂的靜養方法。

有一天，雍正皇帝因體中不適，賈士芳即傳授念誦密咒的方法。雍正皇帝試行其法，頓覺心神舒暢，肢體安和，他深感喜慰，對賈士芳隆禮有加。

自從賈士芳入宮一個月以來，雍正皇帝的肢體，果然大癒。但是，賈士芳仗著他的咒術，以操縱雍正皇帝的健康。雍正皇帝心生恐懼。他指出：

> 此一月以來，朕躬雖已大愈，然起居寢食之間，伊欲令安則安，伊欲令不安，則果覺不適，其致令安與不安之時，伊必先露意。

賈士芳調治雍正皇帝的身體，安或不安，賈士芳竟能手操其柄，不能出其範圍。賈士芳憑藉其密咒法術，以超自然的能力，驅遣鬼神，以操縱人們的禍福。雍正皇帝也承認，賈士芳「治病之處，預先言之，莫不應驗。」雍正皇帝相信賈士芳確實擅長治病，法術高深，但是，他認為賈士芳挾其左道邪術，欺世惑眾，於是降旨切責說：「爾若如此處心設念，則赤族不足以蔽其辜。」句中「赤族」，一說：一族盡空；一說：見誅殺者必流血，引伸為全家族被殺的意思。賈士芳初聞嚴旨，雖覺惶懼，但他倚恃邪術，竟公然向雍正皇帝施法，挑戰權威。雍正皇帝認為邪不勝正，是古今不易之理，他說：

> 彼不思邪不勝正，古今不易之理。況朕受命於天，為萬方之主，豈容市井無賴之匹夫狗彘不如者，蓄不臣之心，而行賊害之術乎？前日京師地動，朕恐懼修省，誠心思過，引咎自責，又復切頒諭旨，訓飭官員兵民人等，而地動之象久而不息。因思前月之震動實在朕加禮賈士芳之次日，意者妖邪之人，胸懷叵測，而朕未之覺察，仰蒙上天垂象，以示儆乎？況伊欺世惑眾，素行不端，曾經原任巡撫

楊宗義訪聞查挐，伊始稍稍斂跡，厥後仍復招搖。今則敢肆其無君無父之心，甘犯大逆不道之罪，國法具在，難以姑容，且蠱毒壓魅，律有明條，著挐交三法司會同大學士定擬具奏。若伊之邪術果能操禍福之柄，貽患於朕躬，則伊父祖之墳塋悉行掘發，其叔伯兄弟子孫族人等悉行誅戮，以爲異常大道之炯戒。夫左道惑眾者，亦世所常有，若如賈士芳顯露悖逆妄行於君上之前，則從來之所罕見，實不知其出於何心？其治病之處，預先言之，莫不應驗，而伊遂欲以此脅制朕躬，恣肆狂縱，待之以恩而不知感，惕之以威而不知畏，竟若朕之禍福，惟伊立之，有不得不委曲順從者。朕若不明於生死之理，而或有瞻顧游移之見，乞憐於此等無賴之妄人，則必不免抱慚，而對天下臣民亦滋愧怍，朕豈如是之主哉！夫貪生惡死者，人之常情，伊之脅制朕躬者在此，不知朕之知天知命確乎不可惑者亦即在此，朕爲世道人心綱常名教計，懲彼魑魅魍魎於光天化日之下一身之休咎所不計也，並諭廷臣共知朕心。

雍正八年（1730）九月二十五日，雍正皇帝降旨將賈士芳挐交三法司會同大學士定擬具奏。同年十月初二日，賈士芳奉旨立斬。

賈士芳以邪術脅制雍正皇帝，並未得逞，反遭誅戮，正是所謂邪不勝正。

當賈士芳被挐交三法司斬立決後，其孫賈若愚亦被解送河南禹州監禁。雍正十一年（1733），賈若愚被釋放後，他開張藥舖生理。後來有江湖術士王霏龍，在河南賣卜算命，兼看風水。雍正十二年（1734），王霏龍到禹州白沙集賣卜算命。賈若愚見他招牌上寫有「子平堪輿」字樣，想要爲他祖母即賈士芳的妻子擇

地安葬，所以邀請王霏龍看好一塊墳地。但因賈若愚見他堪輿平
常，並沒有用他。乾隆二十五年（1760）正月，王霏龍在懷慶府
賣卜算命時，因編寫妖言被捕，供出賈若愚姓名。賈若愚被拏解
軍機處質審，與王霏龍對質。王霏龍奉旨著即處斬，賈若愚因安
分生理，並未與王霏龍交結，亦未收藏不法字跡，而被釋放。

地關於丑・土牛迎春——牛圖騰崇拜的文化意義

文獻足徵　牛的故事

　　天開於子，地關於丑。雲南納西族牛體化生的創世神話，也具有文化意義。相傳卵生的牛垂死化生，牠的頭成了天，皮化作地，肺變成太陽，肝形成月亮，腸變成大道，骨化為石頭，肉成了土，血化作水，肋成了山嶽，尾巴成了大樹，毛變成了花草。混沌初開，形成了宇宙萬物。

　　歷代史書，以牛為主題的記載，也具有社會意義。《漢書》記載，漢宣帝即位後，以郎中令龔遂為渤海太守。齊俗奢侈，民多帶持刀劍，不勤田作。龔遂重視農業生產，勸民賣劍買牛，賣刀買犢。因郡中畜積豐厚，百姓富足，所以社會繁榮。這就是後世「帶牛佩犢」、「賣劍買牛」等成語的由來。

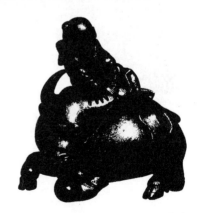

清　竹雕牧童臥牛　國立故宮博物院藏

　　《北史》記載，上谷沮陽人張蓋年在汝南太守任內，郡人劉崇之兄弟分家時，因為家貧，只有一頭牛，爭執不休，而訴訟於太守。張蓋年悲傷地說道：「汝曹當以一牛，故致此競；脫有二牛，必不爭。」於是將自己家裡

的一頭牛賞給了劉崇之兄弟，清官決斷了郡人家務事。

　　榮州河津人李復亨以提刑薦遷南和縣令。《金史》記載，「盜割民家牛耳，復亨盡召里中人至，使牛家牽牛遍過之。至一人前，牛忽驚躍，詰之，乃引伏。」強盜割取牛耳，人贓俱獲。

　　新淦人謝子襄是一位循吏。明初永樂年間，擢處州知府，治績卓著。《明史》記載，「民鬻牛於市，將屠之。牛逸至子襄前，俛首若有訴，乃捐俸贖還其主。」耕牛盡力稼穡，不當屠殺。姑且不論耕牛是否真有靈性，知府謝子襄捐出薪俸贖牛還主，就是重視農業生產的具體表現。

　　拆字，習稱測字，又稱破字。漢字「失」，形似牛長雙尾。夢中見牛長雙尾，術數家多解讀為將要「失財」的徵兆。漢字「朱」，術數家或拆為「牛八」，或拆為「牛人」。清代白蓮教

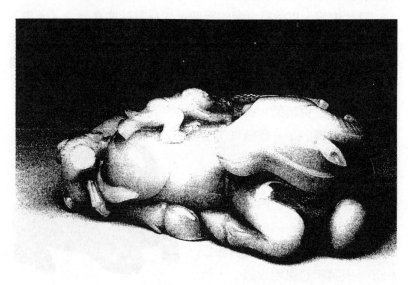

清　青玉子母牛　國立故宮博物院藏

頭目王雙喜託名牛八，冒充明朝朱元璋的後裔，聚眾起事。「牛人」，可釋為人騎牛，或牛乘人。壽州人湯鼐，明成化十一年（1475）進士，累擢御史。濟寧人劉計槩，成化二十年（1484）進士，除壽州知州。《明史》記載，「槩嘗餽鼐白金，貽之書，謂夜夢一人騎牛幾墮，鼐手挽之得不仆。又見鼐手執五色石引牛就道。因解之曰。『人騎牛謂朱，乃國姓。』意者國將傾，賴鼐扶之而引君當道也。」「人騎牛」，隱寓明朝朱姓皇帝。牛在上，人在下，「牛人」，又可釋為牛乘人。契丹人乙不哥，他長於卜筮，占候多驗。《遼史》記載，「嘗為人擇葬地曰：『後三日，有牛乘人逐牛過者，即啟土。』至期，果一人負乳犢引牸牛而過。其人曰：『所謂牛乘人者，此也。』遂啟土。既葬，吉凶盡如其言。」人負乳犢，就是牛乘人，術數家並未忽視古人創造「牛」字的神秘性。

　　納西族東巴經〈崇搬圖〉中敘述納西族始祖崇忍利恩鑽進牦牛皮口袋裡躲過了毀滅性的洪水。蒙古巴圖魯打仗受傷後，裹在牛腹裡，確實可以痊癒。布智兒是蒙古勇士，曾隨大汗西征回回、斡羅思等國。《元史》記載，「每臨陣，布智兒奮身力戰。身中數矢，太祖親視之，令人拔其矢，血流滿體，悶仆幾絕。太祖命取一牛，剖其腹，納布智兒于牛腹，浸熱血中，移時遂甦。」布智兒臨陣重傷，以牛腹包裹，浸泡熱血中，不久後就傷口癒合甦醒了。

　　郭寶玉是唐朝郭子儀的後裔，他通天文、兵法，善騎射。蒙古討伐契丹遺族時，郭寶玉從征，胸中流矢，成吉思汗命剖牛腹，將郭寶玉置牛腹中，不久，郭寶玉便痊癒了，繼續西征，收服別失八里等城。蒙古攻打西京時，豐州人睦歡從征受傷。《元史》記載，「睦歡力戰先登，連中三矢，仆城下。太宗見而憐

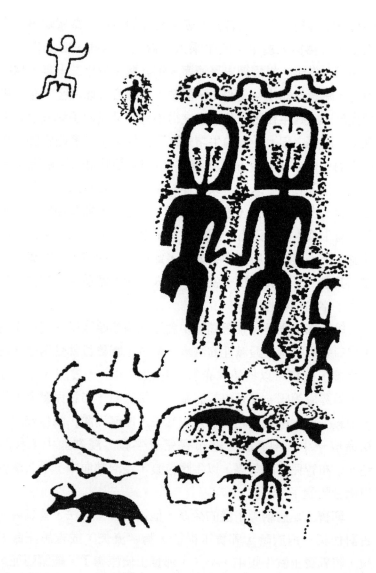

雲南麻栗坡縣大王岩崖畫　引自《光明日報》一九九三年八月二
十九日

之，命軍校拔其矢，縛牛，刳其腸，裸而納諸腹中，良久乃甦。」裸體放進牛腹中，浸泡熱血，拔毒止血，可以醫治箭傷。李庭是金人蒲察氏，他曾隨伯顏由襄陽進兵郢州，蒙古兵攻打新城時，李庭中砲，墜落城下，矢貫于胸，氣將斷絕。伯顏命剖開水牛腹，將李庭納入牛腹中，不久後便甦醒了。牛腹治傷，是蒙古常見的民俗醫療法。

俚諺說：「寧爲雞口，無爲牛後。」雞口雖小，可以進食；牛後雖大，只是出糞。其實，牛後也有黃金。《括地志》記載，「昔秦欲伐蜀，路無由入，乃刻石爲牛五頭，置金於後，僞言此牛能屎金，以遺蜀。蜀侯貪，信之，乃令五丁共引牛，塹山堙谷，致之成都。秦遂尋道伐之，因號曰石牛道。」牛後出金，固不可信，然而牛隻可以致富，則是事實。

《南史》記載，南朝宋孝武初，吳興人孫法宗單身勤苦，儉而有禮，山禽野獸觸網受困，必解網放生。後苦頭創不癒，夜夢天女教以取牛糞煮傅可癒。孫法宗依照指示，一傅即驗。《明史》記載，古里國「俗甚淳，行者讓道，道不拾遺。人分五等，如柯枝，其敬浮屠，鑿井灌佛亦如之。每旦，王及臣民取牛糞調水塗壁及地，又煅爲灰抹額及股，謂爲敬佛。」錫蘭也是崇信佛教的國家。《明史》記載，「王，瑣里國人。崇釋教，重牛，日取牛糞燒灰塗其體，又調以水，遍塗地上，乃禮佛。」煮傅牛糞可以醫治頭創，牛糞調水塗壁，燒灰抹額傅股既是禮佛祈福的儀式，也是民俗醫療。史書中所載以牛爲主題的故事，生動有趣，具有社會文化的意義。

土牛鞭春　牛王祭祀

土牛鞭春撒穀豆送寒氣，以勸農耕的儀式，是古人祭祀牛圖

騰的遺痕。在雲南麻栗坡縣城東南僮族聚居的村落，有一座羊角老山，在山的南端有一處岩崖壁畫，當地人稱它爲大王岩崖畫，以鐵紅色爲主，混合黑、白三色描繪牛羊及人物等畫像。經考古工作者鑒定，這些圖像是距今四千多年前新石器時代僮族先民所繪牛圖騰祭祀儀式的遺跡。其中三個大人面對牛跳舞的畫像，可能是向牛祈禱祝福。

在廣西靖西縣化峒鄉有一處崖畫，以赭紅色繪出二十一幅牛、馬、鳳、魚等動物畫像。其中最爲突出的部分是牛的畫像。在武鳴縣馬頭鄉元龍坡出土的春秋時期古墓葬群中，有提梁銅卣，做工精美，其提梁的提環分別是形象逼眞的牛頭塑像，卣腹的紋飾，也是牛頭的變形。出土的提梁銅卣，經鑒定可能是用來祭祀牛圖騰的專用禮器，反映了僮人對牛圖騰的崇敬。

在廣西柳州出土的銅牛，是一頭水牯牛的形象，體態豐滿。在貴縣漢墓中出土的陶牛俑，是臥式姿態。出土的銅牛、陶牛，就是古代僮人在祭祝牛圖騰時當作供奉的對象。所祭祝的牛圖騰，就是牛王。貴州省開州城內的牛王殿，也是牛王節祭祝牛王的殿宇。

牛王節的祭祀活動，是古代祭祀牛圖騰儀式的遺俗。各地僮族在牛王節這一天，都要讓牛休息，由主人家親自割草餵牛，不能罵

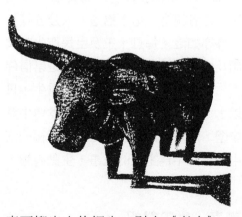

廣西柳出土的銅牛　引自《考古》一九八四年九月

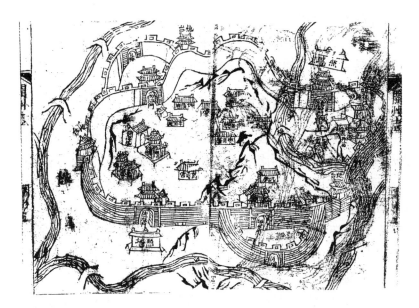

貴州省開州城牛王殿示意圖《開州志》乾隆四十四年刊本　國立
故宮博物院藏

牛，更不能打牛。廣西都安縣等地的僮族還要殺雞燒香供奉牛
神。廣東連山縣的僮族家家戶戶都在牛欄門口貼上紅紙，插上柳
枝，以示吉祥。邕寧縣的僮族，要為牛神祝福祈禱「牛欄不空，
牛常壯健」。桂西巴馬縣的僮族除了為牛梳洗之外，還在堂屋裡
擺上一桌豐盛的飯菜，家人圍坐後，主人家將一頭牛牽來繞席而
走，邊走邊唱牛歌，並從餐桌上夾些飯菜餵牛，將牛當作家庭的
成員來對待。

　　牛王節的時間，各地不同。每年四月初八日，貴州荔波等縣
的布依族歡度牛王的生日，用苦丁茶、紫泉酒、五色花糯米飯餵
牛，清掃牛圈，並用楓葉泡水為牛洗澡。遵義等縣仡佬族的牛王

節是在農曆十月初一日。當天，仡佬族人要殺雞備酒，在牛圈前
敬俸牛王菩薩，祈求保佑耕牛健壯，無病無災。牛王節就是西南
各省少數民族普天同慶的傳統農民節。

因生賜姓　牛氏牛族

　　胙土命氏，因生賜姓，古代西南各少數民族的姓氏，大多由
圖騰名稱演變而來。西南地區初民社會的牛圖騰文化最爲典型，
以牛爲圖騰的氏族，便叫做牛氏族。雲南武定彝族黃牛族起源於
黃牛圖騰崇拜，後來假借漢姓，改姓黃。僮語稱黃牛爲「moz」
漢字音譯作「莫」，後來便以「莫」爲漢姓。僮語呼牛爲
「vaiz」，與漢字「韋」讀音相近，後來假借漢姓，改姓
「韋」。僮族莫姓、韋姓都是起源於牛圖騰崇拜。

　　鑿齒是牛圖騰崇拜的遺俗，牛的上顎沒有門牙，牛圖騰氏族
多拔去一齒或二齒，以示與牛的認同，以求得牛圖騰的保佑。男

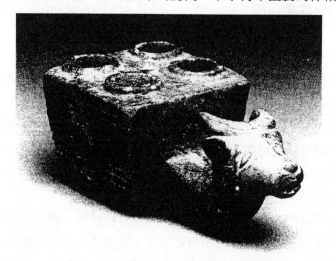

商代　石調色盤　國立故宮博物院藏

諸羅縣蕭壠等社民番蕭
壠社番兩日高興社田加溜灣
等社同男汉以竹牛來勝田園離歌其
時婦女多以起錦相鉸銅人將府意呼
二故興蘿藏盖荷耕身不暇之意云凡
其番社番各歲納丁賦一百八十餘兩
社田麻豆社田哆咯嘓社耿紬大略具諸羅
社田咯哆唎路社長宣又以吹火之盛
細如絲竹牛晷日瞻肺歌其
諸羅縣各社原輸丁賦

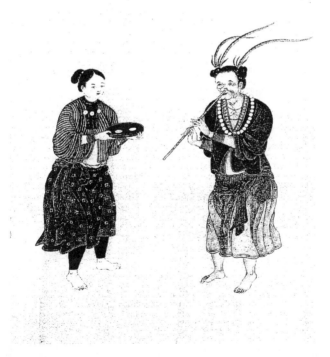

諸羅縣蕭壠等社熟番《職貢圖》畫卷　國立故宮博物院藏

女成婚時，雙方折齒相送，取痛癢相關之意，就是牛圖騰崇拜的遺風。鑿齒以後，就表示他們已成為牛圖騰氏族的正式成員。院藏《職貢圖》畫卷記載，臺灣諸羅縣哆囉嘓社男女成婚後，俱折去上齒各二，彼此謹藏，以示終身不改之意。郁永河著《裨海紀遊》一書亦稱臺灣原住民吹鼻簫，女擇所愛者，乃與挽手，鑿上顎門牙旁二齒，彼此交換。記載相合，都是牛圖騰崇拜的遺俗。

納西族東巴作法時，在動物犧牲中，牦牛位居首位。藏族甲絨人以牦牛為圖騰，他們祭祀的圖騰神像是牛首人身的標誌。果洛藏族牦牛圖騰崇拜集團，相傳古時候，有一位年輕男子與白牦牛化身的美女成親後生下一子，繁衍成後世上、中、下三果洛。藏文史書《西藏王統世系明鑑》記載藏族圖騰感生神話的內容，大同小異。相傳王妃在牧馬時夢見自己與牦牛化身的白人交合，醒來後看見一頭白牦牛從她身邊走過。後來王妃生下一塊肉團，放進野牦牛角裡孵出一個男孩。

傈僳族保存了頗多氏族起源的原生神話。相傳大地遭遇洪水後，躲在葫蘆裡的兄妹成親生下九子七女，子女長大後各自出外尋找對象，找鼠為對象的，所生後代，就是鼠氏族；找牛為對象的，所生後代，就是牛氏族。人與牛婚配的神話，大多產生於母系氏族階段。

契丹人奉青牛為神獸。《遼史》記載遼太祖淳欽皇后述律氏曾至遼、土二河會合處，看見女子乘青牛車倉卒避路，突然消失不見。民間遂流傳童謠說：「青牛嫗，曾避路。」青牛嫗就是地祇，淳欽皇后所見乘青牛車的青牛嫗就是民間所稱土地婆。

契丹皇帝出師親征，以及春秋祭祝，都要刑青牛、白馬，以祭天地。契丹皇帝冬月牙帳移駐永州，稱為冬捺鉢。《遼史》記載，永州地方有木葉山，山上曾建契丹始祖廟，奇首可汗在南，

可敦在北面，繪塑二聖及八子神像。原書有一段記載說：「相傳
有神人乘白馬，自馬盂山浮土河而東。有天女駕青牛車由平地松
林泛潢河而下，至木葉山，二水合流，相遇爲配偶，生八子。其
後，族屬漸盛，分爲八部，每行軍及春秋時祭，必用白馬、青
牛，示不忘本。」圖騰外婚，實行同姓不婚制度，白馬、青牛都
是古代契丹人的圖騰。考察《遼史》所描述的內容，可以發現圖
騰外婚的蹤跡，一個以白馬爲圖騰的白馬氏族男子，與一個以青
牛爲圖騰的青牛氏族女子在木葉山兩水合流處相遇，結爲配偶，
實行族外婚，生下八子。其後裔又各自成爲一部，合爲八部，他
們祭祀圖騰神時，用青牛、白馬作爲犧牲，說明遼代契丹人的氏
族分爲青牛和白馬兩個系統。

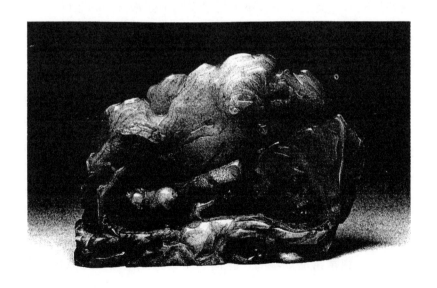

清　青玉小山子　國立故宮博物院藏

　　後世以牛爲姓的氏族，大都淵源於牛圖騰。《遼史》記載范陽人牛溫舒，他爲人剛正，尙節義。乾統初年，官拜參知政事，知南院樞密使事。《金史》記載，牛弘官拜吏部尙書。蔚州人牛德昌是一位循吏。牛信昌曾任汾陽軍節度副使。《元史》記載，扶風人楊皞，是一位孝子，他的母親牛氏生重病時，楊皞叩天求代，牛氏遂痊癒。牛全則是一位擅長辨識磬材的工匠，他曾奉命前往泗州採得磬璞九十件，製成編磬二百三十件。元順帝即位後，曾賜廷試牛繼志等進士及第。《明史》記載，崇寧公主下嫁牛城。牛諒累握禮部尙書。牛應元曾任直隸巡按，牛鸞曾任山東副使，牛天錫曾任參將，牛秉忠曾任總兵，牛循曾任錦衣衛指揮，牛玉是惡名昭彰令人深惡痛絕的一名宦官。自古以來，以牛爲姓氏的人，眞是不勝枚舉，足以說明牛圖騰崇拜的盛行。

地域圖騰　牛街牛場

　　雲南、貴州等省的少數民族，廣泛地流行著以虎、兔、龍、蛇、馬、羊、猴、雞、狗、豬、鼠、牛等十二獸紀日、紀歲的曆法，這種曆法，是起源於十二獸的圖騰崇拜。他們計算日期，只說昨天鼠日，今天牛日，不以序數。雲貴地區散佈著許多農村市集，雲南市集，習稱「街」，貴州市集習稱「場」。查閱地圖，可以看到雲南彝族地區用紀日十二屬相命名的集街，多達一百一十四個，分佈於全省三十八縣。貴州彝族十二屬相集場，共四十四個，分佈於威寧等二十三縣。圖騰地域化後，除了形成氏族名稱以外，也常常形成地名，牛街、牛場就是牛圖騰地域化的產物。

　　《明史》記載，雲南順寧府城北有牛街。《順寧府志》記載，牛街，每以丑未日爲集，府城內有牛街塘、牛街驛。《阿迷

州志》記載，「日中爲市，咸名爲街，或謂場。以十二支所屬分
爲各處街期。在城中者，值寅未二日，曰虎街、羊街；在大庄者
值亥巳，曰豬街、蛇街；在布沼者，值子午卯酉四日，曰鼠街、
馬街、兔街、雞街；在馬者哨者，值丑申，曰牛街、猴街；在打
魚寨者，值辰戌，曰龍街、狗街。至期，各處錯雜，凡日用所需
者，咸聚其中，鮮虛僞，計值而售。咸按日遷移，週而復始，四
時以爲常。」雲南阿迷州牛街，是在牛日的日中爲市。

　　《騰越州志》記載，「市肆，嶺南謂之墟，齊趙謂之集，蜀
謂之坆，滇謂之街子。以其日支名之，如辰曰龍街，戌曰狗街之
類。騰俗每五日一街，村城不同日，土司地方皆同。」騰州的市
集是每五日爲一街，牛日的市集，就叫做牛街。《永北府志》記
載，「日中爲市，率名曰街，以十二支所屬分爲各處街期，如子
日則曰鼠街，丑日則曰牛街，街期則遠近輻輳貿易。昔猶用貝，
俗名海𧴪，一枚曰莊，四莊曰手，四手曰苗，五苗曰索，即許慎

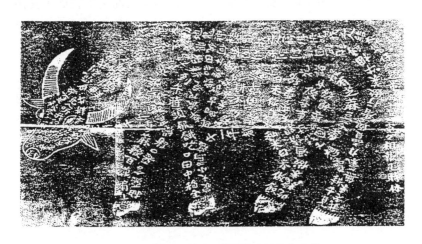

不吃牛版畫　引自《漢聲民間文化》

說文古者貨貝而寶龜。」雲南古代市集，使用貝幣，俗稱海肥。

　　《明史》記載，明太祖洪武年間，貴州牛場苗亂，由大將傅友德領軍平定。牛場是貴州牛日的市集。《貴州圖經新志》記載，「集場貿易，新志郡內夷漢雜處。其貿易以十二支所肖爲圩市名，如子日則曰鼠場，丑日則曰牛場之類。及明，各負貨聚場貿易，仍立場主，以禁爭奪。」《貴陽府志》記載，「黔人謂市爲場，多以十二支所屬名其貿易之所。如子日爲鼠場，丑日爲牛場是也。」十二支所肖，就是十二生肖，十二支所屬，就是十二屬相，都是十二獸紀日的名稱。原書又說：「黔民謂墟爲場，市集之所者，以日支子、午至巳、亥爲期。貴陽之地，則以六日爲期，故多以十二屬名場。」子鼠至午馬，中間相隔六日；巳蛇至亥豬，中間亦相隔六日，即所謂以六日爲期。據志書記載，貴陽府廣順州歸德里有鼠場，貴陽府城北、彭二寨、土門樓、李陽寨、小岩、大岩、貴筑縣等地都有牛場。《雲南圖經志》記載，「土人之婦遇街子，貿易物貨，則自任負載，而夫不與此，其舊俗也。」在市集負載貿易貨物的，都是婦女，就是母系社會的遺俗。以十二屬相命名的市集，無論是街子，或場子，都是起源於鼠、牛等十二獸圖騰崇拜，以牛日爲市集的牛街、牛場，就是牛圖騰崇拜地域化後所形成的地名，亦即牛圖騰崇拜的遺跡，具有社會文化意義。《魏書・靈徵志》引《洪範論》云：「易曰『坤爲牛』，坤，土也，土氣亂，則牛爲怪，一曰牛禍。」人和牛共生，敬牛、愛牛，維護生態，就是牛圖騰崇拜的原始意義。

陳捷先教授著《雍正：勤政的皇帝‧傳奇的一生》

導　讀

　　清朝入關的歷史，稱爲清朝前史。清世祖順治元年（1644），清朝勢力進入關內，確立統治政權，直至宣統三年（1911）辛亥革命，清朝政權被推翻，歷經二百六十八年，稱爲清代史。清代前期，康熙皇帝在位六十一年（1662-1722），雍正皇帝在位十三年（1723-1735），乾隆皇帝在位六十年（1736-1795），這三朝皇帝在位合計共一百三十四年，恰好佔了清代史的一半，稱爲盛清時期。康熙皇帝八歲即位，乾隆皇帝二十五歲即位，雍正皇帝即位時，年已四十五歲。陳捷先教授著《雍正：勤政的皇帝‧傳奇的一生》一書指出，康熙六十一年（1722），皇四子胤禛繼統當上了皇帝，當年四十五歲，是清朝入關後十代帝王中年紀最大的新君。雍正皇帝即位之初，就能以成熟的認識制定一系列順應歷史趨勢的具體政治措施。雍正一朝處於康熙和乾隆兩朝之間，雖然只有短短的十三年，但是倘若缺少了雍正朝，則清朝的盛世，必然大爲遜色。

　　康熙皇帝深信儒家倫理道德，將爲清朝帶來長治久安、社會穩定的積極作用，儒家思想遂成爲正統思想，同時也是主流思想。陳教授在大作中指出康熙皇帝重視諸皇子的教育，諄諄教誨，充當皇子的老師都是名儒大家，學術醇正。皇四子胤禛年方六歲，開始在上書房讀書，除了滿、蒙、漢等語文及《四書》、

《五經》等文化課程外，還加強騎射訓練，追隨皇父北巡塞上，接受行圍、行軍活動，視察河工，了解民情風俗，聯絡漢族知識分子，這些閱歷都有助於從政能力的培養，對治國有幫助，在皇位角逐中，皇四子胤禛有他一定的優勢。

康熙朝皇太子胤礽（in ceng）立而廢，廢而再立，再立而再廢，這是歷代以來所未見的事。從康熙五十一年（1712）再度廢儲後的十年期間，康熙皇帝絕口不談建儲問題，不過皇子們卻明爭暗鬥，各出奇招，積極地從事爭取繼承皇位的活動，皇四子胤禛竟以一匹黑馬脫穎而出的繼承了皇位。陳教授據可靠史料對皇四子胤禛取得最後勝利的過程進行分析後指出，在康熙皇帝初廢皇太子時，皇四子胤禛以靈巧務實的手法求取生存並圖謀發展。尤其在皇父為廢儲事件煩心生病時，皇四子胤禛冒死擇醫為皇父日加調治，以致康熙皇帝病癒後，稱讚他「能體朕意，愛朕之心，懇懇肯切，可謂誠孝」。皇太子胤礽被廢後，皇四子胤禛不像其他兄弟落井下石，反而仗義陳言，同時也關切其他兄弟，使皇父覺得皇四子胤禛友愛昆仲之心難能可貴。康熙皇帝最厭惡的事是大家結黨，因此，皇四子胤禛在這方面非常小心，以迎合皇父的心意。康熙末年，皇四子胤禛參與了不少國家大事的處理，國家的重要政務，幾乎無役不與，因此，可知他在政治上的地位。陳教授的觀察，可謂明察秋毫，符合歷史事實。

皇四子胤禛繼承皇位究竟是合法或非法的問題，大家看法不同，各有解說。歷史歸歷史，小說歸小說。陳教授對眾說紛紜的繼位疑案作了客觀的分析，儘管有不少人對皇四子胤禛非法取得皇位深信不疑；但是仍然有人認為皇四子胤禛繼承皇位有其合法性，尤其在大量清宮史料公開後的今天，專家學者們提出了新看法、新解釋。康熙皇帝病情惡化，倉促之間臨時指定有才能、有

魄力的皇四子胤禛爲繼承人是合情理的。康熙皇帝生前一直沒有
立遺詔，現存遺詔確實是康熙皇帝死後寫成的，因此，顯然不能
以康熙遺詔論證皇四子胤禛繼位的合法與不合法。皇十四子胤禵
是皇四子胤禛的同母烏雅氏所生小弟，很得生母喜愛。雍正皇帝
即位後解除了胤禵的軍權，後來又將胤禵監禁，不久後烏雅氏死
亡。雍正皇帝對生母的死應負責任，但以烏雅氏之死就確證雍正
皇帝繼位非法，似乎也是武斷了些。雍正皇帝即位後，角逐失敗
的阿哥們心存報復，不知收斂，不斷的從事反叛行動；因此，雍
正皇帝即位後，骨肉相殘，弒兄屠弟，幾乎無一倖免。陳教授指
出，「從雍正視皇權爲至上，皇權不能侵犯等觀點看，他弒兄屠
弟就不一定非解釋爲與非法繼承大位有關了」。《清史稿‧世宗
本紀論》有一段評論說：「聖祖政尚寬仁，世宗以嚴明繼之，論
者比於漢之文、景；獨孔懷之誼，疑於未篤。然淮南暴伉，有自
取之咎，不盡出於文帝之寡恩也。」孔懷之誼，是指兄弟之間的
情誼。雍正年間，兄弟鬩牆，諸兄弟動搖國本，以致不能善終，
諸兄弟確實也有自取之咎，並非盡出於雍正皇帝一個人的刻薄寡
恩。陳教授的觀點，與《清史稿》的論述不謀而合。

　　康熙皇帝一直以理想的儒家君主自居，到了晚年，他更想留
下「寬仁」賢君的美名；因此，他強烈的主張「道在不擾，與其
多一事，不如少一事」。這種少做少錯的想法衍生出了政治廢
弛、百弊叢生的可怕後果。雍正皇帝即位時，年屆四十五歲，正
是人生的壯年，他有能力，學識廣博，閱歷豐富，又有剛毅果決
的個性。他主張多做事，不怕生事，而且要求大臣們勤勞辦事，
實心任事，大家勵精圖治的爲國家效力。他希望以剛猛的手段，
振數百年頹風，因而一時給人以「雍正改元，政治一新」的氣
象。陳教授指出，在他統治的十三年（1723-1735）中，確實有

不少頹風被糾正，不少弊端被革除，在清朝歷史上他應該可以稱
得上是位承先啓後的君主。陳教授著《雍正寫眞》一書已然指
出，「雍正皇帝勤於政事，勇於改革，是一位難得的帝王，清朝
盛世沒有他，就無法建立，中衰時代，可能提早來臨。」陳教授
見解精闢，立論獨到。

雍正皇帝宵旰勤政，白晝與大臣們商討政事，引見官員，夜
晚燈下批閱奏摺，每至二鼓三鼓。雍正元年（1723）正月初一日
元旦，皇帝竟沒有休假，卻一連發出了十一道諭旨給各省督撫以
下各級官員。他即位後，積極推行革新政策。從他查案的經驗
中，發現當時貪污案件最爲嚴重，所以他在上臺後不到一個月就
下令中央與地方官員清查虧空，整頓各衙門庫藏。由於雍正皇帝
的嚴猛作風，各衙門虧空逐漸補足了。辦理軍機處的創建與密奏
推行是雍正皇帝在軍政制度上的創舉；他也重視法制的公平性，
他諭令刑部摘出法律條文，講解說明，讓地方官刊印，使家喻戶
曉，人人知法畏法，以改善地方治安。賭博是萬惡之源，雍正皇
帝飭令直省嚴禁賭博，追查賭具的來源，不僅處分製造賭具的
人，同時也將轄區內的知縣革職，知府革職留任，督撫降一級留
任，這是他爲加強地方治安而新增的法律條文。

雍正朝的政績，頗有可觀，其主要成就，即在財經改革，其
原則主要是平均賦役的負擔，防止田賦與丁銀徵收過程中的弊
端，減輕無地貧民的賦稅負擔。陳教授指出，雍正皇帝實行火耗
歸公政策，地方官收到火耗後繳交上級，上級再按實際情況分配
各地方官養廉銀以及地方公務的若干經費，雍正皇帝堅信稅制如
此改革，對澄清吏治是大有助益的。火耗歸公與養廉銀的實施，
是地方財稅改革的一大進步。差徭也是雍正皇帝面臨的另一問
題，他的新辦法是把丁銀這項人頭稅平均的攤入田畝，隨土地稅

徵收，從此貧者免役，實行單一的土地稅制，是一項進步的稅制改革，對清朝國家收入與地方治安都是有助益的。此外，在墾荒、水利、開礦的政策中，也可以看出雍正皇帝既想增加生產，又想增加國家稅收，更想人民安分，使清朝統治權長久穩固，一方面使蒼生蒙福，一方面使國家太平。

　　雍正皇帝雖然認為儒釋道各具治世、治心、治身之長，可以相輔相成，不過他的治國文化政策仍以儒家為主，他把孔子先世的封爵由公改為王，整修孔廟。為了敬避聖諱，他下令將「丘」改寫「邱」，他的尊孔思想不同於一般帝王。他宣揚儒家思想，相信程朱理學是治國的良方。因此，他下令在各級學校裡推行儒家倫理教育，科舉考試也以《四書》、《五經》為試題範圍，而且特別重視《孝經》，以表示講求孝道。雍正元年（1723）五月，諭令鄉、會二場，仍以《孝經》為論題，就是以孝作忠之道。除了定期的鄉試、會試、殿試外，又增加恩科會試，特設滿、蒙繙譯科及醫學、算學等特別考試，給予考生更多進入政壇的機會。

　　清朝入關後，除了提倡崇儒重道的國策外，也讓漢人分享政權，以漢治漢，藉以消彌種族問題；對於民族思想問題，雍正皇帝採取積極面對的態度，解決衝突，他認為做皇帝的應以有德者為標準來選擇，而不是以地域來區別君主的好壞。他從理論上，從實踐上，從中央到地方都對調和滿、漢情感做了不少工作，他視滿漢臣工均為一體，破例的提高漢官的權力。他不但重視滿漢民族衝突的調和，他對於版圖內其他少數民族的待遇也有著相當的關懷，基本上是視為一體的。他對於中外宗教，也是一視同仁，都能接受。西洋人在中國未聞犯法生事，並不排斥西洋天主教。穆斯林不曾作姦犯科，伊斯蘭教有助於社會的安定。他宣傳

道教的忠孝思想來加強儒家倫理、協助統治者治理國家。他相信
佛教有補於人之身心，有助於安定國家社會，他宣傳以佛學輔助
儒學來治理國家。陳教授觀察雍正皇帝的民族宗教政策後指出，
雍正皇帝有著博愛的精神，他確實是一位大同思想家。

　　雍正皇帝即位後，雖然面臨政爭與很多國家大事，但他仍堅
定的處理青海、西藏的問題。青海、西藏兩地在雍正皇帝的經營
下有了新的發展，他採用了年羹堯等人的建議，在青海實行仿照
內蒙古的札薩克制，將青海蒙古編旗入佐領，並規定其朝貢制
度，有助於青海地區直轄於清朝中央政府直接的統治。在西藏方
面，雍正皇帝能兼顧準噶爾問題，爲鞏固清廷在西藏的統治，而
在西藏設置駐藏正副大臣二人、留兵二千，分駐前後藏，這是日
後駐藏大臣與達賴喇嘛共管西藏的由來。除了青海、西藏地區
外，雍正皇帝在西南邊疆的治理上也作出了重大的改革。從雍正
四年（1726）開始，雲貴總督鄂爾泰在雍正皇帝的大力支持下，
將原屬四川的東川、烏蒙、鎮雄三大土府劃歸雲南，實行改土歸
流，後來他又在滇、川、桂、黔、湖廣等地推行改土歸流的工作，
廢除土司世襲制，設置府廳、州縣，改派內地民官，興辦學校，
實行科舉，改革賦稅等等，實在算是一件大事。雍正年間，清朝
對邊疆的治理與經營，則以臺灣地區的工作最有成效。例如重劃
行政區域，在諸羅縣北分設彰化縣；皇帝任命臺灣官員不分滿
漢；臺灣道與巡臺御史的制度化，准許在臺灣修造戰船、建築城
垣，允許官員攜眷入臺，引進內地的保甲制度，對原住民加強漢
化教育等等，從臺灣的開發史上來看，雍正朝是個重要的時期。

　　雍正皇帝寬待洋人，各國使臣來華，多在北京得到皇帝召
見，並賞賜瓷器、字畫等文物，中西接觸，快樂收場。廣州十三
行，准許外商貿易。俄國對華貿易以陸路爲主，雍正六年

（1728），中俄簽定《恰克圖條約》，劃定中俄中段邊界，規定以恰克圖、尼布楚等地為貿易地點。陳教授指出，從表面上看，清朝簽定恰克圖條約喪失了領土，讓俄國人來華貿易留學，刺探中國內情，搜集情報。實際上，此一條約使俄國不能參與外蒙、準噶爾從事分裂活動，防止俄國干涉中國邊疆事務。俄國學生留華，增進兩國文化交流，使不少中國知識傳布到俄國，為俄國培養了一批漢學專家。陳教授的分析，可謂鞭辟入裡。

雍正十三年（1735）八月二十三日，雍正皇帝駕崩。在清朝歷史上雍正皇帝是一位頗具爭議的皇帝，他的崩殂，有很多種說法。近人多以為雍正皇帝是病死的，或因中風，或因服丹藥致死。官方紀錄只說雍正皇帝突然死亡，沒有提到死因，他的死因，有不少人認為仍然是個謎。

雍正皇帝的壽命與在位時間都不如他的父親康熙皇帝或兒子乾隆皇帝長，被後人評價不如父親、兒子好。其實，雍正皇帝在位期間，大刀闊斧的做了不少興利除弊的事，由於他辛勤的工作，認真務實的辦事，使清廷統治權更穩固了，中央與地方官場變得清廉多了，國庫與地方藩庫都豐盈了，人民生活也得到了改善。陳教授肯定雍正皇帝對盛清時代的出現作出過相當大的貢獻。從這些角度來看雍正皇帝的事功成就，不難了解他在位期間一切作為大多是為國家政權鞏固與皇權伸張而做的，在整飭吏治、富裕國庫、安定民生以及移風易俗方面，也因他的政策而收到良好的效果。總的來說，雍正皇帝一生儘管爭議很多，但在滿族發展史上，他堪稱是一位功大於過的皇帝。陳教授對雍正皇帝一生的生動描繪，栩栩如生。陳教授充分利用新史料，客觀論述，還原歷史真相，可讀性很高。有機會先行拜讀陳教授的大作，並撰寫讀後心得，感到十分的幸運和光榮。

評介馬西沙・韓秉方著
《中國民間宗教史》

　　《中國民間宗教史》一書是中共七五時期國家社會科學基金重點研究項目之一，馬西沙先生是該項目的負責人，韓秉方先生是該項目的長期合作者。馬西沙先生生於一九四三年，一九六九年，畢業於北京大學中文系。一九八二年，畢業於中國人民大學清史研究所，獲碩士學位。現任中國社會科學院世界宗教研究所研究員、道教研究室主任。曾先後擔任中國民間宗教研究、寶卷提要及其研究主持人，撰有《清代八卦教》、《中國道教史》及學術論文數十篇。韓秉方先生生於一九三七年，一九六三年，畢業於北京大學歷史系。現任中國社會科學世界宗教研究所、道教研究室研究員，著有《中國道教史》及學術論文二十餘篇。《中國民間宗教史》全書共計二十三章，含附錄、參考書目、索引，約一百零九萬餘字，由馬西沙先生、韓秉方先生分頭執筆，序言、第二章、第四章、第六章、第七章、第八章、第十章、第十三章第一、三、四節及附錄、第十四章、第十五章、第十六章、第十七章、第十八章、第二十一章、第二十三章，以及民間教派淵源表，由馬西沙先生撰寫；第一章、第三章、第五章、第九章、第十一章、第十二章、第十三章第二節、第十九章、第二十章、第二十二章，由韓秉方先生撰寫。原書由上海人民出版社於一九九二年十二月出版。原書內容，上起漢代，下迄清末，歷時兩千年，涉及流行於下層社會的數十種民間教派。因歷代史料多寡不一，精粗各異，造成各章輕重不一的情況。由於明、清兩

朝，時接近代，有關的官書、方志、筆記、雜錄，特別是檔案資料及各教派經卷浩如煙海，作者便把研究重點放在明、清時期的民間宗教的活動方面。

原書第一章探討漢末民間道教及其形態的演變，作者從民間道教的興起說明民間宗教的最早形態。東漢後期開始出現了南北兩大支的民間道教：一支是張陵在巴蜀創立的五斗米道；一支是張角在華北創立的太平道。三國魏晉時期，五斗米道逐漸走向上層，標誌著道教從民間開始向正統化演變。南北朝時期，道教正統化的過程，包括了兩個方面：一是在執行軌儀科戒方面，去掉原五斗米道中原始落後、粗糙，甚至是蕪穢的東西，進行完善、充實、提高使之變成成熟正規的宗教；另一方面是剔除那些應劫起事可資利用反抗當者的「僞法」，增加忠君孝悌的內容，使之變成輔翼皇權的官方化、正統化的道教。作者探討民間道教的思想淵源時，追溯到氏族社會時期的原始宗教。從原始宗教到最初形態的道教，其發展過程確實是值得重視的。原始宗教主要是起源於各地的自然崇拜，古代祠時，就是自然崇拜的中心。秦始皇併吞六國後，各地方的自然崇拜都成爲秦帝國祠祀的一部份。漢代初年，各種祠祀繼續存在。包括梁巫、晉巫、河巫、南山巫等①。漢武帝在位期間，由於崇信神仙，陰陽災異之說更加盛行；而求仙採藥的方士，多自託爲道家，使道家逐漸走向宗教之路。到東漢末年，道家的宗教色彩更爲濃厚。漢桓帝曾派中常侍到苦縣爲老子立祠，宮中也立有黃老祠。這類祠祀漸漸被巫師所利用，因此，道家於求仙煉丹之外，又加添了傳統的巫術，諸如祈雨、厭詛、捉鬼、畫符治病或喝符水等法術。由於迷信思想流佈越來越廣，道教會就是依附民間信仰而創立的一種宗教，作者如能就原始宗教與民間道教的關係加以分析，必更具說服力。

　　原書第二章探討彌勒救世思想的歷史源流，作者指出從思想上對民間教派影響最大的是佛教的彌勒救世思想，彌勒信仰後來與道教教義發生融合，而形成了三佛應劫救世觀念，燃燈佛、釋迦佛、彌勒佛在不同的時期應世而出，救度塵世間遭受苦難的芸芸眾生。其中彌勒佛在末劫之世降臨人間，行龍華三會，改天換地，救度群氓，以回歸彼岸，這種思想迎合了中土各階層人士的信仰。作者追溯彌勒淨土信仰是大乘佛教的一個流派，東漢末年，僧人安世高譯《大乘方等要慧經》，彌勒信仰首次傳入中土。西晉西域僧人竺法護譯《彌勒下生經》等，彌勒淨土思想得到較完整的介紹。在下層社會裏，彌勒下生觀念啓迪了群眾追求美好世界的意識。北魏沙門法慶以佛法異端創立大乘教，作者認爲這是中國最早一支以佛教名義創成的民間教派，以彌勒下生救世相號召。唐末五代，天下大亂，在民間救世思想盛行，燃燈佛遂以一個救世主應運而生。在道教中，燃燈佛與道教的老子融爲一體，由於佛、道兩教在南北朝時代的融合，特別是道教汲取了佛教應劫救世思想，所以開啓了後世民間教派青陽、紅陽、白陽所謂三陽劫變說的先河。由於青陽、紅陽、白陽三期改運的劫期變化，救世應劫的主宰者也發生變化，這種思想與佛教三世佛教義的結合，就形成三佛應劫救世的思想體系。我國民間宗教吸取了佛教的劫的思想觀念，大都宣傳劫災、劫變等思想，各教派對於劫的解說，從本質上觀察，和佛教並無二致，但因各教派把佛經中劫的內容加以利用及改造，使劫變的觀念轉化爲否定現實社會和反抗統治政權的思想武器。作者將三佛應劫救世信仰體系在民間教派中的形成進行清晰的分析，確實有助於了解民間宗教的教義思想。

　　原書第三章探討摩尼教在中國的流播，作者討論摩尼教教義

核心的二宗三際說，二宗指的是明與暗，善與惡。三際指的是初際、中際和後際，即暗明二宗在過去、現在和未來三個時期的不同態勢。作者認爲摩尼教的二宗三際說是一套完整的宗教思想體系，它自始至終貫穿著光明與黑暗、善與惡二元思想，它對物質世界和人類肉體持著否定態度，只有當世界和人類毀滅之後，光明才能得救，但它對人類靈魂得救，即光明必勝，懷有堅定不移的信念。摩尼教就是吸收瑣羅亞斯德教、基督教、佛教以及諾斯替教派的某些思想資料而創立的一種新的宗教。目的是拯救備受煎熬的人類靈魂，回到無限美妙的光明王國中去。摩尼教就是以其簡單明瞭教義容易爲下層社會群眾所接受而盛行。作者指出摩尼教傳入中土的時間，應當在唐高宗或稍後的武則天當政時，唐玄宗開元年間（713-741），下令禁斷摩尼教。宋代以後，摩尼、白雲和白蓮三個教派，由於都受到朝廷鎮壓，所以便逐漸驅使它們互相融合，最後匯爲一體，崇拜降生的彌勒佛，終於演化成歷史上有名的白蓮教。明初制定刑律，查禁摩尼教、明教。明清時期，許多的民間教派，或多或少地受到摩尼教的影響，彌勒降生，明王出世的讖語箴言，普遍地被後來的民間宗教接受過來，民間宗教的三陽劫變觀，不可否認也從三際說汲取了一些思想營養，其教養思想滲透到民間各教派中，繼續產生影響，。作者指出乾隆年間，在湖北省的白陽教徒李元義家抄出了一本《太陽經》。此外，還有多種內容相近而詞句不盡相同的《太陽經》、《太陰經》等，在民間宗教中廣泛流傳。「這些，很可能是與摩尼教的影響有著深刻關係。」②嘉慶二十一年（1816）二月，山東陵縣紅陽教案起獲《紅陽經》、《普門經》外，也查出《太陽經》③。但是各教派流傳的《太陽經》是否受到摩尼教的深刻影響，仍有待進一步的求證。

　　原書第四章探討佛教淨土信仰的演進與白蓮教的係。作者指
出南宋紹興三年（1133），江蘇吳郡沙門茅子元所創白蓮宗教是
佛教淨土宗與天台宗結合的產物，也是從魏晉至南宋佛教逐步世
俗化的產物。白蓮宗擺脫了正統佛教的森嚴戒律，允許世俗男女
同在懺堂之中共修淨業，不必落髮爲僧，家居火宅，婚喪嫁娶，
無異於俗世，旣適應了一般群衆的世俗生活，又合於中國社會儒
家倫理的固有傳統，同時滿足了大批信徒的宗教要求，此即白蓮
宗興旺發達的最根本原因。元代由於缺乏大一統的宗教組織，教
內各階層人群所處地位，彼此不同，追求的目標發生了歧異，白
蓮宗遂產生了嚴重的分化，呈現出截然相反的兩種趨勢，一些白
蓮道人以茅子元正宗流裔自居，繼承茅子元的宗教學說和宗教實
踐，政治上亦採取與元朝當局的合作態度。另外一些人則背離茅
子元的倡教宗旨，與不甘異族統治的下層民衆運動相契合，走上
了反抗元朝政權的道路。其中還有相當部分的人將流傳已久的彌
勒下生觀念雜揉其中，而冠以白蓮教之名。大體上說來，白蓮教
在元代前期，政治上是依附當局，信仰上迷戀往生彌陀淨土。元
末大規模起事的是香軍，或紅巾。崇信彌勒下生觀念的香會，其
最大特點是燒香惑衆，韓山童等人燒香結會，禮拜彌勒佛，起事
後號稱香軍。韓山童死後，其子韓林兒被奉爲小明王，教中所稱
「明王出世，彌勒下生」兩個並列的口號，恰反映了摩尼教即明
教與彌勒教的融合。明代初葉，香會、紅巾軍並未因宋明王朝的
建立而銷聲匿跡。明代的白蓮教已經看不到彌勒淨土信仰的影
子，幾乎都信仰彌勒救世觀念了。探討白蓮教的起源，不能忽視
佛教淨土信仰的演變，作者的分析植得重視。在許多年前，戴玄
之教授先後發表〈白蓮教的源流〉、〈白蓮教的本質〉、〈白蓮
教社與白蓮教無關考〉、〈白蓮教之反元運動〉、〈明末的白蓮

教亂〉等文④，各文指出白蓮教源出南朝梁武帝時，傳大士所創的彌勒教，至元末，韓山童將白蓮會混入彌勒教，始名白蓮教。所謂白蓮教源出東晉慧遠，或南宋茅子元諸說皆誤，作者對戴玄之教授所撰諸篇的論點，未作進一步討論，似不免遺珠之憾。

原書第五章探進羅教與五部六冊的教義思想。羅教即羅祖教，始稱無爲教。有些學者認爲羅教是由佛教臨濟宗演化而來，作者認爲兩者並無傳承授受的關係。作者對創立羅教的祖師羅夢鴻的生平及五部六冊寶卷的正式刊版印行作了頗詳盡的描述，正德四年（1509）本是五部六冊首次出版的原刊本。五部經以苦功十三年悟道成眞開始，繼之羅列世間無窮苦難，感歎人生不可留戀，盼望得到解脫，接著歷數各種邪見雜法騙人害人，障道敗法，並加以批駁。在破除邪見的同時，闡明無爲大法，無極正道，最後勸導世人堅定信仰莫退縮，只有頓悟明心，與無邊虛空合爲一體，像泰山那樣巍然不動，始能自然縱橫，安享極樂。五部經的語言通俗易懂，又穿插以五言、七言等韻文詩偈，受到群衆歡迎，在明清兩代，曾一版再版。作者指出清代刊印五部六冊寶卷的最大特色是刻印經坊業主們的營利目的與傳教需要的結合，既可滿足羅教藉經傳道的需要，又可使經鋪老板賺錢營利。因此，不停地刊刻刷印，其數量之多，流傳之廣，難以估量。羅祖在五部經中批判世傳佛教繁瑣軌儀，公然以獨體佛祖本意的正宗佛教自居，信徒可以娶妻生子，家居火宅，因此，深得下層僧侶及民衆的信仰，傳播迅速，羅教從明代後期至清初，向全國各地傳播。作者分析羅教之所以能流傳不衰，影響廣泛，除了有比較完整的經卷，簡易速成的教義外，在傳承關係和組織系統方面比較靈活，也是重要原因。長久以來，學術界普遍接受羅祖名叫羅清或羅因的說法，作者根據乾隆三十三年（1768）九月二十一

日直隸總督楊廷璋奏摺錄副斷定羅祖姓名爲羅夢鴻，是可以採信
的。因爲羅祖九世孫羅德林供出他的始祖是羅夢鴻。羅德林的祖
父是羅明忠，雍正七年（1729）十月，據羅教信徒張維英供稱，
羅教是「羅明忠的祖上羅成就在正德年間傳下來的，封爲無爲
教。」⑤在羅教信徒收藏的《三世因由》亦作羅成。此外，檔案
史料也作羅孟浩，都是值得重視的史料。

　　原書第六章探討羅教與青幫。漕糧運輸，尤其南糧北運是元
明清時期重大的經濟活動，也是保持政權穩定的重要因素。作者
指出漕運水手信仰羅教始於羅教的初創階段，明代末年，南方運
河起點的杭州已經發展成爲羅教活動的中心。漕運水手出於對宗
教的需求及謀生的需要，多皈依羅教。以羅教爲紐帶的水手組
織，逐漸演化成爲漕運水手的行幫，習教結社蔚爲風氣。從乾隆
中葉嚴禁水手習教結社後至道光初葉，漕運水手從菴堂爲活動中
心開始以老堂船爲活動中心。作者指出青幫是咸豐三年（1853）
運河漕幫解散以後的產物，大批水手在原來幫派體系的基礎上，
以蘇北安東、清河爲基地，成立了安清道友，安清道友的成立，
就是青幫的最終形成。光緒初年以前，安清道友多在長江以北活
動，光緒中期以後，蘇南、浙江成爲主要活動領域，青幫不僅日
益擴大勢力，而且與哥老會更加融合。在清代末年，青幫不僅僅
販賣私鹽，它更多的是從事搶掠生涯，說明青幫代表了一種目無
定向的破壞力量，衝擊著現成的社會秩序。原書推定安清道友的
名稱是指安東、清河一帶游民或水手，以其活動地點命名，安清
道友的成立，就是青幫的最終形成。其實，青幫的成員，並不限
於安清道友，青幫是以青色爲幫中最顯著的特徵，安清幫並不等
於青幫，青幫的得名，似與青皮有關。除青幫以外，還有其他各
種幫派，例如嘉興幫以紅箸傳號，黨夥立衆，械鬥時以紅布繫

腰,以朱墨塗面,作爲識別,因紅色爲其最顯著特徵,或因此而被稱爲紅幫⑥。

原書第七章探討江南齋教的傳播與演變。清初以來,羅教在北方衰落,卻盛行於浙、閩、贛等省,成爲江南實力最爲雄厚的民間教派。雍正年間,朝廷嚴禁羅教,卻又不禁人吃齋,江南羅教信徒紛紛改換教名,鄉里稱吃齋人爲老官,老官齋教就是這樣改名而來的。此外,陸續出現了一字教、糍粑教、大乘教、三乘教、龍華教、金幢教等異名同教。清代中葉,老官齋教已經發展爲一個組織嚴密,等級分明,以姚姓家族爲核心的龐大的秘密地下宗教王國。閩北建、安、甌、寧一帶從清初以來就是姚姓家族的世襲傳教領地,乾隆十三年(1748)正月,閩北老官齋教起事失敗,根本原因就是沒有廣泛的群眾基礎。大乘教是羅教的另派流傳,在有些區域也是老官齋教的異名同教。大乘教發展到浙江,其教名又爲姚氏家族所用,江西省向來也是大乘教傳教要區,雖經雍正、乾隆年間的查禁,但大乘教仍在底層潛行默運。從乾隆後期至嘉慶一朝,其勢力更趨熾烈,傳佈於江西以外鄂、蘇、皖諸省。道、咸、同、光四朝,老官齋教、大乘教等羅教各支派,因其吃齋而被當局統稱爲齋教或「齋匪」。齋教的活動表現出兩個特點:一是反清活動日益加劇;二是部分教派與會黨的合流。作者指出由於受到摩尼教、白蓮教歷史傳統的深刻影響,南傳羅教即江南齋教已經不是一支純粹的羅教教派,從某種意義上講,江南齋教是以羅教信仰爲主,滲透了摩尼教、白蓮教某些特點的新型教派。作者指出閩北老官齋教起事失敗的根本原因是缺乏廣泛的群眾基礎,這是可以採信的。導致老官齋教起事失敗的主要原因是遭受不吃齋村民的反對,福州將軍兼管閩海關事務新柱具摺時已指出老官齋教信徒與附近不吃齋村民素日交惡⑦。

老官齋教源出羅教，江南齋教的起源，與羅教也有密切關係，但過度強調羅教，而忽略其他教派對江南齋教的影響，是有待商榷的。王見川先生撰〈評馬西沙、韓秉方合著《中國民間宗教史》〉一文已指出黃天教在明清民間宗教的地位，幾可與白蓮教、羅教鼎足而立，它也影響了江南齋教和金幢教。江南齋教文獻《三祖行腳因由寶卷》中稱黃天教十祖汪長生為教內清虛。至於金幢教受黃天教的影響，最顯著的證據是金幢教齋堂中普遍流傳一部《普靜如來鑰匙通天寶卷》及金幢教初祖王佐塘道號普明、二祖董應亮道號普光的傳說。

原書第八章探討外佛內道的黃天教。作者指出黃天教的創始人是李賓，創立時間當從嘉靖三十二年（1553）他得遇真傳之日算起，創教初期的活動地點主要在直隸宣化府和山西大同府一帶。後來李賓把家安在萬全衛膳房堡，並在膳房堡之西一里許的碧天寺內講經說法。黃天教以外佛內道為特徵，主張夫妻雙修，共同悟道，婦女在教內有一定的地位，在明末五位佛祖中婦女就佔了四位。李賓死後，黃天教的教權由其妻接傳，而後又由女兒、外孫女遞傳。至乾隆二十八年（1763），教權又回到李賓胞兄李宸的後代手中。黃天教初創時期，對當局採取諛頌態度，歌頌皇權，提倡三綱五常。萬曆以後，社會不靖，黃天教開始鼓吹亂中求靜，容忍自安，苦修性命根源，以達結丹成仙善果。由於黃天教受到道教深刻的影響，其教義及修煉方法主要源於兩宋時代道教內丹派及其後起的全真道。因此，作者認為黃天教就是一支流傳民間的世俗化了的道教教派。黃天教在初創時期，教徒持戒極嚴，但當創教人普明夫婦死後，黃天教另一派宗教領袖普靜則一反祖師教誨，在提倡修煉內丹的同時，廣行道場。從康熙初年到乾隆中葉，住持碧天寺的道士們與教首李姓家族互相配合，

每年四時八節做會之外，遇有喪葬等事，富人亦住往邀請黃天教徒做道場，超拔亡魂，以追求巨大的經濟利益。黃天教的產生，除了受到道教根深蒂固的影響外，還受到羅教深刻的影響，作者指出羅教與黃天教在追求清淨無爲的修持方法上相近似，而在宗教所要達到的目標上卻有很大不同。作者也指出黃天教與收元教在清代有明顯的融合，八卦教崇拜太陽，每日三次磕頭，完全是黃天教的直接影響。發祥於浙江西安縣的長生教是黃天教的衍生支派，以修煉內丹爲宗旨，追求長生不死途徑。這種信仰，與南方崇佛食齋信仰相結合，便形成了旣區別於北方黃天教，又不同於江南齋教的自成體系的長生教。中外學者對黃天教的創始人究竟是何人？提出各種不同的說法，原書作者根據乾隆二十八年（1763）直隸總督方觀承奏摺、李遇年供詞及黃天教史料斷定黃天教創始人是李賓，普明、普祖、明祖、普明如來佛、虎眼禪師都是一人，即李賓，作者的結論，可信度極高。作者指出黃天教十祖汪長生（1604-1640），並非北方人，而是浙江衢州西安縣人。但是黃天教從李賓普明至普靜，傳教地區都在北方，普靜傳十祖汪長生普善，而汪長生活動於浙江，黃天教怎樣從北方傳道至南方，是普靜曾南下宏道，還是汪長生北上尋師求道？作者的說法是：「問題只能是這樣，或者是普善曾在崇禎年間在北方學道訪眞，投拜到黃天教門下；或者是黃天教影響已經到了浙江西安一帶，汪長生在浙江投入了黃天教門下。」⑧喻松青教授撰〈江浙長生教和《衆喜寶卷》〉一文根據崇禎三年（1630）北京朝陽門黨家經房原刻本《彌勒佛說地藏十王寶卷》的記載及明末社會政治形勢的變遷，推論汪長生普善原來也是河北省人，他在聞香教起事失敗後到了浙江，在衢州創立了長生教⑨。這種推論顯然更具說服力。

　　原書第九章探討弘陽教的淵源與變遷，混元弘陽教，簡稱弘陽教，即紅陽教。作者經過考證後指出弘陽教是由廣平府曲周縣的飄高祖韓太湖在明萬曆二十二年（1594）正式創立的。曲周縣地處河北南部，與河南、山東、山西三省相鄰，歷來是民間宗教較活躍的地區。明代刊印的弘陽寶卷，多爲皇家內經廠所印造，種類旣多，裝璜亦極精美。清初以來，朝廷嚴禁民間教派，弘陽教徒轉而在民間開闢了新的印製場所，繼續大量的刊印。由於明代後期社會的動盪不安及內憂外患，反映在弘陽教的經卷裏則充滿了對人世苦難的感歎，遭逢荒旱的哀鳴，末劫將至的惶恐。弘陽教以十分明確的形式描述過去是青陽之世，燃燈佛掌教；現在是弘陽之世，釋迦牟尼佛掌教；未來是白陽之世，彌勒佛掌教。弘陽教宣揚的三陽劫變觀，末劫將至的預言，以及救贖說是弘陽教義中最重要，也是最富有吸引力的內容。末劫到來時，一切生靈，無一可免，只要虔誠念誦弘陽寶卷，禮拜飄高祖師，皈依弘陽教，多建弘陽教場，就能明心見性，出離苦海，躲過劫災。萬曆二十六年（1598），韓太湖去世後，弘陽教不是以家族血緣關係由子孫遞傳，而是衣鉢相授，異姓相繼。乾隆年間，弘陽教案大多發生在直隸、山西及關外等地區，其活動也只限於傳教授徒，設壇誦經，祈福治病，爲貧民治病等。嘉慶十八年（1813），弘陽教徒捲入攻打紫禁城的行動，弘陽教受到一次重創。但弘陽教仍向四面八方發展，到了清代後期，弘陽教不僅在華北各省活動，而且遠播湖南、湖北等地，並且與當地的教派相互滲透，以至於有些教派喪失了自己原來的特點，不再拘守弘陽教義，反而講求坐功運氣，修煉內丹，供奉無生父母牌位。作者對弘陽教的創立經過及其教義，敘述頗詳，但對於弘陽教的支派或同教異名，討論較少。因教中有《紅陽經》，清代教案中多稱

弘陽教爲紅陽教，乾隆年間以降，因避乾隆皇帝御名諱，或將弘陽教改書宏陽教，或稱爲紅陽教。此外，在河南等地破獲青陽教，起出《青陽經》。白陽教，又稱清茶會。紅陽教因燒一炷香，又稱爲一炷香紅陽教。紅陽教爲人治病時，多使用茶葉，所以又稱爲茶葉教，青陽教、紅陽教、白陽教以及黃陽教，都是討論弘陽教時，不可忽略的問題，作者對弘陽教的探討，詳於源，而略於流，美中不足。弘陽教或紅陽教中女性信徒的比重頗大，也值得進行深入的探討。

　　原書第十章探討聞香教、清茶門等教派，聞香教創始人王森（1542-1619），原名石自然，祖籍順天府薊州。作者指出聞香教即東大乘教在倡教時曾是羅教的一個大支系，王森曾經是羅教一派大乘教的信徒。明代正德年間，著名的靜空祖師在薊州毗鄰的順義創立靜空教，祖寺名叫清淨寺，教內供奉無生父母圖像，口授五戒及坐功運氣之法，靜空教的活動，對王森不能沒有影響。作者指出清代石佛口王姓改教名爲清淨門，又名清茶門、清茶會，入教者授以三皈五戒，這些特點都與靜空教不謀而合，特別是清淨寺與清淨門之名的吻合，似非偶然巧合。聞香教創立後，迅速擴張：一方面內部形成了一個組織完備等級森嚴，以王氏家族爲核心，以各級教首爲骨幹的秘密地下宗教王國；另一方面由於經濟狀況不斷惡化，大批的下層群眾紛紛皈依民間教派，天啓二年（1622），在徐鴻儒等人的領導下大規模起事。清初順治年間，聞香教以大成教、善友會等名目在各地繼續傳教，且帶有反清色彩。但由於王氏家族的分裂，導致後來清茶門教群龍無首各自傳徒各分勢力範圍的局面。聞香教在發展過程中不僅受到羅教、靜空教、黃天教、還源教等教派的影響，而且在擴張教勢過程中還廣羅經卷，開設經房，自創經書。因此形成了一個體系

龐雜，內容豐富，卻缺少特色的教義體系。作者指出《九蓮如意
皇極寶卷眞經》和《皇極金丹白蓮信皈眞還鄉寶卷》是王氏教門
教義的核心經典，《三教應劫總觀通書》也是仿照此經編造的。
作者分析聞香教、清茶門教的三教應劫思想時指出黃天教的《普
明如來無爲了義寶卷》、《普靜如來鑰匙寶卷》啓迪了這類思
想，所不同的是彌陀教主取代了彌勒教主下生救世。王森在經卷
中以下世彌陀自居，並用聞香教的名目統一各色民間教派，達到
人人歸於聞香教總收元之目的。作者認爲在乾嘉時代王氏家族的
繼續分裂，各自發展是清茶門教的一個特點。其實，聞香教在天
啓年間起事失敗以後，其信徒已南下傳教。隨南明王朝的建立及
大批漢人的南遷，聞香教的影響也隨之擴大到南方⑩，過度強調
王氏家族內部的分裂，是有待商榷的。原書附錄〈福建、臺灣的
金幢教〉等文，作者考察王佐塘行跡後，發現多與王森相合，例
如王佐塘與佛廣及孫祖師的關係，即酷似王森⑪，也是值得商榷
的。王見川先生撰〈金幢教三論〉一文中已指出金幢教文獻中記
載王佐塘的師承、生卒年、籍貫及妻子姓名，皆與王森不合，在
斷定「王森即王佐塘」時，是要先予以合理的解釋，方能令人信
服。崇德元年（1636）十月，和碩睿親王多爾袞、和碩豫親王多
鐸統兵征明，錦州城內善友崔應時遣胡有升持書呈遞多鐸，作者
認爲這是聞香教勾結金國的事件，並轉引漢譯滿文老檔所載書信
內容如下：

> 佛言朱氏之統業將終，故天遣眞主下界，撥亂反正。今大
> 金之後，天聰皇帝出而御世，是爲英明皇帝，安天下之
> 民。東四部之金兵從之，北察哈爾亦從之，世人不可輕
> 視。蓋天之遣新替舊，復定天下，改良時世，固有在也。
> 朱氏統業之終，繫於天。天聰皇帝立後，諸神佛下界，扶

助天聰皇帝即皇帝位，且玉璽乃天所畀，天與之也。明帝不幸，失於蒙古人之手，今已五百年，應歸天聰皇帝。迨見彌勒佛後，賢人出現，暗中扶助，慎勿輕言。天下十三省，皆有賢士，觀音菩薩，助帝即位。前佛見山西地方，欲見金裔，每日號哭。山西平陽府十河王，特遣四人至遼東，請天聰爲皇帝，至今未歸山西省。候見真主，欲告以故，我山西平陽府人，候皇帝至，收撫黎民，但能率兵三、四千，各處皆來歸附矣。將隨上至北京，即皇帝位。南省湖廣、四川、浙江、福建、廣東、廣西，皆賴山西平陽府有此一人，暗中往來，融洽內外，扶助天聰即皇帝位，扶一君不扶二君⑫。

《清太宗文皇帝實錄》初纂本卷二三，崇德元年十月十五日詳載胡有升投書譯漢全文，長達二千餘言，原書轉引文字，不僅譯文簡略，且失文意，特錄初纂本譯文一段如下：

奉佛天差一帝王落凡住世，大破乾坤，只因牛八江山絕盡，今該大金後代天聰，掌立世界乾坤。普天匝地，大地人民，久等明君出現，救度男女，總歸一處，東有四處金兵皈順，北有插酋降伏皈順。此主不非經，天差下世，替舊換新，改立乾坤，重立世界。牛八江山功滿回天宮，天聰掌教，各位諸佛諸祖下世，擁護當今天聰皇上掌教，從混沌分下世界乾坤。天降真印，南朝皇帝時蹇，失落西夷之手，五百年間興赴皈天聰掌立，後會彌勒大地乾坤，好人落凡，通你金身，不敢言出。天下十三布政，都有賢人，救苦觀音，護你掌教。陝西秦地，出一真佛，通著乾坤，要見金身，終日兩淚悲傾。昨有山西平陽府西河王府，差四人來到遼東，單請天聰，掌立世界。四人五月到

彼，至今未回山西，等候眞君，見君一面，訴說前因。我
山西平陽府人民，久等君到，收聚人民，只用三、四千人
馬，各處地方歸順我王，同上北京坐殿。南省湖廣、四
川、浙江、福建、廣東、廣西，齊通山西平陽府一人，串
同四夷，夥同一處，扶天聰掌教乾坤，能扶一主，不扶二
主⑬。

前引實錄初纂本一段，史料價值較高，可供參考。

原書第十一章探討西大乘教，這是一個以佛教寺廟爲活動基
地的民間教派，在明清衆多的民間教派中獨樹一幟。作者考證西
大乘教的眞正創教人是歸圓，她生於嘉靖四十一年（1561），九
歲立志出家，十二歲時開始吐經造卷，歷時三、四年編撰完成五
部六册寶卷，系統地闡述了西大乘教的教義，西大乘教正式創
立。在西大乘教的經卷中雖然與羅教經典有不少相近的思想，但
也有它自己的創造性格和特殊性。作者將它的獨立品格歸納爲下
列五點：

第一，西大乘教將無生老母和佛教觀世音菩薩合而爲一，臨
凡轉化爲創教祖師，使呂祖、歸圓變成人世間的救世主，東土衆
生只有皈依西大乘教才可以脫苦免劫，回歸天宮，安享極樂。

第二，西大乘教以京城皇姑寺爲基地，展開宗教活動，每當
佛教節日，呂祖生辰忌日及四時八節，都有大型廟會，收受各種
布施捐獻，財源充足，滋養了西大乘教的壯大發展。

第三，西大乘教的寶卷明確地暗示西王母就是無生老母的化
身，使無生老母更具有道教的神格。寺中供奉的神祇及寺中尼姑
的裝束，也體現道教與佛教混合共生的特點。

第四，西大乘教特別重視從婦女中吸收教徒，創教祖師和歷
代教主都是女性，皇姑寺就是一座尼姑廟，供奉的主神也是女性

觀音菩薩和呂祖金身。

　　第五，由於西大乘教一直與宮廷后妃及達官顯貴有密切交往，受到權貴的資助及庇護，又不與謀反行動發生瓜葛，所以幾乎從未受到官府的追究和取締。

　　作者認爲西大乘教是一個「一體兩面三合一」的教派，所謂「一體」，即寺廟與教派內外合爲西大乘教一體；「兩面」，即一個教派卻兼有正統公開的一面，和民間秘密的一面；「三合一」，即儒佛道三教合一。西大乘教不僅實行佛道混生共長的信仰態勢，同時還特別突出忠君保國的綱常倫理。作者指出此即西大乘教能在京畿重地廣泛流行而未遇重大障礙的主要原因。一九八二年七月間，作者曾特意到黃村皇姑寺古廟遺址，進行過實地考察，發現殘缺的門額，確實是一件難得的歷史見證。但作者未將西大乘教對明清時期各民間教派的影響進行討論，確實很難了解西大乘教後來的發展。

　　原書第十二章探討龍天教與《家譜寶卷》，龍天教又稱龍門教，作者追溯龍天教的由來時指出北京城南虎坊橋的翠花張姐原本從師於羅祖，是羅祖傳下的一支，石佛口王森的東大乘教日漸擴大後，翠花張姐又轉投王森名下，成爲東大乘教在北京的總傳頭，並傳教於正定府藁城縣張村的劉米氏，即米菩薩，又稱米奶奶。劉米氏開始自立門戶，創立龍天教，信徒遍及河北、山東。劉米氏去世後，其教主世代都以劉姓一門女性單傳，至嘉慶二十一年（1816），長達二百多年，共傳十二代，都是女性，獨具特色。作者認爲龍天教只准女性繼承教主的制度，顯然是因爲只有婦女才能成爲米祖奶奶的化身，是爲了使米祖奶奶保持權威性的一種轉世傳承作法。作者指出龍天教的《家譜寶卷》包含兩項內容：其一是追溯教派源流；其二是陳述教義宗旨及對未來的期

望。在《家譜寶卷》裏著重渲染的是天下正處於大災大難臨頭之際，龍天教如何應讖救劫，普度衆生，將民間宗教的信仰內涵和社會功能，都發揮得淋漓盡致。寶卷中一反宗教道德的清規戒律，爲鋌而走險，起事造反者張目。寶卷繼承了《五公經》以來，暗中流傳在民間教派中以「定劫」之類爲寶卷命名的傳統，將應劫造反的精神發揮到了極致。末劫來到，大難臨頭，唯一的生路，就是尋寶卷，得佛寶，拜龍天，上法船，搭查對號，才能進入天宮，享極樂。作者根據《九品收元卷》及直隸總督那彥成奏摺的內容，分析龍天教的教義思想有政治傾向。《家譜寶卷》類似《九品收元卷》中的讖語箴言，比比皆是，更充滿了政治色彩，集中反映了龍天教的政治觀、倫理觀和劫變觀。探討龍天教的教義思想，《家譜寶卷》確實是不可或缺的經卷。《家譜寶卷》是龍天教密不示人的看家經典，作者有機會向李世瑜先生借閱這部得來不易，珍藏多年的《家譜寶卷》手抄本，對探討龍天教的教義思想，確實提供了最珍貴的史料。

　　原書第十三章探討林兆恩與三一教，林兆恩（1517-1598），出身於閩中世代爲官的大族，是一位貫通儒佛道的學者，著述極富，創立三教合一學說，形成了以林兆恩爲首的學術團體。作者指出林兆恩三教合一的本質是王陽明的心學與佛、道教義的混合物，其思想貫穿著一個主要線索，即三教合一，而這一思想的本質則是道一而教三，合佛、道二教以歸儒宗孔。林兆恩的晚年，以他爲核心的學術團體加速了向宗教的演化過程，使林兆恩成爲宗教偶像，變成三一教主。林兆恩死後不久，三一教已傳至北京，在各地建立三一教堂。從明末到整個清代，林兆恩的信仰者，大體分爲五支，其範圍包括福建、浙江、江西、江蘇、安徽、湖北、直隸、臺灣及東南亞各國，其中南京

真懶一支好言禍福，藉多行善事，廣爲招徠，似近佛；安徽王興一支，多以療疾去病爲手段，似近巫。作者分析了林兆恩三教合一思想在哲學、宗教、道德等領域裏的內容後指出三一教帶有鮮明的儒學色彩，他的一生堅持反對佛教天堂地獄、生死輪迴、因果報應說。反對道教的羽化飛騰之術，長生不死之訣。他反對背誦佛經、道藏，諷刺那些沈迷於各種經卷的信仰主義者。他痛詆那些不婚、不嫁、不事人倫，斷絕綱常的佛徒、道士、尼姑、道姑。他指斥那些不茹葷腥的持齋者，主張飲酒食肉以養生。他的思想雖博雜，但不乏深刻動人之處；他的社會理想雖然帶有濃厚的烏托邦色彩，卻反映了部分知識分子乃至下層社會的憧憬與期望；他的倫理道德規範雖然沒有超出儒家窠臼，但在人民的心目中卻是對當時的腐敗社會風俗習尙的一種扭轉和制約；他創九序功爲人治病療疾，更贏得了廣大窮苦百姓的擁護。但因弟子們把林兆恩抬到高於孔子、老子、釋迦至高無上的地位，對孟子以後諸儒，特別是程朱諸人的指斥，他的學說超出了王學範圍，毫無掩飾地走向宗教，以及對地方官吏的藐視，終於不免被人把他的學說指爲異端，把三一教指爲邪教。有清一代，教案層出不窮，三一教案件卻不多見，作者亦未就三一教案件列舉討論，三一教雖然被人指爲邪教，但地方大吏是否曾援引禁止師巫左道惑眾律例審理，皆不得其詳。而且三一教旣反對天堂地獄、因果報應之說，又反對背誦釋道經典，反對持齋出家，如此一來，是否屬於民間秘密宗教的一個教派？放在民間宗教範圍內討論是否適宜？都有待商榷。

原書第十四章探討明清時代的圓頓教，圓頓之名，本自佛教天台、華嚴等宗的一種教法，意即圓融萬法，頓速成佛，其原意不是特指那一個教派。明代民間宗教中最早提及圓頓教的史料，

是出現於羅教經典《苦功悟道卷》所載《祖師行腳十字恩情妙頌》中的「圓頓正教」字樣。但正式以圓頓爲教派名稱的則爲黃天教普靜及其門下。黃天教所理解的圓頓教是修煉內丹，通過修煉，打破凡聖生死的界限，迅速成仙。明末清初，一位弓長張姓的民間宗教領袖，他在北直隸創立了圓頓教，以修煉內丹爲教中的靈魂。由此可以說明圓頓教受到黃天教，特別是王森聞香教的影響。到了清代，教勢南播西移，變異複雜，尤其在浙、贛、閩，而後黔、川、湘、鄂等地。同光年間又部分回歸華北，在晉、魯、直等省活動。另一派則流播晉、陝、甘等省。西北地區的圓頓教，一支始於明末，一支始於清初。從乾隆四十二年（1777）以後，圓頓教案件按踵而至，連續遭受打擊，但它並未滅絕，光緒初年，大批民間教派又呈現出活力。清末民初，在甘肅等西北省分，圓頓教的後代流裔一貫道等教派大暢於世。作者利用硃批奏摺、軍機處錄副奏摺，將乾隆、嘉慶兩朝發生在晉、陝、甘等省圓頓教案件作了詳盡的敘述，有助於了解西北地區圓頓教的發展。作者認爲圓頓教創成於北直隸，到了清代，教勢南播西移，同、光年間又部分回歸華北，在晉、魯、直等省活動。其實，從現存檔案可以發現嘉慶、道光時代，直隸等省的圓頓教案件，並不罕見，其傳播路線線並不如作者所描述的那樣規律。

　　原書第十五章探討世俗化的道教教派一炷香教，活躍於華北地區的民間教派，大多數創成於北直隸，唯獨一炷香教創成於山東境內，與清初問世的八卦教，構成了清代山東境內兩大民間宗教體系。一炷香教的由來是因信徒在默禱天地時面對一炷香，香滅則祈禱畢而得名。創教人董吉升（1619-1650），字四海，山東商河縣人，一炷香教即以商河縣爲中心，逐步向外擴張，但主要區域仍在魯北直南一帶。其傳教方式主要有兩種：一種是以道

觀爲活動中心，有固定的宗教活動場所；另外一批一炷香教的信仰者是世俗百姓，家居火宅，但傳播一炷香教的形式，與一炷香教道士雷同。一炷香教講究存神養氣，性命雙修，跪一炷香，消災治病，傳習靜功。其修煉宗旨大抵不脫道教內丹一途，而其做道場，爲人齋醮，也得之於道教符派餘緒，一炷香教就是一個世俗化的道教教派。從明末發端，一炷香教的歷史貫穿了整個清代，已融進了山東北部、西北部以及直隸南部下層社會生活，它影響到同一地區共生的其他教派，特別是八卦教的部分支派。到了嘉慶、道光時期，一炷香教部分支派又與直隸南部離卦教部分支派發生融合。與八卦教等教派相比，一炷香教更具有道教世俗化教派的特點，更注重宗教本身的活動，很少參與下層社會的政治運動。一炷香教的教義核心是以歌唱形式向世人宣揚忠君孝悌之理，人們喻之爲學唱好話。因此，一炷香教與通行那一時代下層社會的各類「叛逆」思想涇渭分明，一批安貧樂道不願鋌而走險的人們因之樂此不疲，趨之若鶩，與同處在山東境內的八卦教，頗不相協調。根據軍機處錄副奏摺及宮中檔硃批奏摺的記載探討一炷香教的活動，是重建信史的重要工作，但檔案資料數量龐大，又分散多處，不易掌握，而且各教犯的供詞，並不一致，都增加研究上的困難，例如一炷香教的創教人董四海，又作董士海。其創教時間，或謂自前明輾轉流傳，或謂創始於清朝順治年間。據董四海七世孫董壇、直隸永年縣教徒宋庭玉等供稱，因一炷香教牌位有「天地三界十方萬靈眞宰」字樣，所以又稱「添地會」⑭，此外，如紅陽教每月初一、十五日燒一炷香。看病時，每日晚間燒一炷香，因燒一炷香，所以紅陽教又稱爲一炷香紅陽教⑮。探討一炷香教的支派以及一炷香教與其他教派的融合，以上所舉資料，都是不可或缺的。

　　原書第十六、十七兩章探討八卦教，作者根據《硃批奏摺》、《軍機處錄副奏摺》等資料證實八卦教是康熙初年由山東單縣人劉佐臣所倡立。劉佐臣倡教之始，不僅受到白蓮教影響，還受到聞香教、一炷香教和黃天教的深刻影響。作者認爲八卦教倡教之初的教名是收元教或五葷道，早在明代中葉，華北地區已經出現了收元教名目。所謂收元，亦稱收圓，或收緣，其意指最高神無生老母分別遣派燃燈佛、釋迦佛、彌勒佛下到塵世間，普行龍華三會，把九十六億芸芸衆生度回天宮，同享無極之樂，八卦教創教之初，以收元爲名，其意在此。因八卦教倡立忌食韭、薤、蒜、芸苔、胡荽五種食物，故又以五葷爲教名。八卦教從倡教開始，便建立了九宮八卦的組織體系，以八卦派分支系，每卦皆設卦長一人，各自收徒。又以八卦爲八宮，加以中央爲九宮。把八卦九宮之說作爲招徠信徒的手段，在八卦教中參透八卦不僅僅指導了教徒們進行氣功的訓練，而且它促成了八卦教組織機構的創立和鞏固。五行以土爲尊，九宮以中央宮爲尊。從康熙初年起，八卦教以山東單縣劉姓教首爲尊，從劉佐臣創教起，歷來的劉姓教首都居於中央宮的位置，其他八卦的掌教和徒衆則如臣屬之奉君主，處於被支配被統屬的地位，正是在「內安九宮，外立八卦」教義的指導下，八卦教發展成爲一個有著固定教首，組織較其他民間教派嚴密的教派。作者認爲八卦教不屬於白蓮教，也不屬於明末清初任何一支民間教派，不僅在於它與衆不同的組織結構，它還具備與白蓮教等各教派十分不同的教義特色和修持方法。劉佐臣手編《五聖傳道》是八卦教一部修煉內丹，追求長生不死的傳教經書，把修煉內丹作爲八卦教修持的最根本追求。作者也指出八卦教與王倫清水教都倡言劫變，所用劫災之詞也大同小異，但兩者從目的到實質都有很大不同。八卦教倡言劫變，是

為了哄動世俗，誘人入教，以斂民財；清水教則以此為手段，假託無生老母，有殺戮劫數和黑風黑雨之災，以便聚眾滋事。嘉慶十六年（1811），林清與李文成的結合，成為八卦教重新統一的決定性步驟，結果導致嘉慶十八年（1813）血染紫禁城的癸酉之變。作者已指出八卦教雖然受到白蓮教影響，但在修持方面與白蓮教有著根本不同，八卦教並不屬於白蓮教，不屬於白蓮教的一個分支，作者的論證是足以採信的。作者認為八卦教的創教人是劉佐臣，大概生於明崇禎年間，死於清康熙四十年左右⑯。劉佐臣倡教之始以收元教為名，作者指出收元教之名，並非起自劉佐臣，在明末清初問世的《古佛天真考證龍華寶經》中記載了明代中末葉華北地區的十八個教門，其中就有收元教，其祖師為收元祖。明代中末葉既已出現收元教，則收元教的祖師收元祖並非劉佐臣。因收元教的組織分為八卦，所以收元教又稱為八卦教，康熙末年以降，八卦教的名目使用更加廣泛⑰。

　　原書第十八章探討一貫道的源流與變遷，大乘教是從羅教分化出來的一個教派。作者指出康熙六年（1667），直隸大乘教信徒羅維行將大乘教傳入江西。乾隆五十五年（1790），何若被發配到貴州後，將大乘教傳播到了貴州。在川黔兩湖等地盛行的青蓮教，是大乘教的異名同教。道光七年（1827）閏五月，當楊守一被捕時，大乘教已改名為青蓮教。作者認為活動於川、湘、鄂一帶的青蓮教，似有兩個體系，其中袁志謙、楊守一等人傳習的一支青蓮教，就是一貫道的前身。山東青州人王覺一生於道光初年，後來王覺一拜姚鶴天為師，在山東青州開創東震棠。作者指出王覺一就是近代一貫道的真正開創者，王覺一將青蓮教改稱末後一著教，又稱一貫教。所謂末後一著，指的是民間宗教教義中末劫垂至之時，即彌勒佛行龍華三會，最後一次普度眾生，回歸

彼岸世界，王覺一就是以普渡衆生的救世主自居的。王覺一著有
《一貫探源圖說》一書，其宗旨是認爲儒釋道三教之源本一，未
有三教先有道，道即一，一即是道，故孔子曰，吾道一以貫之。
這是一貫道教名的來歷，以一統一天地人三才，以一統儒教釋教
三教，以一統天地萬物，而一即理，理即道，亙古而往，常存至
今。王覺一是一貫道的第十五祖。光緒十年（1884），王覺一死
於天津楊柳青，王覺一死前傳道於第十六祖劉清虛，即劉志剛，
劉志剛在山東等地傳教。作者在本章結論中指出一貫道淵源於羅
教的一個分支即東大乘教及圓頓教，發展到江西，又與江南齋教
融匯合流，而流布到西南後由大乘教演化成青蓮教，包括金丹
教、燈花教。在近代之初，隨著青蓮教教勢的北移，從中分化出
來末後一著教即一貫教，又受到華北地區諸宗教特別是八卦教系
統的影響，因此，近現代一貫道應是多種教門融匯合流的產
物⑱。作者根據檔案資料，論斷一貫道源自羅教分支羅維行所傳
的大乘教，這是作者的重大貢獻。王見川先生撰（評馬西沙、韓
秉方合著《中國民間宗教史》）一文已指出作者認爲一貫道源自
羅教之分支即東大乘教，是他獨到的見解，但王見川先生認爲攜
有《護道榜文》的大乘教並非王森東大乘教的支派，而是江南齋
教源頭之一的大乘教。作者認爲兩湖爲青蓮教、金丹教、燈花教
活動中樞，末後一著教是在咸豐、同治時代由金丹教或燈花教改
立而成的⑲。這是作者的推斷，若能找到具體的史料，則將更有
說服力。

　　原書第十九章探討雞足山大乘教，雞足山大乘教是因其教祖
張保太在佛教明山雞足山下開堂倡立大乘教而得名。張保太
（1659-1741），祖籍雲南大理府太和縣，康熙中葉，從騰越州
生員楊鵬翼習教，自稱西來教主，爲四十九代收圓祖師。張保太

首先在雲南、貴州、四川發展組織，將西南三省作爲大乘教的根據，然後再向外輻射發展，順長江而下，出三峽，向湖廣、江南等地傳播。作者將雞足山大乘教的發展過程，分爲四個階段：

第一階段，從清初至康熙二十年（1681），爲大乘教醞釀準備階段。

第二階段，從康熙二十年（1681）至乾隆四年（1739），是雞足山大乘教正式創立和大發展階段。

第三階段，從乾隆四年（1739）至乾隆十二年（1747），是雞足山大乘教進一步擴大影響，密謀策劃政治行動，並遭到清廷嚴重打擊的階段。

第四階段，從乾隆十二年（1747）以後，是雞足山大乘教殘存勢力，仍不因形勢險惡放棄信仰力圖以各種方式復興其教的階段。

雞足山大乘教的教義主要在宣揚儒釋道三教合一的思想，所崇拜的神祇是無極聖祖，玉皇大帝和彌勒佛。這三尊神祇並無高低之分，無極聖祖是世界萬物的創造者和主宰；玉皇大帝是天宮的皇帝，管天亦管地；彌勒佛是兜率天下生的未來佛，拯救世人出離末劫之苦。在大乘教裏，三尊神祇實際上是合而爲一的，都代表著一種超凡蓋世的神祕力量，而教主則是它們在人世的代表。因此，在這三位尊神之外，大乘教信徒崇拜的就是教主。他們相信教主就是三位尊神在塵世的化身，是眞正的救世主。大乘教特別重視劫變和末劫觀念，突出一「變」字，以變來爭取不滿於苦難現狀的人心。宣揚末劫思想，是雞足山大乘教最牽動人心的內容。教中末劫觀念，是在三陽劫變基礎上發展出來的。在紅洋末劫來臨之際，上天派無極轉世爲張太保前來收圓結果，駕定法船將落入無邊苦海的東土衆生拯救上船馳往彼岸，升入天堂，

這也是張保太法名道岸的來歷。作者指出雞足山大乘教從張保太開堂創教起到乾隆三十三年（1768）最後一次活動止，前後歷時八，九十年之久，波及範圍近十省之廣，對清代中末葉民間宗教及朝廷對待「邪教」的政策都有深刻的影響。作者指出明末以大乘名其教派者，至少有三大支：其一是以北京西黃村皇姑寺爲基地的西大乘教；其二是羅教另派流傳的灤州石佛口王森的東大乘教；其三是羅教傳入贛、浙、閩等省的江南齋教，亦稱大乘教。爲別於以上三大支大乘教，原書將張保太一支大乘教稱爲雞足山大乘教。雞足山是我國著名的佛教聖地之一，位於雲南大呾，前三後一，形似雞足，故名雞足山。張保太創教時是否已冠雞足山字樣？或爲作者所加？似須作進一步的說明。

原書第二十章探討廖帝聘與眞空教，眞空教的創教祖師廖帝聘（1827-1893），是江西尋鄔縣人，咸豐七年（1857），廖帝聘拜邑北雲蓋峰古刹劉必發長老爲師。同治元年（1862），廖帝聘融匯貫通各教經典後撰寫《報空》、《無相》、《報恩》、《三教》四部五册寶卷，作爲空道教義，也標誌著眞空教的正式創立。四部寶卷中宣揚一套復本還原，歸一歸空的教義，並且一再闡揚廖帝聘是無極聖祖托化，降世救劫，普渡衆生。並進一步指出世上衆生，皆由「無極」一氣發生，只要信奉空道，虔心努力，靜坐參悟，接清化濁，復本還原，即能歸一歸空，歸空家鄉，與道同體，反樸歸眞則自在縱橫，安享極樂，永無生死。眞空教初創時，廖帝聘用跪拜、靜坐、誦經和飲茶等四種方法，爲人治病戒毒。同治元年（1862），廖帝聘在黃畲山培桂園開堂度衆。一時間求戒煙者絡繹不絕，信奉者與日俱增，遂引起官方的注意。次年春，尋鄔縣知線以廖帝聘左道惑衆，將其拘禁達四個月之久。廖帝聘被開釋後，名聲益震，遠近來歸者益衆。光緒十

年（1884），廖帝聘兄弟出門佈道，歷安遠、會昌、雩都、興國、瑞金、贛縣、永豐等州縣，數年間，眞空教的信徒已遍及贛南各地，儼然成爲江西省一大教派。光緒十八年（1892），廖帝聘在贛縣被捕繫獄，翌年卒於獄，從此徒衆皆稱廖帝聘爲眞空祖師。光緒二十三年（1897），廖帝聘弟子賴仁張等募集資財，在黃畬山興建總堂，成爲傳教中心，弘揚空道。十九世紀以來，眞空教傳遍江西省全境，並發展到福建、廣東、湖北、河南、江蘇、安徽、陝西、甘肅等地，成爲全國性的大教派。後來遠傳至香港、新加坡、馬來西亞、泰國、印尼等地。早在民國五十一年（1962）六月，羅香林教授著《流行於贛閩粵及馬來亞之眞空教》一書，已由香港九龍中國學社出版。全書共八章，附錄眞空教四部經卷。《中國民間宗教史》探討眞空教時，主要就是參考羅教授的這著作。關於眞空教的創立時間，喩松青教授著《明清白蓮教研究》繫於道光年間⑳。《中國民間宗教史》根據羅教授的著作，將眞空教的創立時間繫於同治元年（1862）㉑。《中國民間宗教史》謂同治二年（1863）春拘捕廖帝聘的尋鄔縣知縣唐某，《流行於贛閩粵及馬來亞之眞空教》作「唐家桐」。《流行於贛閩粵及馬來亞之眞空教》一書附錄眞空教的主要經卷包括《首本經卷》、《無相經卷》、《報恩經卷》、《三教經卷》四種，其中《首本經卷》即《報空寶卷》。羅香林教授珍藏香林書樓手鈔本《眞空教及其經典》上、下二册，《經典一》爲上册，包括《首本經卷》、《無相經卷》各一卷；《經典二》爲下册，包括《報恩眞經》、《三教經卷》、《無字眞經》各一卷，及（眞空教無爲論）、（拜道不服藥論）等文，對研究眞空教的教義提供更豐富的珍貴資料。

　原書第二十一章探討收元教、混元教的傳承與演變，混元一

詞，來自道教，是天地未立，二儀未分，萬物未生前的一種狀
態，具有至玄至極的內涵，是天地的母體，萬物的本源。在北宋
崇道的風尙中，道教已出現了混元一派。元代初年，混元道與全
眞、太一等道仍並稱於世。明代末葉，弘揚教與混元教雖多混
同，但仍有一混元教立世。清代的混元教並不以弘陽寶卷爲經
典，混元教與弘陽教爲兩大獨立教派。順治三年（1646），已發
現混元教的活動，與白蓮教、大成教、無爲教並稱於世。收元一
詞，亦作收圓，或收緣，元即人，收元即收人。收元就是明清部
份民間宗教的通用名詞，它包含著一整套內容，即最高神靈無生
老母分別派燃燈佛、釋迦佛、彌勒佛下到塵世間，普行龍華三
會，把皇胎兒女度回彼岸，同登天堂。明初宣德五年（1430）刊
行問世的《佛說皇極結果寶卷》已經出現了大量關於收圓的內
容。明末清初，《古佛天眞考證龍華寶經》問世，已明確記載收
源教名目，清初創立的八卦教最初教名就叫收元教。作者在本章
探討的不是八卦教系統的收元教，而是起於康熙末年山西長治縣
的收元教。張進斗，祖籍山西長治縣，康熙五十五年（1716）創
立無爲教，作者認爲這個無爲教就是檔案資料所稱收元教或混元
教，以山西爲基地。乾隆初葉，向直隸、河南兩省發展，繼而擴
展至皖、鄂、陝、川諸省。而另一支混元教派，則由晉省至直
隸、河南，也直接 傳自張進斗，繼而向皖、鄂、陝、川諸省蔓
延。收元教與混元教交叉傳教，形成龐大的教勢，傳播越廣，其
教義內容越添加了濃重的政治色彩，終於在乾隆、嘉慶之交，以
湖北爲中心，釀成川、陝、楚等省烽火十年的結局。作者論證混
元、收元的名稱，在清代以前就已出現，其說法是可信的。但作
者認爲山西收元教與山東八卦教原名收元教不同系統，似須進一
步加以論證。康熙五十五年（1716），張進斗傳習無爲教，吃齋

念經,這個無爲教是否就是檔案所稱收元教或混元教,也是證據薄弱。山西收元教與山東收元教最大的差異是什麼?似乎仍須作具體的討論。原書第二十二章探討太谷學派與黃崖教,周太谷是安徽石埭縣人,青年時代遊學四方,遍叩儒釋道三教學說。周太谷所創立的學派,後世稱爲太谷學派,傳道授徒,創一家之言。周太谷的思想言論及其高深莫側的本體論,多受之於周廉溪的《太極圖說》和《通書》的深刻影響,而談「易」演「易」就成爲太谷學派的重要特徵。周太谷卒於道光十二年(1832),他在生前即認爲諸弟子中以張積中、李光炘二人爲最賢,能光大其說,於是命張積中還道於北,李光炘傳道於南。當時適值太平軍興,江表大亂,張積中舉家北遷山東,在山東講學達十年之久。初在博山授課,後因時局動盪,終於選定肥城黃崖山作爲興學傳道之所,倚山壘石爲寨,從學者聚族而居,且實行學養結合,自給自足原則,來歸者日衆,其學術團社逐漸壯大。在黃崖山寨中,張積中儼然以教主自居,不僅收徒傳道,講學不輟,且主持一切,生計武備,聽命於一人,黃崖山幾乎成爲一個獨立於世外的小王國,在紛亂擾攘的時代裏,不免引起當局的注意。同治五年(1866),黃崖教案爆發,山東巡撫閻敬銘以「邪教通匪」罪名派兵進勦,黃崖山自張積中以下拼死抵敵,最後寨燬人亡,張積中與男女徒衆,舉家自焚,無一生還。後世對黃崖教的政治傾向和學派歸屬,曾引起學術界長時間的爭論。例如鄧之誠先生稱之爲大成教、泰州教,或崆峒教,視爲宗教。柳詒徵先生等則稱之爲新泰州學派,或太谷學派,否認其爲宗教。作者認爲由周太谷開山,傳道授徒,創一家之言,繼起者張積中等闡揚師說,確實形成了一個新學派,並發展成有一定影響的學術社團。但是也應該承認此學派自創立之日起,就帶有濃厚的神秘色彩,而其宗

教性則隨著學術團社的發展而日益增強，特別是張積中創立的黃崖山學社，具備了宗教的一切特徵，例如：信神祭神，禮儀繁縟；傳授依缽，一如禪宗，命由師傳；修持方法，心息相依，轉世成智，修持目的是解決生死大事；太谷學派理論中，摻進了摩尼教的內容；有種種行怪、弄神通之事；對一種理想社會的追求與實驗。作者在結論中指出黃崖教與福建的三一教和四川的劉門教一樣，都是由傾向王陽明心學而又主張三教融合的著名學者所創立的學術團社逐漸演化發展成為宗教的。作者論證太谷學派有宗教傾向，黃崖教是宗教的說法，是可信的。問題在於黃崖教是一般民間宗教，或是民間秘密宗教？仍有待進一步澄清。山東巡撫閻敬銘以黃崖教為邪教，雖然不免嫁禍之詞，但亦可說明當時的人已視之為宗教。

　　原書第二十三章探討劉門教與濟幽救陽，劉沅（1768-1855），四川雙流人，祖籍湖北麻成，因明政不綱，其高祖劉坤避亂入蜀，始遷雙流，躬耕自圖，藝文習武。劉沅治學嚴謹，為避免空疏學風，曾力圖從儒家經典中闡發古代聖賢精言微意，作為自己理論的基石，從而別闢蹊徑。其治學又注重吸取佛道，特別是丹道思想的養分，終成一家之言，此即劉沅成為創宗人物而不與同代人相類的根本之點。他倡導虛無清淨，存養心性，把儒家的倫理道德與道家的內丹術融為一爐，追求純一境界。他講學傳道五十餘年，受業門徒遍及巴蜀、兩湖、浙江，乃至北方山西、陝西諸省，亦有傳道者。後世多稱其教為劉沅道。因他在雙流、成都所居皆有古槐，故名其居曰槐軒，門人又稱其教為槐軒道，俗稱劉門教。劉門教不同於傳統的彌勒教、白蓮教，也不同於明中葉以來產生的羅教等一系列新興教派，而與明嘉靖、萬曆間在閩中問世的三一教及晚清在山東肥城問世的黃崖

教同出一源。三一教、劉門教、黃崖教三個教派都由學術團社轉化形成。劉沅據道經法籙編成《法言會纂》十冊百卷,以為門徒作法會齋醮儀式的依憑。劉門教最終發展成設帳講學、祕授內功、作會齋醮三位一體的組織,是學術團社與宗教教團的混合體。劉門教從事各項慈善活動,並把慈善活動與宗教的齋教活動互相交替配合成為「濟幽救陽」的主要內容。所謂濟幽即超拔亡魂,或施舍棺木、葬地;所謂救陽即救濟窮人無可告貸者。劉沅集畢生精力探求的目標就是現實世界與神祕主義世界的交匯點,他在追求自己心目中至善境界,至純境界,天人合一的境界。

作者馬西沙先生在原書序言中已指出民間宗教與正統宗教雖然存在質的不同,但差異更多地表現在政治範疇,而不是宗教本身。民間宗教與正統宗教之間沒有隔著不可逾越的壕溝,世界上著名的宗教在初起時無一不在底層社會流傳,屬於民間教派,一些民間教派往往就是正統宗教的流衍或異端㉒。誠然,我國除了道教、佛教等正信宗教外,還有源遠流長,枝榦互生的民間宗教,教派林立,名目繁多。《中國民間宗教史》是一部龐大的鉅著,原書討論的民間宗教數十種,間接提到的教派多達百餘種,幾乎是鉅細靡遺。這種研究成果,是作者凝聚十年功力的具體表現,同時也應該歸功於北京中國第一歷史檔案館工作人員長久以來辛勤整理檔案的貢獻,提供了大量的檔案資料。臺北國立故宮博物院現藏檔案也含有相當豐富的民間宗教資料,近年以來,曾先後整理出版了大量的宮中檔硃批奏摺,其中有頗多的民間教派可供作者討論分析,作者並未善加利用。港、臺地區出版的相關學術性論著,不勝枚舉,作者如能充分的利用現有的研究成果,必能使原書具有更高的學術評價。我國是一個多民族的國家,由於歷代以來的積極整理邊疆,同時推行多項措施,使邊疆地區逐

漸內地化，各少數民族與漢族成爲兄弟民族，都成爲中華民族的
成員，終於奠定我國版圖遼闊多民族統一國家的基礎。歷代以來
西藏等地盛行的本教，川康邊境各土司的奔布爾教即本教，都是
民間宗教。清廷護持黃教，紅教被視爲異端，自成體系。北亞漁
獵社會崇奉的薩滿或薩滿信仰，也是通古斯等族普遍的信仰，作
者並未進行討論，似爲美中不足之處。

　　作者在原書序言中指出中國民間宗教不僅在組織、教義、戒
律諸方面與正統宗教密切相關，並自成體系，而且在反映教義的
經典方面逐漸脫離正統軌道而形成蔚爲大觀的氣候㉓，這是很精
闢的分析。作者討論西大乘教時指出「天地三界萬靈眞宰」是民
間宗教崇奉的最高女神即無生老母的別名，「一般民間宗教信徒
供奉的都是這個牌位。它是區別民間秘密宗教還是正統宗教的重
要標誌。」㉔民間宗教與民間秘密宗教的區別究竟如何？原書討
論的數十種教派中那些是民間宗教？那些是民間秘密宗教？作者
並未說明。民間宗教的含義很廣泛，使用民間宗教字樣，能否凸
顯民間秘密宗教的性質及其特徵？仍待商榷。喻松青教授撰（關
於明清時期民間秘密宗教研究中的幾個問題）一文已指出民間宗
教包括民俗學、各類迷信活動等內容，不如稱爲民間秘密宗教，
旣可以和幾個大宗教中的秘密教派如佛教密宗等相區別，又可縮
小廣泛意義的民間宗教的研究範圍，比較確切地反映民間秘密宗
教研究的對象和內容㉕。朝廷制定律例，嚴厲取締白蓮教、羅祖
教、聞香教、黃天教等教派，以致各教派只能在社會底層秘密活
動，其神秘色彩又較濃厚，因此稱這些教派爲民間秘密宗教，似
乎更爲恰當。作者指出八卦教創立之始的教名是五葷道，又叫收
元教㉖。原書第十六、十七章探討八卦教，第二十一章另闢專章
再論收元教、混元教的傳承與演變，確屬重疊，此三章似可合併

討論，或將山西的收元教與山東的收元教進行比較，必能使內容更加充實，分析更加精闢。

【註　釋】

① 胡適：《中國中古思想小史》(臺北，胡適紀念館，民國 58 年)，第三講，頁 13。

② 馬西沙、韓秉方：《中國民間宗教史》(上海，上海人民出版社，1992 年 12 月)，頁 101。

③ 莊吉發：〈清代民間宗教的寶卷及無生老母信仰〉，《大陸雜誌》，第七十四卷，第五期(臺北，大陸雜誌社，民國 76 年 5 月)，頁 22。

④ 戴玄之先生遺著：《中國秘密宗教與秘密社會》，下冊(臺北，臺灣商務印書管，民國 79 年 12 月)，頁 493-610。

⑤ 《宮中檔雍正朝奏摺》，第十四輯(臺北，國立故宮博物院，民國 68 年 2 月)，頁 698，雍正七年十月十三日，福建巡撫劉世明奏摺。

⑥ 莊吉發，〈清代道光年間的秘密宗教〉，《大陸雜誌》，第六十五卷，第二期(民國 71 年 8 月)，頁 41。

⑦ 《史料旬刊》，第二十八期(臺北，國風出版社，民國 52 年 6 月)，頁地 33，乾隆十三年四月初二。

⑧ 《中國民間宗教史》，頁 477。

⑨ 喻松青，〈江浙長生教和《衆喜寶卷》〉，《明清白蓮教研究》(成都，四川人民出版社，1978 年 4 月)，頁 209。

⑩ 喻松青，〈清茶門教考析〉，《明清白蓮教研究》，頁 162。

⑪ 《中國民間宗教史》，頁 636。

⑫ 《中國民間宗教史》，頁 576，案：努爾哈齊建國號爲金，不做「後金」。

⑬　《清太宗文華帝實錄》，初纂本，卷二三(臺北，國立故宮博物院)，頁 29。

⑭　莊吉發，（清代道光年間的秘密宗教），《大陸雜誌》，第六十五卷，第二期(民國 71 年 8 月)，頁 46。

⑮　莊吉發，（清代三陽教的起源及其思想信仰），《大陸雜誌》，第六十三卷，第五期(民國 70 年 11 月)，頁 33。

⑯　《中國民間宗教史》，頁 935。

⑰　莊吉發，（清代八卦教的組織及信仰），《中國歷史學會史學集刊》，第十七期(臺北，中國歷史學會，民國 74 年 5 月)，頁 2。

⑱　《中國民間宗教史》，頁 1164。

⑲　《中國民間宗教史》，頁 1157。

⑳　喻松青，《明清白蓮教宗教》，頁 70。

㉑　羅香林，《流行於贛閩粵及馬來亞眞空教》(香港，中國學社，民國 51 年 6 月)，頁 40。

㉒　《中國民間宗教史》，序言，頁三。

㉓　《中國民間宗教史》，序言，頁八。

㉔　《中國民間宗教史》，頁 681。

㉕　喻松青，（關於明清時期民間秘密宗教研究中的幾個問題），《明清白蓮教研究》，頁 326。

㉖　《中國民間宗教史》，頁 933。